ちくま学芸文庫

中国史談集

澤田瑞穂

筑摩書房

目次

中国史談集

南宋真贋列伝——三人の天一坊と二人のアナスタシア皇女——

一

王朝の交替期や全国的な大戦乱の直後には、よく前朝の皇族や王族を詐称するにせものが世に現われる。混乱の中では真偽の判定は容易でないから、その盲点を狙うのである。もっとも、戦乱のあとばかりとは限らず、太平無事の世にもわが天一坊式の御落胤詐欺が出現することはあるが、これはなかなか成功しにくいので、やはり戦乱のどさくさを利用する例が多い。

このにせものには二通りある。一は、新王朝を顚覆し前王朝を復興しようとする政治勢力によって担ぎ出される場合で、前朝の遺裔《いえい》某と名のって、味方を糾合するための旗じるしとなる。たとえば、元末の白蓮教の乱に宋の遺裔と称した韓林児とか、清初に明朝朱氏の皇子と称して各地に出没した朱三太子などがそれである。朱三太子は民間宗門などのあいだでは隠語にして牛八ともよばれた。「朱」を拆《さ》けば牛八の二字になるからである。

第二は、そんな大それた政治上の野心があるわけではなく、単に一身の栄華や、遺産の相続権を主張するために出頭するもので、天一坊のような男もあれば、ロシア革命で虐殺されたと伝えられるニコライ二世の大公女アナスタシアを名のったアンダーソン夫人アンナ・マハナンのような女性もあった（アンナは一九八四年二月十二日に真偽未決のまま米国で死去、年八十二）。

「前朝の遺裔」などという大芝居は、まったく歴史上の集団の問題で、個人としての血統上の真偽は実はどうでもよいことであった。容貌・年齢のやや近い適当なのを選んで替え玉に立てればよい。また替え玉ではなくても、外部にそう呼号するだけで宣伝効果はあった。古くは例の陳勝・呉広が大沢郷に蜂起した当初には、すでに自殺させられていた太子扶蘇《ふそ》の名を使った。また唐代に武則天を討つため揚州に挙兵した李敬業らは、人望のあった廃太子の李賢《りけん》が軍中にあると揚言したのもその例で、真偽を問わず、大義名分を立て人心を収攬するための常套手段であった。

ところが、第二種の場合は、そんな便宜上のものではなく、本人の真偽如何がすべてを決定するから、規模は小さくても、推理的な興味はこのほうがずっと深い。

中国の歴史上にも、天一坊やアナスタシアに似た王族詐称事件がいくつもあった。これから挙げる数例は、今からざっと九百年ちかい昔の北宋末から南宋初年にかけての話だから、年代からいえば天一坊やアナスタシアよりもずっと先輩である。

二

宋の徽宗《きそう》皇帝の末年に、北方に異民族の国を建てていた金《きん》の軍が、破竹の勢いをもって南下し、黄河を渡って宋の首都汴梁《べんりょう》を囲み、靖康《せいこう》二年(一一二七)三月、徽宗および次に践祚した欽宗《きんそう》を人質にして北に引き揚げた。これが歴史に名高い靖康の変である。

徽宗はたいへんな子福者で、皇子が三十一人、その長子が欽宗である。皇女はもっと多くて、三十四人も生まれたが、そのうち十四人は夭死したというから、生長したのは差し引き二十人である。

中国では、皇女は通例は公主とよばれるのだが、政和三年(一一一三)には公主を改めて帝姫と称することにした。「主」がなくなったばかりか、姫《き》は飢《き》に通じて費用不足の意味だというような予言めいた皮肉な風説も、そのころ民間に行なわれた。

ところで、靖康の変における金軍の要求は、すこぶる苛酷なものであった。なにしろ帝都を包囲して無条件降伏をさせたのだから容赦はない。徽宗・欽宗の父子を筆頭に、后妃・皇子・皇女・王族・王孫あわせて三千余人、それに宮中に仕えていた女官や医師や各種の職人・芸人など数千人をも一挙につれ去った。人間のほかに、宮廷の財宝・衣服・書籍から、下は博奕《ばくえき》の遊具に至るまで悉く運び去ったというから、なんのことはない、戦利品として宋の朝廷をごっそり北へ掠奪していったといってもよいほどであった。

同年五月、徽宗の第九子、兵馬大元帥康王趙構《ちょうこう》が南京《なんけい》すなわち河南の帰徳《きとく》において即位し、建炎《けんえん》と改元した。これが後に高宗とよばれた南宋初代の帝である。

高宗は金軍の激しい追撃を受け、命からがら長江を渡って東南の杭州に逃げこみ、建炎三年(一一二九)二月にこれを行在《あんざい》と称したが、ついで杭州を臨安《りんあん》と改め、結局はこれが宋朝滅亡までの事実上の首都となった。

三

建炎は南北大混乱のうち四年にして紹興《しょうこう》と改元された。紹興元年(一一三一)四月、河南鄧《とう》州の人で楊《よう》なにがしという者、従者千余人に擁せられて、徽宗の第十八子信王榛《しん》と称した。河南の鎮撫使翟興《てきこう》が麾下の将に命じてこれを招かせ、王として鄭重に奉仕していた。ところが、図に乗った楊は、よせばよいのに今度は欽宗皇帝だと言いだしたから、翟興もこれは怪しいぞと気がついた。感づかれたとみてとった楊は、夜にまぎれて逃亡したが、河南の商州で部将に捕らえられて斬られた。

これは朝廷にまで顔を出さないうちに失敗したもので、戦乱直後だけに詐称の手口も至って粗雑であるが、ともかく南宋天一坊の第一号といってよい。もっとも、他の記録によると、信王は北方から逃げ帰ったのを、馬拡《ばかく》という者がこれを奉じて趙州（河北）の五馬山寨にたてこもった。高宗これを聞いて王を河外兵馬都元帥に任じたが、建炎二年の秋、山寨は金軍に破られ、信王も行方不明になったとある。この山寨の信王がにせものだったかどうかは何も伝えられていない。勤王の兵なら一人でも欲しかった当時としては、真偽など詮議する必要もなく、またその余裕もなかったのであろう。あるいは勤王兵招募の作戦から、宣伝用にわざと王族の名を掲げたとも考えられる。高宗がこれを兵馬都元帥に任じたのも、その筋書きによっての演出だったかもしれない。

この信王が五馬山の戦闘で行方不明になったということ、それが約二年の後に楊某が信王を詐称するヒントになったのだろう。信王で通せばよいものを、欲をかいて欽宗皇帝だなどと言いだしたから失敗したのである。

偽信王とよく似た例では、徽宗の第十四子徐王棣《てい》を詐称していた李勃《りぼつ》という者、紹興二年の十月に斬罪に処せられた。

李勃は四川の産。どさくさにまぎれて徐王というふれこみで乗り出すと、湖北の軍司令官秦濤《しんとう》は兵を遣わしてこれを行在へ護送させた。浙江の衢《く》州を通るとき、知州の汪思温は、皇族と聞いて恭々しく第一礼装で拝謁した。退出してから思温はこういって下僚に洩らした、「皇族ならば自然に常人とは違うところがあるはずだが、どうも挙動が皇族らしくない。怪しい」と。

生まれながらの貴人の挙措動作は、下郎の猿まねでは演じきれないところがある。それは品格などということのほかに言動にも世情に疎いところも見られるからだ。それに徐王というのは靖康の変に北方に拉致された一人で、かりに逃げ帰ったにしても、まっすぐ江南の地をめざすはずで、それが遥かに遠い西方の四川から出現したのも不審である。疑われるのも当然で、ついに大理寺という評定所で取り調べられ、詐称とわかって斬罪の判決を受けたのである。

一説では、李勃は初め徽宗の第十一子祁《き》王と称していたのだが、元侍従の楊公謹という者が徐王の日常生活を語って聴かせたので、改めて徐王と称したともいう。あるいはこの楊公謹が作者になって台本を書いた芝居だったかもしれない。詐欺には舞台裏の参謀が付きものだからである。

四

建炎四年正月に、戸部侍郎兼揚州知州の呂頤浩《りょいこう》が、次のような趣旨の上奏をした。

「官軍は至るところで金帛を掠奪しているが、これはまだ罪の軽いほうで、婦女を劫掠する禍は非常に深い。どうか諸将に訓令して、今後罪を犯すものは容赦なく処罰されたい。鎮江城中の婦女で、まだ軍中に残っている者は、すみやかに放還するよう指令されたい」。

この上奏は中央からの訓令となって前線の諸将に伝達された。しかし一片の訓令で改まるくらいならば世話はない。金品の掠奪はまだ罪が軽いというのだから、軍紀の乱れが想いやられる。

これによっても分かるように、南宋初年の官軍は全般に素質がすこぶる悪かった。なにしろ精強な金軍に対抗するには兵力が足りないから、「天下の義兵」を募集しなければならない。だが応募するのはどうせ烏合の衆で、戦禍で郷土と職を失った浮浪者・無頼漢・刑余者の類である。殊に前線の各将軍は反乱兵や盗賊集団などを討伐すると、現地でそのまま自分の軍隊に改編して兵力を増強した。あるいは招安とか招撫とかいって、盗賊に好条件の帰順を勧告し、盗賊は一朝にして「勤王の義兵」に変ずることもあった。時代は北宋だが、例の梁山泊の宋江の帰順もそれであった。

こんな怪しげな軍隊だから、放火・掠奪・強姦はむしろ本業。そのうえ靖康以後の混乱に乗じて、官軍も至るところで女を掠《かす》め、ぞろぞろと女をつれて移動した。当時この女たちのことを「老小」（家族・身内）とよんだが、実質は軍隊付きとして強制連行された慰安婦兼雑役婦だったと思われる。むかし上映されて評判だった映画「モロッコ」の女たちと同様なものだったであろう。

紹興初年に韓世忠や劉光世や岳飛や郭仲荀など、れっきとした将軍の率いる各軍団が、それぞれ転戦移動するのに従ったこの老小部隊は無慮数十万人にも達したということが、宋・荘季裕『雞肋編《けいろくへん》』に見えている。前引呂頤浩の上奏中に見える「鎮江城中の婦女」も、城内から官軍の兵士たちによって拉致されたものだったのである。

靖康の大擾乱の際に、易《えき》氏とよぶ一人の女が乱兵に拐《かどわか》され、後に劉超将軍の指揮する部隊に収容されていた。

易氏と同じく兵隊につれ去られた身分も職業もさまざまな女たちの中に、もと宮中に仕えていた女官というのがいて、お互いに身の上を語りあううち、易氏はこの女から宮廷の模様を詳しく聞いた。金軍によって北方につれ去られた気の毒な皇女たちの話も出た。

易氏はその後、張徳という商人の女房になったが、かつての元女官から聞いた話にヒントを得て、大胆にもみずから道君皇帝（徽宗）の長女栄徳帝姫と名のった。亭主の張徳との共謀だったらしいが、おそらく栄徳姫と易氏とが瓜ふたつで、元女官から「あんたは栄徳姫さまにそっくりよ」とでもいわれたのであろう。皇女と名のったからには、張徳も亭主づらはしておれない。皇女の侍従という格でついて廻る。皇女とあれば粗略な扱いもできないので、王族の一人である士倫という者が、これを湖北まで送り届けた。

荆南鎮撫使の解潜《かいせん》という役人、一応その真偽を確かめたいと思い、時の府知事荀敦夫《こうとんふ》の娘が以前に宮中の奥向きに仕えたことがあるところから、これに見せると、たしかに栄徳姫さまに相違なしと答えたので、これは一大事と、解潜は部下に護衛させて行在の臨安まで送ることにした。

浙江の衢州まで来ると、知州の汪思温、これは先年の偽徐王の時の経験があるから、皇女と聞いても眉に唾をつけて容易に信用はしない。従って皇女としての本式の待遇はしなかったのであろう。姫の従者どもは高貴の方のお付きをかさにきて威張りちらし、州の役人たちに侮辱を加えるという一幕もあった。

やがて行在に到着した。栄徳姫という皇女は、すでに左衛将軍曹晟《そうせい》に降嫁し、靖康事変には北方に拉致されたはずだから、これは怪しいとみた朝廷では、崇国夫人王氏らの貴婦人に命じて首実検をさせると、こいつは、はたして真っ赤なにせものであることが判明した。それでも易氏一味は恐れ入らない。ついに評定所での吟味となる。

「主上とわたくしとは肉親ではござりませぬか。それなのに肉親の情もないなんて……」と易氏は法廷で泣いて喚いたが、看破されてはどうにもならない。勅命により当の易氏は杖刑に処せられ、張徳は入墨《いれずみ》をして海南島に流罪。士倫と苟敦夫とは王族からの除籍とお役御免。そして敦夫もその娘も流罪という処分。当人の杖刑に較べると、関係者はとんだとばっちりを受けたようだが、おそらく情を知っての共謀または偽証と見られたのであろう。かくてこのアナスタシアは失敗に終わった。時に紹興二年の十二月、靖康の変から五年の後であった。

このころ、ほんものの栄徳姫は北方で夫の曹晟が亡くなったあと、習古国王に再嫁しており、自分の名をかたるにせものが南方に出現して見破られたなどとは夢にも知らなかったのである。

五

次は男で、わが天一坊みたいな事件である。

江蘇碭山《とうざん》県の平民で朱従《しゆじゆう》という男、行商で南京《なんけい》（河南帰徳）に出かけた。ここで劉というお婆さんから一人の男の子を貰い受けて帰り、家で養育していた。子の名は遇僧《ぐうそう》といった。

そのころ金の軍隊が碭山にも進駐していたが、兵士の一人が遇僧を見かけて、「この子は趙家の若天子そっくりの顔をしている」といった。趙家の若天子とは欽宗のことで、この兵士もどこかで欽宗を見たのであろう。

遇僧は次第に生長する。開封から豚を売りに来ていた張四という男もこれを見て、「まったく若天子に瓜ふたつだ」と感心した。こうして他人から似てる似てるといわれているうちに、遇僧自身もなんとなくそんな気になり、ひとつの大胆な計画が芽ばえていった。影戯（絵の人形を使う芝居）などを見るたびに、そこに出てくる高貴の人々の言葉遣いなどを聴いて憶《おぼ》えこんだ。後日のためとはいえ、なかなか周到な用意であった。

戦後に宋金の講和が成立し、南北の交通もやや緩和されたので、建炎三年の春には、戦乱で離散した皇族は臨安まで出頭するようにとの布告が出た。遇僧は好機到れりとばかり、みずから欽宗の第二皇子と名のり出た。

申告を受けた知県は、まず酒造監査官の某氏に頼んで真偽を調べてもらうことにした。この某氏は、駙馬都尉《ふばとい》（皇女の配偶者）の端礼《たんれい》の実弟にあたる人だから、宮中のことにも明るいだろうというのである。

この取り調べにあたって遇僧は宮中のことを一通り話したうえ、その身の上についても、自分は老衛士の張金夫婦に背負われて城中を脱出し、逃げる途中で統領官の劉某につかまって張金夫婦は劉に殺された。それよりひとりで逃走し、ついに朱従の家に養育されるようになった、とまことしやかに語った。

遇僧はその時また証人として劉統領を同伴していたが、劉に対しては、あらかじめこういって脅かしておいた。

「あんたのいうことが、わたしのいうことと違っていたら、あんたの旧悪をみんな朝廷で暴《ば》らしてしまうが、それでよろしいか」。

恐喝に近い偽証の強要であるが、劉も旧悪の露顕を恐れたほかに、事が成功すれば自分も出世できると計算したのだろう。いわれた通りに口うらを合わせ、どうやらその場を切り抜けた。悪知恵の働くところ、この天一坊も相当なタマだったらしい。

いよいよ本ものの皇子らしいということになって、単州《ぜんしゅう》の知州葉夏卿《しょうかきょう》が、遇僧をば行在へ護送する。噂を聞いて、行く先々の金持ちどもが先物買いの魂胆からであろうか、二、三十人もやってきて、奉呈する文書類には遇僧のことをみな「殿下」と称し、随員を「先生」とよんでいた。

やがて安徽の泗《し》州まで来たとき、孫守信という司法部の役人が、遇僧を見て不審をいだき、長官にその疑惑を上申した。念のために行在に報告照会すると、欽宗には第二子はないはずだとの回答が来た。さてこそにせものと、遇僧はただちに投獄されたが、世間の評判はかえって遇僧に好意的で、獄中から夜な夜な不思議な赤い光が立つなどという噂さえひろがり、「やっぱり天子さまの皇子だからに相違ない」と、いわゆる真命天子の神秘を信じて、我さきにと食べ物などを差し入れるという流行歌手なみの人気である。

しかし孫守信は苦心探索の結果、はじめの養母の劉婆さんを捜し出してきて対質させた結果、さすがの天一坊遇僧も窮して仮面を脱いだ。最初の母親（もしくは養母）の劉婆さんをそのままにしておいたのが彼の決定的なミスであった。

かくて最後には杖で叩かれたうえ、入墨をされて海南島の牢獄に送られた。そのとき刑を執行する役人は畏れ多くて手が出せず、やっと形ばかり軽く叩いて皮膚には少しの傷もつけなかったし、入墨師もまた逡巡した末に、やっと入墨したのはごく細字であった。やはり真の天子の皇子ではないかという潜在的な畏怖や期待があったからだろう。それ以来、人々は遇僧を趙麻胡《ちょうまこ》とよんだ。趙は宋室の姓であり、麻胡はアバタで、面の入墨の字が小さくアバタのように見えたからである。

時に紹興十年（一一四〇）二月。この孫守信の捜査の経過が詳しく分かれば、おもしろい捕り物苦心談にもなるのだが、講談ならぬ史書の記述は事件の大要しか載せていない。

ついでにいうと、これは後に判明したことであるが、欽宗には実は第二子があった。第一皇子は皇太子として靖康の際に一緒に北へつれ去られたが、その後、北地で第二子の訓《くん》というのが生まれ、徽宗・欽宗とともに五国城にいた。それにしても当時まだ十歳足らずの小皇子だから、遇僧とは年齢からして合わない。いっそのこと第一皇子とでも名のればよかったものを、なまじ気を使って第二皇子と遠慮したのが発覚の端緒となったのである。

六

最後まで残しておいたのは、先の易氏と同じような偽皇女事件であるが、皇女を名のり出た年代が最も早く、また発覚して処分されたのも最もおそい。しかも先の四人が雄図むなしく挫折して身を滅ぼしたのに較べると、この女は前後十余年間も真の皇女として高宗以下朝野を欺き通し、その間、存分に栄耀をきわめたのだから、詐欺界では稀有の成功者の一人であった。

靖康の変から一、二年後、まだ宋金両軍が各地で交戦していたころ、開封は乾明寺の尼僧法静《ほうせい》というものが、みずから徽宗の皇女柔福姫《じゅうふくき》と称していた。この噂を聞いた検校少保保順軍節度使同知大宗正事という長たらしい肩書きをもつ王族の一人の仲的《ちゅうてき》というものが法静を迎えとった。たまたま仲的は盗賊軍の首領で花面獣と号した劉忠と戦って死し、法静も劉忠の軍兵に奪われたが、湖南で巡検使の韓世清が劉忠軍を破り、法静も韓の軍隊に収容された。

法静の自称するところによると、彼女は徽宗の末の皇女で、幼名は環環《かんかん》、生母は小玉娘子だとのことである。韓将軍としても、それだけの話では信用できないので、湖北蘄《き》州の知州甄采《けんさい》らとともに、参内用の礼装で、簾越しに前後の事情を伺い奉ると、彼女は、劉忠の軍に捕らわれてから劉忠の無礼に遭ったうえ、また無理に一人の下役人の妻にされたことを物語り、さらに、かつての宮中での職員の姓名などをもかなり詳細に語ったので、韓も甄もすっかり彼女を信用してしまって、これを朝廷に報告した後、部隊に皇女を護衛させて江西から行在に送らせた。建炎三年十一月のことであった。

翌四年八月、高宗は当時まだ金軍を避けて浙江東部の温州・台州地方にあったので、まず宮内府の役人馮益《ふうえき》（一説では呉益）や、王族夫人の呉心児などを派遣して真偽を確かめさせると、やはり皇女に相違なしというので、八月八日に改めて宮中に迎え入れ、正式に福国長公主に封じた。

同年十月には、進士出身の高士轟《こうしごう》というものに右監門衛将軍駙馬都尉の官を授け、名も高世栄と賜わって姫の配偶者に選んだ。十一月に結婚式。世栄は貴州の刺史となり、姫は銀三千両・帛《きぬ》三千匹・銭五千緡《びん》を下賜された。戦時中で儀式調度もほんの形ばかりであったが、ともかくも尼法静は皇女として、皇帝以下に正式に認知せられた。父帝徽宗の皇女すなわち肉親としては当時は柔福一人しか遺されていなかったから、高宗としても特に不憫がって目をかけたのである。

それから慌ただしい十三年の歳月が過ぎた。彼女も名実ともにすっかり柔福公主になりきっていた。ところが紹興十二年（一一四二）、宋金の間に和議が成立して、金に長らく抑留されていた韋《い》太后——高宗の生母で顕仁皇太后ともいう——が八月に臨安に還御すると、女官の一人が、さっそく福国公主がにせものであることを太后に申し上げた。真の柔福を知る太后は偽公主の存在を聞いて大いに驚いた。

柔福再審査に今更と気乗りのしない高宗に対し、太后は泣いて高宗の袂を取って諫めた。

「そなたは顔子《まがいもの》を誤って買いこまれたと、金人に笑われなさるなよ。柔福公主はとっくに亡くなっている。わたしは生前には起居を共にし、死に際してはその埋葬にも立ち合ったのですよ」。

ここには少し注釈が要る。太后のいう「顔子」とは、もと開封の顔子巷という市《いち》で売られていた家具什器が粗悪品で壊れやすかったことから、安物・まがい物・インチキ品・ガセネタの意味に使われたのである。街巷の名が、そこで売られる商品名に転用されるのはよくある例だ。おまけに顔《イエン》は贋《イエン》と音通で、贋造品の意味になる。「今に至るまでこれを顔子生活という」と『四朝聞見録』に見える。生活《ションフォ》とは道具・物品をいう宋代の俗語であった。今でも家具調度類を家伙《チャフォ》というのはそのなごりである。つまり太后は高宗が柔福という偽造品をつかまされたのを口惜しがったのである。

さて太后の証言には高宗も参って、ついに侍御史の江邈《こうばく》や法務大臣の周三畏に命じて再審となった。そうこうするうちに、侍従武官の李愕《りがく》が金国から帰っての話に、柔福姫は東北の五国城で徐還《じよかん》というものに降嫁していたのであるが、すでに紹興十一年五月に死去したむねが確認されたので、徐還の父で宮中の医官を勤める徐中立というものが正式に朝廷に提訴した。

こうして、この偽皇女は十三年めに化けの皮が剝がれ、詐称の罪のほかに、官金詐取や皇帝に対する不敬罪などが加えられて絞首刑。にせものを看破できなかった馮益や呉心児なども、責任を問われてそれぞれ除籍や流罪などの処分を受けた。

この女は尼法静となっているが、ほかに李善静または李静善という名になっている記録もあって、どれがもとの法名であったかはっきりしない。しかし彼女の素性は首都開封のもので、乾明寺という尼寺に出家した。戦乱で金兵に拉致されたが、同じなかまに宮中の奥女中を勤めた張喜児というものがあり、この女から、あんたは柔福姫さまにそっくりといわれたことから、つい自分でもその気になって柔福帝姫だと吹聴していたが、もし発覚したらと怖くなって河南に逃げだし、それからは三度も人に身を売って転々とした。ところが高官の仲的に見出されたことから運が開け、それからはまんまと皇女になりすましていたのである。かなり数奇な人生遍歴であった。

高世栄夫人となると同時に屋敷まで賜わり、かなりの生活費を官から支給されていた。十余年間に合計四十七万九千緡《びん》支給という決算が出ている。これは皇女としての体面を保つに必要な経費だったのであろう。

またその生活ぶりもすこぶる驕慢で、次々に多数の侍女を殺害してこれを邸内に埋めていたというから、殺された相手は違うが、講談吉田御殿の千姫というところか。おそらく夫君の浮気に対する激しい嫉妬からの侍女殺害であろうが、皇女詐称という秘密を抱く心の負担から、時には発作的に精神の爆発を起こしたのかもしれぬ。あるいは、長い流転と男性遍歴の結果として性格も異常になっていたのであろうか。またそうした御乱行の噂がひろがって疑惑や反感も持たれていたに相違ない。韋太后の強い抗議にも、そうした周囲の反感が投射されていたようである。

太后の臨安帰還の噂を聞いた彼女は、すぐ病と称して邸を出なくなったという。決定的な証人の出現によって、自分の身元が暴露される日が近いことを直感したからではあるまいか。

高世栄もこんな女と結婚させられたばかりに、事件に連座して官職を奪われたが、もともと自分の責任ではなかったので、後にその父の功績に免じてという名目で承信郎の官を授けられ、乾道年間には閤門祗候江南兵馬都監に任ぜられたという。

ほんものの柔福公主は、もと和国長公主とよばれて徽宗の第二十女、生母は懿粛王貴妃《いしゆく》。政和三年夏に柔福公主に封ぜられ、ついで帝姫と改められた。靖康二年の春に北方に従って去った後、五国城で二十九歳をもって死んだ。北から持ち帰った遺骨は、紹興十四年四月一日に正式に葬られた。

余談になるが、この柔福が拉致された前後の事情が宋・黄冀之『南燼紀聞』に記されている。

それによると、靖康元年十二月十九日、積雪の開封城で、入内のために通りかかった柔福帝姫の行列が、天津橋を守備する金軍の一部隊に停められた。帝姫の美貌を見た隊長が、その兄の妻になれとて香嚢一個を無理に帝姫に手渡して約束の品とした。後に皇族が北に連行されたとき、帝姫はこの隊長の兄のものとなった。金の元帥粘罕《ねんかん》、その次弟が大酋長の繹利《えきり》、末弟が大将の野利《やり》といって、天津橋駐屯の隊長というのはこの野利将軍であった。帝姫を妻にした兄というのは粘罕か繹利か、はっきりしないが、この話によれば帝姫が北地で徐還に降嫁する前に一度は蛮将の妻にされたことになる。

皇女といっても金軍からみれば、やはり捕虜の女にすぎないから、どうせ見込まれたからには無傷ではすまされなかったのであろう。しかも女たちは幾人も夫を替えても恬然《てんぜん》としていたので、後に南宋時代の朱子学が女性の貞節を強調したのも、こうした実情から、漢民族の血の純潔を求めたものと考えられる。

七

靖康の変は中国史上にも未曽有というべき王室悲劇で、両皇帝をはじめ、皇親王族が一網打尽に北方につれ去られたまま、十数年も詳しい消息が伝わらなかったのであるから、その混乱にまぎれて皇族を詐称するものが続出したのも無理はない。詐称というよりも、当人にも自分の素性に対する確証はなかったのではないか。

それに一切の官庁の公式記録類は失われて、照合すべき証拠とてもなく、せいぜい老官吏の記憶と面通《めんとお》しの方法だけ。それも最も親密だった皇族王族が不在では、間接的な人の記憶に頼るよりほかはなく、その間に柔福事件のような大きなミスも生じたのである。貴族以下に至っては、こんな事件はいくらでもあったことだろう。

陸放翁『老学庵筆記』に記すところによると、靖康のとき崔《さい》という姓の女官と、徽宗の幼子の広平郡王とが脱出して五十日間も民間に潜伏していたが、役人がこっそりと食べ物を運んだことから金兵に発見されて、これまた北方につれ去られたという。これだって、もし開封以外の土地に脱出して年月が経ったならば、ほんものも逆ににせもの扱いにされたかもしれないのである。

それにしても亡国秘史の絶好の話題。講談や演劇に御落胤詐欺の一例や二例はしくまれていそうなものだが、どうしたわけか、中国の通俗文学では天一坊に匹敵する作品が見つからぬ。せいぜい柔福姫の話が明末・凌濛初《りょうもうしょ》の短篇集『初刻拍案驚奇』巻二の入話《まくら》として用いられているくらいのものである。この中には次のような推理が記されている。

——柔福姫帰還の報に接した高宗は、ひとつの疑惑を抱いた。

「随行した多くの臣下たちさえ逃げ帰れなかったのに、姫のあの纏足でどうして脱走することができたのであろうか……」。

宮女に命じて調べさせると、姫に相違ないのだが、ただ両足が大きい！

「そなたはどうしてこんな足になられたのか」。

高宗に問われて、女はわっと泣き出した。

「あのえびすどもに牛馬のように追い廻されておりましたのを、やっと隙《すき》をみて脱走し、裸足《はだし》でここまで参りました。そんな遠方から歩いて来たのですから、足だって以前のように小さいままでおれるわけがありません」。

この答えに高宗もさすがに痛ましく感じてこれを信じたというのである。

足が大きいので怪しまれたという話は、宋・羅大経『鶴林玉露』に載っており、明・田汝成『西湖遊覧志余』にも見えている。凌濛初はこれをそのまま用いたので、新しい着想というわけではない。

女子纏足の風習は、宋元の時代から急に普及したといわれるが、しかし皇女や宮女なら百人が百人みな纏足していたというわけでもあるまい。もし纏足が絶対の証拠になるというなら、尼法静も足からアシがつくかも知れないことを予想して、平素からなんらかの用意をしていたはずで、ただの口先だけの弁解で済むはずもあるまい。幼少時代からの纏足が、若干年のあいだに自然足の大きさに回復できるかどうか、常識から考えてもおかしい。高宗にしたって、女の泣き落としにかかって、みすみすこれを見のがしたというのも変である。

さきに宮女県心児らが検査を命ぜられたとき、身体的特徴には特に念を入れて調べたはずだから、足に関しても、結局は纏足がまだ当時としては普及せず、上流女性としての絶対条件ではなかったか、もしくは尼法静にも纏足の痕跡があったかのどちらかであろう。どうもこの件は、偽柔福処分後に、世間の人々が臆測して、おもしろ半分に噂をしたものではないかと思われる。

また一説――柔福こそは真実に北から逃げ帰ったほんものの皇女だったが、皇太后が金国にいたころの秘密を姫にあばかれることを恐れて、帰国するなり急いで柔福の始末をつけようとしたのだと。

この説は当時から世上におこなわれたものらしく、宋・葉紹翁『四朝聞見録』にも出ているが、矛盾だらけの付会説のようである。南帰の年月からして違いすぎており、かりに太后の醜聞——別の誰かと通じたなどという風評——がもしあったとしても、それを聞見する余裕はなかったはずである。すでに真の柔福の死にも立ち合ったと証言するからには、なにも偽柔福の根拠もない暴露など恐れることもないはずである。

にせものの話には、とかくこうした知ったかぶりの裏返し説が付きもので、わが天一坊も実は真の御落胤だったのを、大岡越前が「天下のおんため」に強引に裁いて禍根を絶ったのだという後世の小説家の新解釈もある。柔福の場合も、実際は真皇女だったのではないかという同情的な推量から発して、ついには韋太后の自己保身の謀略だったという仮説まで、臨安市民のあいだに一種の風聞としておこなわれていたのではないか。

すると、さきの纏足ばなしもそうした風説の一種で、指紋や血液型などという法医学的な証明法もなかった時代では、女子の纏足の有無など、誰にも無責任に興味を持たれる噂ばなしだったのである。まして女子の纏足は庶民に至るまで当然のことのように考えた明代では、まっさきに柔福姫の足に興味を向けたのである。

文中に書名を挙げたもののほか、主として『建炎以来繫年要録』の該当年月の記事によった。また『建炎以来朝野雑記』甲集第一、『宋史』『続資治通鑑』および『宋人軼事彙編』巻三などを参照した。また『初刻拍案驚奇』の入話については、譚正璧編『三言両拍資料』下巻の該当部分にも、前掲数種の資料が引かれている。

（一九九〇年一月、『二松学舎大学人文論叢』第四十三輯）

徽宗・欽宗の遺詠

靖康の変で金軍のために今の北朝鮮の国境に近い東北不毛の辺地に捕虜として抑留された宋の徽宗および欽宗には、その拉致される道中または抑留地で詠じたと伝えられる遺詩というのが、真偽は不明ながら諸書に散見している。もし本式に捜集すれば、もっと多くの遺作を拾うこともできようが、いま管見に入った若干例を挙げる。

＊

ある人が、金から逃げ帰って語ったところによると、燕山（河北）の途中の僧寺に徽宗が題した絶句というのがあったこと、宋・荘季裕『雞肋編』巻中に見えている。場所も寺名も不明だから、真偽のほどは確かでない。

九葉鴻基一旦休　九葉の鴻基　一旦にして休《や》む
猖狂不聴直臣謀　猖狂して直臣の謀を聴かざりし
甘心万里為降虜　甘心す万里降虜となりしを
故国悲涼玉殿秋　故国悲涼　玉殿の秋

「天下聞きてこれを傷む」とある。宋朝の帝業も太祖以来九代目で駄目になったのは、気が狂って直諫の臣の献策を用いなかったためであると自省し、万里降虜となるもやむなしと諦めていたらしい口吻ながら、故国汴梁《べんりよう》の玉殿中の旧生活に対する未練の情もまた充分である。無可奈何《どうにもならぬ》というよりほかはない。あるいは徽宗の心中を想いやった後人の仮託であるやも知れぬ。

＊

徽宗が北に拉致されて定武《ていぶ》に至るや、金人は撃毬《ポロ》の会を催し、徽宗に詩を賦するよう請うた。その時の七言絶句――

錦裘駿馬暁棚分　錦裘の駿馬　暁棚分けたる
一点星馳百騎奔　一点星馳して百騎奔《はし》る
奪得頭籌須正過　頭籌を奪い得ば須《すべか》らく過を正すべし
休令綽撥入斜門　綽《ゆる》く撥《うちとば》して斜門に入らしむるなかれ

撃毬は騎馬隊で革製の毬《ボール》を追い、スティックでこれを撃ってゴールの旗門に入れる競技だから、「綽《ゆる》く撥《うちとば》して」失敗をしないようにといったのである。転句の「頭籌」は一等賞を獲得すること。「過を正す」だの「斜門に入る」だの、何かの寓意を含むかにみえるが、真意はよく分からない。

欽宗の詩句——

帰問雪中誰詠絮　帰って問う雪中に誰か絮を詠ぜしぞと
冥捜花底自巡簷　冥捜すれば花底に自ら簷《のき》を巡《めぐ》れり

この詩、起承の二句が失われているので、全体の詩意が不明で、通釈のしようもないが、絮とはあるいは柳絮のことか。

前詩は『三朝北盟会編』より、後作は『揮《き》塵《しゅ》余話』より引いて清・王漁洋の『漁洋詩話』に載せている。

＊

徽宗が韓州にあったとき、一小使が始めて書《てがみ》を持って至る。見ると徽宗は自分で屋根に登って茇舎（露営の小屋）を修理していた。急ぎおりてきて顧みて笑い、「堯舜は茅茨剪《き》らずというからな」とて、はじめて封書を手に取って見た。また感懐の小詞があり、その末にはこうあった――

天遥地闊、万山千水、知它故宮何処。怎不思量、除夢裏有時曽去無拠、和夢也有時不做。

天遥かに地は闊く、万山千水、它《か》の故宮は何処なるやを知らんや。怎《いかん》ぞ思量せざらん。夢の裏《うち》にのみ時ありて曽つて去《ゆ》きたれど拠《よ》るべもなし。夢とともに時ありては做《な》さず。

望郷詞である。夢の中だけでしか故宮に戻ったこともなく、その夢すら見ない時もあると歎じている。南唐亡国の李後主と同じような詠懐である。

後に顕仁皇太后が臨安に帰還した時にいうには、これが徽宗の絶筆となったと。このこと無名氏『朝野遺記』（説郛《せっぷ》巻二十九）に「徽宗詞」と題して載せている。

＊

欽宗も抑留地にあったとき、「西江月」の詞を作って一衛士に書き与えた。その一——

歴代恢文偃武、四方晏粲無虞。姦臣招致北匈奴、辺境年年侵侮。一旦金湯失守、万邦不救鑾輿。我今父子在穹廬、壮士忠臣何処。

歴代 文を恢《ひろ》め武を偃《ふ》せ、四方晏粲として虞《おそれ》なかりしに、姦臣が北匈奴を招致し、辺境は年年に侵侮せられたり。一旦金湯（金城湯池）も守を失し、万邦は鑾輿《らんよ》を救わず。われいま父子ともに穹廬（天幕の居室）に在り、壮士忠臣は何処ぞや。

その二——

塞鴈嗈々南去、高飛難寄音書。祇応宗社已丘墟、願有真人為主。嶺外雲蔵暁日、眼前路憶平蕪。寒沙風緊涙盈裾、難望燕山帰路。

塞鴈は嗈々《よう》として南に去り、高く飛びて音書《たより》を寄せがたし。ただまさに宗社はすでに丘墟となりしなるべし。願わくは真人ありて主とならんことを。嶺外に雲は暁日を蔵《かく》し、眼前の路に平蕪を憶う。寒沙風は緊《きび》しくして涙は裾に盈《み》ち、燕山の帰路を望みがたし。

前一闋は金軍による侵犯を姦臣が誘致したことのように言って忠臣義士の奮起を期待しているが、後一闋は急に落ちこんで蕭条たる朔北秋冬の景情となる。

右二首とも宋・張知甫『可書』に載せる。欽宗の詞のほうが平明で、その第二首などは情感に富んでいる。

南渡世相雑記

天災や、戦乱によって生じた難民が、惨禍を被らない地域に流れこむのは、いつの時代にも見られる現象である。都会地から地方郷村へ疎開する場合もあれば、逆に郷村から都市へ流入する場合もあるが、特に後者の場合は、都市の人口急増による住宅難や、これに伴う犯罪を発生させる。

北宋の末年、北方女真軍の進撃に追われた河南の官民が、命からがら長江を渡って江浙地方になだれこむと、中でも行在《あんざい》と定められた臨安市は、避難の官民で一時に膨脹した。当然のように深刻な住宅難となり、先住の家主たちは住宅難につけこんで法外の家賃を貪った。

紹興三年(一一三三)といえば、戦雲はまだ各地を覆っていたころであるが、その年の七月二十二日付で、次のような趣旨の示達がなされている。

――江北より臨安に流寓する人々が家を借りて居住するのに、多くは家主から家賃の値上げを要求され、みすみす困窮する状態である。また豪右兼幷《ごうゆうけんぺい》の家（悪質の地主やボス）が官有の土地を占拠して家屋を建て、高値で貸しつけ、家賃はいよいよ高騰する。臨安府としてはこれを禁止し、訴え出る者があれば厳重に取り調べて家主を処罰し、建物は官に没収せよ。もし臨安府で訴訟を受理しないならば、直接に朝廷に越訴しても差し支えない云々（『宋会要輯稿』刑法二之一四七）。

住宅に関する暴利取り締まり令であるが、あまり厳重に規制すれば、住宅はいよいよ不足するというディレンマがある。しかも「訴え出る者があれば……」程度の迫力のない禁令だから、はたして当時の臨安市の土地建物の暴騰を抑制し、住宅問題を解決できたかどうか怪しいものだ。皇帝をはじめ、王族・官吏からして避難者であり、押し掛けの居候であり、住宅難招来の張本人である。その口から体裁だけの規制令を出してみても、あまり効果はなかったと思われる。

南渡の官吏のうち上級官僚は家族も多かったから、市内の民家に間借りというわけにもいかなかった。それで当分のあいだ、多くは各地の寺などに分散して住んだ。

宋・周密『癸《き》辛《しん》雑識』後集にいう、「南渡の初、中原の士大夫の南に落ちしもの衆《おお》し。

高宗これを愍《あわれ》み、はじめて西北士大夫が寺宇を占むるを許すの命あり。今時の趙忠簡は越(浙江紹興)の能仁寺に居り、趙忠定は福(福建福州)の報国寺に居り、曽文清は越の禹跡寺に居り、汪玉山は衢《く》(浙江衢州)の超化寺に居る。他に范元長・呂居仁・魏邦達の如き甚だ多し。曽大父少師もまた湖(浙江湖州)の鉄観音寺に居りしが、後に天聖寺に遷《うつ》れり」と。

臨安市内外にだけは住めないので、さしあたり浙東・浙西・福建などの各地に分散して寺院に住まわせたのである。

*

住宅問題ばかりではない。人口の急増によって、臨安の治安状況も一時はかなり険悪だったらしい。

紹興四年四月十五日の御史台(検察庁)の報告によると、西北地区からの流民が、臨安に着いたばかりで市内の地理に不案内なところから、往々にして道に迷い、見回り役人もこれを保護してやろうとしないため、無頼どもに恐喝誘拐され、あるいは奴婢として売られたり、あるいは婦女子は無理に売笑婦にさせられたりする者が非常に多い。臨安府の警察はこれに対する厳重な措置を取るように云々。

戦乱直後の都会地には付きものの誘拐犯やポン引きが、荒稼ぎの好機とばかり獲物を狙って横行したのである。

難民の流入は臨安市だけの現象ではなかった。これよりさき、建炎四年（一一三〇）正月二十八日の詔によれば、士大夫が難を避けて福建に入ろうとすると、省境の関所を守備する者が、捜査点検を口実にして行李《にもつ》を押収するので、引き返すにも引き返せない。少しでも文句をいうと、ひどい目に遭わされる。やむなく浙江の温州や台州に還ろうとしても、どの州でも城内に入ることを許さず、どこにも宿泊するところがない。老幼流離し、進退に窮しているのは甚だしく朕が衣冠（士大夫）を恤《あわれ》むの意に反するから、各州に厳命して、来歴の分明な避難者は、その流入を妨げてはならない云々といっている。

なにしろ敗戦のどさくさで、浮浪者や敗残兵が盗賊と化して掠奪を恣《ほしいまま》にしていた最中であり、各州県も「来歴分明」ならざる難民の流入を極度に警戒したのは無理もない。しかしこの詔に指摘するところは、主として関所役人が検査と称して避難者の荷物を横領没収したことで、これでは役人による追剥《おいはぎ》である。もっとも、各州県とも一時に難民に殺到されては、たちまち住宅問題や食糧問題が起こる。福建のような耕地に乏しい山間地では特に難儀をして、原住者も共倒れになる恐れがあるから、できれば難民の流入は阻止したかったのであろう。

中国の内地が一時は深刻な食糧難で動揺したころ、広東省の九龍・香港地区に難民が殺到し、これを国境線で阻止しようとして揉み合う実況が報道されたことがあるが、九百年前の南宋の建炎・紹興という時代にも、それとそっくりの場面が江浙閩粤《びんえつ》の各地に見られたのである。

＊

戦時中の疎開生活や、戦後の惨憺たる住宅難・食糧難を体験した日本人にとっても、これは実感として理解することができよう。

殺生禁断

一

通常の動物愛護運動のほかに、人間の自然破壊すなわち乱開発からくる動植物の生態系の変化などが、いわゆる環境問題として頻りに論議される昨今であるが、東洋では古くから別の動機や理由で鳥獣虫魚の捕殺を禁止する法令が出されていた。あまり古い時代から説き始めると話が散漫になるので、一応の区切りとして、中国宋代の法令類を主材料として、その諸相を調べてみる。

宋代の禁令——江戸時代の用語でいえば幕府の御触書《おふれがき》に相当する布告類が『宋大詔令集』禁約の部や『宋会要輯稿』刑法の部に集められていて、当時の社会風俗を知る上にも興味ある資料を提供している。

その中には、ある種の鳥獣鱗介昆虫類を捕獲したり食用に供したりしてはならぬという禁令が少なからず見出される。それには皇帝による全国的な禁令から、地方的な条令まで含まれるが、これを他の随筆雑著の記事と併せて読んでみると、表面の禁令と裏面の実生活との関連や矛盾が窺われておもしろい。

これら諸禁令の趣意や理由を考えてみると、いくつかの類型がある。その最も大上段に構えたのは、鳥獣虫魚もまた天地陰陽の自然に従って、万物をしてその性に安んぜしめ、その孳育《じいく》を助長するという王者の仁徳仁政を宣言するもので、これは動物の種類を限定しない総論的・一般論的なものである。

たとえば宋建国第二年の太祖の建隆二年（九六一）二月の「禁採捕詔」（『宋大詔令集』巻一九八、禁約上）には次のように命じている。

王者は古を稽《かんが》えて民に臨み、時に順いて政を布く。陽春、候に在るに属し、品彙咸亨《みなとお》る。鳥獣虫魚も各〻物の性に安んぜしめん。罝罘《しょふ》羅網は宜しく国門より出さざるべく、庶《ねが》わくは胎卵の傷なく、用《も》って陰陽の気を助けん。その民に禁じて虫魚を採捕し飛鳥を弾射するを得るなからしむるは、仍《なお》永く定式となし、毎歳有司が具してこれを申明せよ。

また次の太宗の太平興国三年（九七八）四月の「二月至九月禁捕猟詔」（同前書巻一九八）も、前条と同様に、鳥獣繁殖時期の一定期間だけ捕殺を禁止するというものである。

春陽和の時に方《あた》りて鳥獣孳育す。民あるいは捕取して以って食するは、甚だしく生理を傷《そこな》い、時令に逆《さから》う。自《おのず》から宜しく民に禁じて、二月より九月に至るまで捕猟し及び竿を持ち弾を挟み、巣を探り卵を摘むことを得るなからしむべし。州県の吏、里胥に厳飭《げんちょく》して伺察擒捕し、重くその罪に寘《お》くべし。仍《なお》、州県に命じて要害の処の粉壁に詔書を掲げてこれを示すべし。

一概に狩猟を禁ずるのではなく、繁殖期を避けよという趣旨だから、これは今日にも通じて実施されている限定的な保護政策である。

二

こうした総括的な禁令のほかに、地域や動物の種類に限って、禁止の理由や動機を異にする場合もあった。第一は人命保護の見地からするもの。第二は地域産業上の資源愛護の見地からするもの。第三は信仰上の動機より発するもの。以上の三類があった。

第一の人命保護の例。北宋末徽宗朝の政和三年（一一一三）十一月十九日の詔によると、江南地方では毎年の夏から秋にかけて、奥ふかい山間の渓谷で、往々にして急死する人があるが、それはみな魚を取ることからくる災難で、愚民が毒薬を水に流して魚を捕える習慣に起因する。魚を取る利ばかりを考えて、人命を害することを考えないのは不届きであるから禁止し、毒薬で魚を取る者は杖一百の刑に処すべきである云々。

これはいわゆる毒流し漁法で、魚族の繁殖に害があるばかりか、人命まで害《そこな》うことがあるに至っては、禁止されるのも当然であった。

第二の地域的資源保護の見地からするものとしては、江浙地方で田雞（蛙という江浙方言）の捕殺を禁じた例や、安徽宣城地方で蜂の児《こ》を捕らえて食うことを禁じた例がある。前者の蛙は水田の害虫を食うから農業に益があるからという理由であり、後者は理由未詳であるが、どうやら地方官の資源独占の意図から出た禁令だったらしい。蛙と蜂の禁捕令については、宋代の例を拙著『芭蕉扇』所収の「田雞のこと」と「蜂の児」に挙げておいたから、ここには再述しない。

このほか、淳熙十年（一一八三）正月四日の詔では、淮西地方の州郡に対して、麏鹿鶉兎の属を捕獲することを禁じている。これは資源愛護の名目もさることながら、実はそれが官吏の賄賂に使用されるために特に目をつけられた点が変わっている。

報告によれば、淮西地方には鹿や鶉や兎の類が豊富なところから、地方官がこれを贈り物代わりに使用したいと考える。すると、この土地の庄屋（原文は里正・保長）や目明かし親分（総首緝捕人）などの連中が、長官のご機嫌をとるために、毎年の冬になると猟師たちをかり集め、網船と称して役人や兵士が指揮して一日に幾匹の割当で狩猟し、また獲物を即売する。これはみだりに物の生命を害し、人力を費やし、取り引きをするもので、不届きであるから厳禁するというのである。

大量捕獲の誘因が地方官のさもしい出世欲にあったとすれば、禁令を出してもその地方官を通さなければならないから、効果はまったく期待できないはず。宣城地方の蜂の児採捕禁令も、実は地方官が蜂の児を中央要路への賄賂用に独占しようと企図したのではなかったか。

三

第三の信仰上の動機から禁じたのは、仏教の殺生戒および放生の思想からきたものと、時の皇帝の本命日に生類殺害を禁ずるものとの二通りがあるが、両者とも相互に関連があることはいうまでもない。

すべて生あるものを憐れむという慈悲の精神は仏教の特色のひとつで、これが力説されると放生の風習となり、各地の寺院に放生池が設けられるようになったのは、なにも宋代が始まりではないが、南宋の都した臨安には西湖があり、これがすでに北宋のころから放生池に指定されていた。

ところが湖辺の民にとっては、魚類の豊富な湖水を目前にしながら、仏教の掟ばかり守って殺生を遠慮していたのでは生計が立たないから、禁令など無視して出漁するのは自然の成り行きであろう。

そこで南宋の紹興十三年（一一四三）五月十九日には、中書舎人の楊《よう》某が、天下の遺跡を調査して放生池を置き、禁令をもって「好生の徳」を広めるよう、各地の取締官に訓令されたいと奏請している。同日また工部郎中の林《りん》某が奏していう、臨安府の西湖はむかしから毎年の四月八日（仏誕日）には郡人が湖畔に集まり、羽毛鱗介の類を放生すること百万をもって数えたものだが、近日は採捕することほとんど虚日なき有様で、中には池を干して漁をする者さえある。生物を害うことこれより甚だしきはないから、北宋の天禧《てんき》年間（一〇一七―一〇二一）の勅令を調べて従前どおり放生池とし、民の漁撈を禁止されたいと奏し、これが裁可されている。

しかし漁民の生活権を奪うような禁令を出したところで守られるはずはなく、効果もなかったとみえて、淳熙二年（一一七五）にも再び西湖の漁撈禁止令が出され、見廻り役人による密漁取り締まり励行が訓令されている。

さらに下って慶元三年（一一九七）十月七日にも、臨安の知府趙《ちょう》某が奏請していうには、西湖が漁獲法度の放生池たることを示した北宋天禧年間の碑は雑草中に埋没して、居民もその放生池たるを知らない有様であるから、湖畔に亭を造り高札を立て、皇帝誕生日の前日には知府は吏僚を率いて亭の前で放生を行ない、皇帝の恩徳を示したい云々。

この奏請は朝廷に認められているから、西湖放生の行事もある程度は復活したのであろう。一般の信仰団体による各寺院での放生会が盛行したことはここに記すまでもない。

四

時の皇帝の本命日すなわち誕生の干支《えと》にあたる日には慣例として屠宰が禁ぜられた。これは畜類の屠殺ばかりでなく、罪囚に対する死刑などの執行もこの一日は遠慮するというものである。儒家の伝統思想として、万物生育する仲春の月には屠刑を禁じて王者好生の仁徳を示すことになっていたのが、後には仏教の殺生戒の思想とも合流して、断屠月とか三善月とかいって、正月・五月・九月などは殺生を慎むべき月とされた。これは唐代からある慣例であったが、宋代では南宋の紹興十一年（一一四一）正月十二日の桂楊監《けいようかん》というものの奏請では、この禁屠禁刑をさらに立法化して、丁亥の日には畜類の屠殺を禁ずるほか、大辟《たいへき》（死刑）ならびに流罪以下の罪もこの日には執行を見合わせるよう定めたいとて、これが裁可されている。ただし、これは禁屠禁刑だけで、漁猟の禁止にまでは及んでいなかったのであるが、紹興十七年（一一四七）十月二十一日の荊門軍知事趙士初の請により、さらに丁亥日禁漁猟の一条が追加された。後の淳熙十六年（一一八九）二月七日の礼部・刑部の請でも、将来、皇帝（光宗）の本命日である丁卯の日には屠宰を禁ずると見えている。

これらは、たまたま法令に明文が遺っただけで、おそらく代々の皇帝ともその本命日には殺生を禁ずる慣例になっていたものと思われる。

皇帝の本命日といえば、北宋末の亡国の皇帝徽宗におもしろい話がある。これは公の記録ではなく、宋・朱弁『曲洧旧聞《きよくい》』巻七に見える記事である。

徽宗の崇寧（一一〇二―〇六）の初年に、范致虚《はんちきよ》という者が上奏していうには、十二宮神（十二支）では犬は戌《いぬ》の位にあり、陛下の本命にあたる。いま京師《みやこ》において犬殺しを職業とする者があるが、よろしく禁止すべきであるとて、そこで天下に布告して犬殺しを禁じ、違反者を捕らえた者には賞金を与えること二万銭に及んだ。京師国立大学の一学生がこれを批判していうには、朝廷におかせられては事ごとに神宗皇帝の熙寧・元豊の政治を紹述しておられる。神宗は戊子《つちのえね》の年に生まれたが、その当時、猫を飼うことを禁じたという話は聞いていないと。また他にも取り沙汰する者があって、犬はどこにもいるものだが、そんなことで上にへつらって出世する奴が出てくるようでは、実に憂うべきものがある、と語りあったという。

この話から誰でもすぐに思い出すのは、例の犬公方こと徳川五代将軍綱吉の生類憐れみの令（貞享二年、一六八五）であろう。あれもやはり綱吉の生年干支が戌《いぬ》年だから犬を愛護するという滑稽な理由から出たもので、この珍説を進言した護持院隆光坊の独創かと思っていたら、なんとすでに五百余年も前に宋の范致虚という先覚者があったわけで、犬公方綱吉は犬皇帝徽宗の亜流ということになる。これが史上偶然の暗合なのか、それとも隆光坊の下にさらに別の知恵者がいて吹きこんだのか分からないが、干支説と本命説があるかぎり、迷信家がその気になるのも自然であろう。それも本命に因む動物を愛玩したり、玩具や置物を集めてよろこぶ程度ならば、他人には何の迷惑もかけないが、最高権力者がこれに凝ると、綱吉のように史上に稀なる愚行を演ずることになるわけである。

綱吉の動機は後嗣祈願にあったといわれるが、徽宗の場合もやはり後嗣を祈るあまりに道教に惑溺して、道士のいうがままに、いろいろと愚劣なことをした皇帝だから、本命の犬の屠殺を禁じたのもそれが有力な動機であろう。当時の国立大学生が、子《ね》年なら猫の飼育を禁止せんならんのかといったのは、まことにユーモラスにして痛烈な皮肉であった。

もっとも、徽宗の禁令が綱吉ほど史上に喧伝されていないところをみると、それが戌《いぬ》の日だけの禁止で、恒常的なものではなかったという理由のほか、実際にはさほど厳格に励行されることもなく、やがて立ち消えになってしまったのであろう。当時の大学生などインテリの政治批判は、なかなか手きびしいものだったらしいから、こんな愚劣な禁令は、たちまち悪評と嘲笑の的になったのである。

ついでにいうと、徽宗の生年月日については、清・兪曲園『茶香室四鈔』巻四「宋徽宗五月五日生」の条に、元・呉師道の『敬郷録』を引いて、徽宗は五月五日に生まれたが、俗に五月五日は悪月とされるので、これを避けて十月十日としたのだと。しかし『宋史』徽宗紀には神宗の元豊五年（一〇八二壬戌）十月丁巳生とあるだけで、五月五日生まれとはいっていない云々。すると元豊五年が壬戌年だから、徽宗の生年は、やっぱり戌《いぬ》にあたっていたのである。

五

生まれ年の生肖（十二支の動物）について、徽宗流の愚かしい禁令を出したもう一人の皇帝が明代にもあった。それは正徳帝武宗である。そのことは明・沈《しん》徳符『万暦野獲編』巻一「禁宰猪」の条に見えている。

正徳十四年（一五一九）十二月、武宗は南巡して揚州の行在にあった。時に兵部左侍郎の王憲が、欽差総督軍務・威武大将軍・総兵官・後軍都督府大師・鎮国公の鈞帖《きんじょう》を抄奉すると称して、次のような布達を出した。それによると、「豕《いのこ》を養って猪《ぶた》を宰《ころ》すのは、固《もと》より尋常の事である。ただ当爵（武宗本人）の本命であり、また姓と字は異なるが音は同じである。ましてこれを食えば随って瘡疾を生ずるので、深く未だ便ならずとする。このため地方に省諭するが、牛羊など禁じないものを除くのほか、豕牲は喂養（飼育）および易売宰殺することを許さない。もし故意に違反すれば、本犯ならびに当房の家小（家族）は、極辺に発（流罪）して永遠に軍役に充《あ》てる」と。

なんとも珍妙な布達である。豚肉を食えば瘡疾を生ずるというなら自分だけ食わなければ済むこと、それを人民にまで強制し、豚の飼育から販売・屠殺を禁じ、違反者は流刑に処するという。驕慢皇帝の思いあがりというよりほかはない。

布達にいう「欽差総督軍務・威武大将軍」以下の長々しい官銜《かんがん》（官職名の肩書き）は、武宗自身が得意になって名乗ったものである。超階級の至尊であるはずの皇帝が、「欽差」だの「大将軍」だの「鎮国公」だのと称するのは滑稽千万であるが、これはもともと奔放で我儘《わがまま》で遊び好きで茶目っ気の強い武宗が、演劇の見過ぎで、颯爽たる前線司令官になったつもりの自己陶酔の肩書きである。「当爵」とはそれを指す。また「姓と字は異なるが音は同じ」とは、明王朝の姓の朱《チュ》と猪《チュ》とは同音だから、猪を食うことは朱姓を食うことだという他愛もない語呂合わせである。

しかし皇帝の思《おぼ》し召しで布告がだされたからには、バカらしいとは思っても従わざるを得ない。同前書「禁殺怪事」によれば、正徳十四年に南巡して宰猪を禁じたとき、民間では飼っていた豚は大小となくみな殺して塩漬けにして貯蔵したとある。さらに清・毛奇齢『武宗外紀』によれば、「至るところ民間で猪を畜《か》うを禁じたので、数百里内、屠殺してほとんど尽くした。田家では産まれたものは悉くこれを水に投じた」とある。

武宗がなぜこんな愚行をあえてしたのか。清・兪理初『癸巳《きし》存稿』巻八「正徳禁殺猪」の条にこれについての推測を述べている。兪氏によれば、武宗は梵語にも通じ、その豹房には回人が多かった。また武宗にはまだ後嗣がなかった。孫真人の『千金方』では、猪の肉を久しく食していると、人をして子少なからしむとある。食忌にも、猪脳を食えば男子の陽道を損し、房（房事）に臨んで事を行なう能《あた》わずともいう。けだし武宗にも感ずるところがあり、回人がこれに勧めて国姓の朱に託したのだ。武宗は亥《い》の年生まれだったから、故にこの鈞帖が出された。回人は扈従者が猪肉を食うのを見たくなかったので、鈞帖はただ一地方だけに行なわれたのである云々。

兪氏のいう豹房とは、北京の西苑にあって虎や豹を飼育していた動物園を兼ねた離宮で、『万暦野獲編』補遺巻三「内府畜豹」および巻二十四「西苑豢畜」の条に詳しく、ここには二百四十名もの係りの兵士が守衛していたという。これらの兵士に回教徒が多かったというのだが、兵士とは限らず、武宗の周辺には色目人の于永《うえい》という回教徒がいて房中術などを教えることもあったようだから、その進言によって豚を避けたのであろう。衆知のように回教徒は戒律として豚肉を食わず、代りに羊肉を食うのである。兪氏の推測はほぼ当たっていると思われる。

回教徒が教義上から豚肉を忌むことは漢人にもよく知られていた。明朝第五代の宣宗宣徳帝のころ、都督の馬俊《ばしゆん》という人、姓の示すように、その先祖は回人で豚肉を食わなかった。あるとき宣宗が武英殿で宴を催し、馬俊を召す。俊が参上すると、宣宗は卓上の豚肉を取って俊に賜わる。俊は頂戴するなり、すぐ口に入れようとする。宣宗が笑いながら、「そなたは回人であるのに、やはりそれを食べるのか」というと、俊は叩首して、「陛下が臣に死ねよと仰せあれば、すぐにでも死にます。まして肉を食うくらいは何でもありません」と奉答した。よって宣宗は左右の者に命じて肉を取らせ、かつ言った、「戯れにしたまでじゃ。そなたの戒を破ることはできぬわ」と。俊はまた叩首して謝したという。

この逸話は明・都穆『都公譚纂』巻上に見える。これは漢人が回教徒の風習を認めていた例であるが、武宗の場合は、逆に回人が漢族の皇帝をも自分らの習慣に従わせようとして食忌のことを口実としたものだったのではなかったか。

それにしても、宋の徽宗、明の武宗、徳川の綱吉と、よくもまあ和漢の三バカ大将がそろったものであるが、さすが三人目だけに、最後の犬公方の愚挙が最も大掛かりで、その期間も長く、被害の多い悪政となった。生類憐れみとはいうものの、まさしく、その愚や及ぶべからずである。

宋代風俗禁令のいろいろ

宋代では北宋末の徽宗の初年から服装や音曲の方面でも北方の風俗すなわち女真《ジュルチン》など異民族の風習が開封《かいほう》一帯に浸漸しはじめている。金軍の開封占領に先だつ蕃風の南浸である。その例は宋・呉曽『能改斎漫録』に散見する。

たとえば巻一「禁蕃曲氈笠」の条にいう、「崇寧（一一〇二―〇六）大観（一一〇七―一〇）以来、内外の街市の鼓笛拍板、名づけて打断という。政和（一一一一―一八）の初に至りて、旨ありて賞銭五百千を立つ。もし鼓板を用《も》って北曲子を改作し、並びに北服の類を著《つ》くるは、並びに禁止支賞す。その後も民間にては鼓板の戯を廃せず、ただ名を太平鼓と改む。続いてまた旨あり、一応《すべて》の士庶、京城内にては氈笠子を戴くを得ず。もし違犯あらば、並びに上条に依る」。

まず音楽方面であるが、打断とか太平鼓とかよばれた楽器は、後世にもこの名称が伝わっていて、いわゆるタンバリンに似た打楽器だったようだ。清代の北京でも新年などには太平鼓を鳴らすことが流行したと歳時記類に見える。右の記事によれば太平鼓も本来は蕃楽だったので、これを禁止する代わりに中国ふうに改作するよう募ったものとみられる。賞銭とはその懸賞金で、五百千とは銭五百貫である。しかし鼓板の戯は依然として流行しつづけ、ただその名称だけ中国ふうに太平鼓と改称したというのである。

また服装関係では北服を著け氈笠子《せんりゅうし》を戴くことが禁止された。北服は女真人ふうの蕃装。氈笠子はフェルト製の笠、後の満州族もこの笠を戴いた。すべて金人の風俗だから、汴梁城内では漢人がその服装をするのを禁じたのであろう。

また同書巻十三「詔禁外製衣装」の条にいう、「大観四年（一一一〇）十二月、詔す。京城内に近日衣装に雑《まじ》うるに外裔（異民族）の形製を以ってする人あり。以って毡笠子を戴き、戦袍を著《つ》け、番束帯を繋《つな》ぐの類、開封府はよろしく厳に禁止を行なうべし」と。毡笠子は前記の氈笠子。すべて金族の服装で、笠も上着もベルトも蕃装が流行して、漢人と金人との区別がつかなかったので、この禁令となった。都城内に蕃装が充満していては、非常時には内外の見分けがつかなくなるのを恐れたからであろうか。

音楽関係でも、同書同巻「禁淫哇声」の条に、「政和三年（一一一三）六月、尚書省言う、今来すでに新楽を降《くだ》せり。その旧来の淫哇の声、打断・哨笛・呀鼓・十般舞の類の如きは悉く禁止を行なう」と見えるから、楽器・楽曲を改作した新楽を公布し、従来の蕃楽は淫穢なものとして禁止したのである。

蕃楽の禁止令は南宋に入っても出されている。孝宗の淳熙十二年(一一八五)三月八日、「右正言の蔣継周《しょう》が言う、いま蕃楽に渤海楽と名づくるものありて世に盛行し、都人多くこれを肄習《いしゅう》(稽古)し、往々にして宮禁にも流伝す。禁戢《きんしゅう》を行なわれんことを乞う。これに従う」(『宋会要輯稿』巻一九三九二)。

渤海楽というから東北の辺地から伝わった楽曲で、おそらく北宋末以来、江南にまで持ちこんだものであろう。服装はともかく、音楽には国境はないはずで、たとえばジャズ音楽や、楽器ではボンゴなどのような異風なものが、庶民にはかえって刺戟が強くて歓迎されたのである。ただしそれが宮中にまで流伝するに至っては黙認もできず、この禁令となったのである。

＊

風俗に関する禁令は意外な方面にも及んだ。

徽宗の宣和五年(一一二三)六月十一日、「中書省が言う、近ごろ指揮を降して禁止す、市井営利の家にて官号を以って榜《ぼう》（看板）をば門肆に掲ぐるを得ず。その医薬鋪が授くるところの官号職位を以って称呼するはおのずから合《まさ》に禁止すべからず。宣和五年三月十七日、延康殿学士趙遹《ちょういつ》が奏し睿旨《えいし》を降して市井営利の家・技巧賤工は官号を以って榜を門肆に掲ぐるを得ずと禁止せんことを乞いたるを検准し、開封府に詔令して禁止せしむ。外路（各地方）もこの詔に依る」（『宋会要輯稿』巻二一七七八）。

この禁令は趙という朝臣（趙姓だから王族か）の奏請を批准して発布したもの。官号の禁止とは、たとえば商店の看板に「宮内省御用達」などと書いて権威をつけることを禁じたのであろう。宋代では各種の伎芸人なども宮中出入りを許された者は「御前供奉」などを肩書きにした。それらの濫用を禁じたのである。ただし薬剤局だけは従前から官許公認のものだから官号職位を謳《うた》うことが許されたのである。

称号といえば、人につける名にさえ制限を加えた。『能改斎漫録』巻十三「奏禁止聖名字」にいう、「政和八年（一一一八）十一月、戸部幹当公事李寛《りかん》が奏す。凡そ聖を以って名字となす者は、並びに禁止せられんことを欲望《のぞ》むと。聖旨を奉りて依《ゆる》す」と。

また同書「奏禁以天字称」の条にいう、「政和八年閏九月、給事中趙野《ちょうや》が奏す。陛下は妙道を恢崇し、高真（道教の仙真）を寅《つつし》み奉ぜらる。凡を世俗、君・王・聖の三字を以って名字となすは、悉く革《あらた》めてこれを正すことを命じられたり。然れども、なお天の字を以って称となす者あり。窃《ひそ》かに一に禁約せんことを慮《おも》うと。奏に依る」。
これらは徽宗の並々ならぬ道教崇拝に迎合して、下々の者が君・王・聖・天の字をつけることを禁止するというのである。北宋時代に梅聖諭という詩人があったが、これもいけないことになる。しいて禁止しなくても、一般庶民にはあまり縁のない文字ばかりで、庶民の名は干支に因んで寅六とか丑七とかつけていたものである。沈徳符によれば、後の明代でも武宗の正徳の初年、かの太監劉瑾が権を専らにしていた当時にも、やはり官民の名字に「天」の字をつけることを禁じ、ともに改めさせたという。「すべて盛世の事にあらず」とある（『万暦野獲編』補遺巻二「命名禁字」）。阿諛者の思いつくことは古今ともに似たようなものであった。

また「禁瀆侮混元皇帝名」にいう、「政和八年八月、御筆。太上混元上徳皇帝、名は耳、字は伯陽、及び謚《おくりな》は聃《たん》。見今《げんこん》の士庶、多くこれを以って名字となすは甚だしく瀆侮となす。今より凡を民庶の者は並びに禁止とす」。

道家の祖たる老子の「耳」や「伯陽」や「聃」は一切つけてはならんという。それはお上《かみ》がむやみに老子を崇拝するからで、庶民もそれにつられて李姓ならば李聃と命名したくなるのだ。いくら御名諱《き》避《ひ》の習慣があるとはいえ、こんなに禁字をひろげてゆくと、逆にその字の使用を促すことにもなる。こんな愚にもつかないことにお節介をやいているうちに、これより十年を経ずして靖康の変となり、趙宋の社稷は一旦にして顛覆するのである。

＊

書籍類の刊行・販売および国外持ち出しについても南北宋を通じてしばしば禁令が出されている。いわゆる「書禁」である。これはその書の記述内容によっては国外に知られたくない部分もあるので、情報の漏洩を警戒する防諜の意味もあった。しかしこれが拡大されると、すべて言論の抑圧にも発展する。しかもそれは他人を諷刺したり誹謗したりする程度の落書《らくがき》の類にまで及ぶことがあった。

北宋仁宗の宝元二年（一〇三九）三月十七日、左正言直集賢院呉育《ごいく》の言として、「窃《ひそ》かに聞くに、近歳以来、織忌の語、疑似の文を造作し、或は姓名を顕《あらわ》さずして暗《ひそか》に文字を貼り、恣《ほしいまま》に毀謗して以って讎嫌《しゅうけん》（仇敵）を害するものありと。臣はただ伝聞せしのみにして、いまだ虚実を審らかにせざるも、もしこの事あらば……」、開封府の御史台に詔して覚察せられたいとある（『宋会要輯稿』巻一七七七、刑法二之二三）。

また同じく仁宗の康定二年（一〇四一）七月十七日、「中書門下が言う、訪聞するに、浮薄の小人が長韻の詩を撰《つく》りて大臣を嘲り訕《そし》ると。いま開封府が密《ひそか》に察訪を加え、人が陳首《ちんしゅ》すれば銭三百千を賞に充《あ》つることを許す。官に就くを願う者もまた補命を与えん」（同前）。

これは政府の要人を諷刺する匿名の詩歌を貼り出す事犯である。文中にいう「人が陳首すれば」云々は、任意出頭の意味であるが、それは誹謗の詩の作者自身のことではなく、犯人が誰であるかを開封府に出頭して告発した者という意味であろう。そうでなければ賞金や官職を与えると約束するはずがない。つまり密告の奨励であった。

次いで神宗の熙寧二年（一〇六九）閏十一月二十五日、監察御史張戩《ちょうせん》の言として、「窃かに聞くに、近日、姦妄の小人ありて肆《ほしいまま》に時政を毀《そし》り、衆情を揺動し、天下を伝惑す。勅文を矯撰（偽作）し、都市に印売するものあるに至る」。よって開封府に命じて雕売（刊行発売）する人を逮捕されたい云々（同書巻二一七七、刑法二之三四）。

下って南宋では紹熙二年（一一九一）三月十七日、侍御史林大中の言として、「近ごろ匿名の詩を造りて宰相・学官および枢臣・侍従を嘲り訕《そし》る者あり。法禁を申厳せられんことを乞う」とある（同書巻一九三九二、刑法二之一二四）。

これらは後世にいうところの「匿名掲帖」で、せいぜい高官や時局を諷刺したり批判したりする落首のような戯《ざ》れ歌であろうが、為政者の側からすると不穏なアジビラのように見えて気になるものだったらしい。殊に監察御史の職務は、わが江戸時代でいえば目付《めつけ》であり、その下級は与力同心のような役目で、臣下や町方の動静を探索して回り、たとえ伝聞風評の程度のものでも情報として報告したから、こんな事件ともいえない曖昧なものまで記録に遺されたのである。

太監劉瑾

一

弘治十八年（一五〇五）五月、治世十八年の生命を終わった孝宗弘治帝が三十八歳をもって崩ずると、孝宗の嫡子で十五歳になる太子厚照《こうしょう》が明朝第十一代の皇位をついだ。これが武宗正徳帝である。

武宗は生来明敏で記憶力すぐれ、この点では父の孝宗にも愛せられていた。だが、派手好みの上に、武ばったことが好きで、みずからも乗馬や弓術を得意とした。もっとも、これは武芸に熱心で国家の安危にそなえるためだと善意に解釈されて、べつに禁止されることはなかったが、さすがに父の孝宗は皇太子の性格とその将来にかなりの不安を感じていた。崩御の前日、側近の者に遺詔を書きとらせたとき、閣臣劉健《りゆうけん》の手をとって、「東宮は歳も若くて遊び好きだ。お前たちがよく学問をさせ、ものになるように輔導してほしい」と遺嘱した。そして翌日には太子を召して政治上の教訓を与えた後に崩じた。太子はその翌日に践祚した。

先帝孝宗の危惧は二箇月もたたないうちに事実となってあらわれた。もと東宮付きの宦官であった劉瑾《りゆうきん》をはじめ、馬永成・谷大用・魏彬《ぎひん》・張永《ちようえい》・邱聚・高鳳・羅祥などの八人衆が、たがいにしっかりと気脈を通じあって、新帝武宗の周囲に黒い膜《まく》のようなものを張りめぐらしてしまったからである。

劉瑾は陝西西安興平の出身で、本姓は談《たん》氏である。一説には、本姓は笪《たつ》氏、楊貴妃の死で有名な馬嵬坡《ばかいは》で生まれたともいう。景泰の初年に劉太監の門下として宦官になり、劉姓を称した。宦官社会の習慣では、入門として手術を受けこの社会の人となった以上は、生涯にわたって師弟の関係は切れない。劉瑾の場合は、さらに義子となって改姓したのである。彼は八人の中では最も度胸があり、奸智にたけていた上に、多少は書物も読んでいたので、しぜんと八人衆の首領に推されていた。

もともと十五歳にしかならぬ少年、煩わしい政務よりも遊ぶことの好きな武宗である。幼少のころから側近の用人としてなじんだ八人が、手をとるようにして遊びの方に誘ってくれるので、諸事はこれらに任せきりにして、はやくも父孝宗の遺訓などは忘れてしまい、即位後に必要な諸般の朝政改革にもほとんど手をつけようともしなかった。

朝臣のあいだでは、この八人を「八党」とか「八虎」とかよんで憎みはじめた。官僚にとって宦官というものは、つねに「正途」すなわち科挙による正規の官僚組織の外から進出する旁系異端の存在だったからである。しかし一方では、裏口からこの連中に取り入って出世を図ろうとする者もないではなかった。阿諛と贈賄だけが武器のこの裏街道は、無能な者にとってはなかなか便利な立身の近道であった。それだけにこの八人はいよいよ増長し、武宗を擁してその出入りには物々しく武装し乗輿を囲んでゆくという有様となり、従って八人の息のかかった内廷の宦官も増員されるばかりで、またたく間に以前の数倍にもふくれあがっていた。

当時、内廷で宦官の管掌する役所は二十四衙門とよばれ、司礼監以下の十二監、惜薪司以下の四司、兵仗局以下の八局がそれで、従来の各監司の定員は多くても三、四十人どまりであったのが、このころには多きは百数十人に達する監局もあったというから、その急増ぶりを知ることができる。これを憂えた劉健らが、内廷の冗員整理と諸費節約とを進言したけれども、少しの効果もなかった。

弘治十八年は暮れ、改元して正徳元年となった。正月、劉瑾が禁衛の三千営を管理することを命ぜられた。同時に張永・徐智・馬永成・王潤などもそれぞれ神機営・顕武営・奮武営の重要ポストについた。いずれも禁衛諸軍の長官である。

この連中にとりまかれて騎射や打毬《ポロ》などのスポーツに興じているうちはまだよかったが、三、四月になると、側近を引きつれて予告もなしに宮門外に乗り出し、方々を遠乗りして帰るという「微行」が始まった。重臣たちは驚いて上書したが、一通や二通の上奏文くらいで考えなおす武宗ではなかった。

遊びに気をとられたこの少年にとっての最大の苦痛は毎日おこなわれる経書の講義であった。御用掛かりの老先生が汗をかきながら進講する顔を見ていると、ばからしくなり、馬を乗り廻す爽快さが思い出されて、腰をおろしてこの先生と向かいあっているのは退屈で我慢ができなかった。吏部給事中の胡煜《こいく》の上書中にも「毎日の講書には御臨席にはなられるが、しかし儒臣の講義が終わりもしないうちに、はやくも鴻鵠之《の》思（飛び立ちたい気持ち）があり、勉学がまだいくらも進まないのに、ふっと逸楽の想いを起こされる」とあった。そこで、口実を設けてはよく休講にしてもらった。それも、はじめは母君に御挨拶のためというような、もっともらしい理由であったが、同じ内廷で、歩いていってもすぐという近距離では、その口実もあまり効き目がなくなり、しまいには、はっきり乗馬のためという理由にして聴講の息苦しさを遁れ、例のとおり馬を駆けさせて、はじめて自分を取りもどしたような気分になるのであった。

増大する宦官の勢力に切歯した劉健・李東陽・謝遷らの閣臣が、内政改革に関する意見を具申したが、どれもみな握りつぶされてしまうので、劉健らはついに力及ばずとして辞任を願い出た。信望のある老臣の劉健らを辞《や》めさせては後が面倒になるので、これはもとより聴許にはならなかった。

四月には吏部尚書馬文升《ばぶんしょう》が依願免官になった。文升は先帝孝宗の遺詔によって、内廷の宦官七百六十三名を一挙に淘汰した。ところが宦官の王瑞という者が、その解雇者の中から、またもや七名を再採用した。これはもとより武宗の内意もあってのことだ。しかし文升は吏部の立場として、あくまで七名の再任を認めようとしない。時に給事中の安奎《あんけい》が王瑞の収賄を暴露してこれを弾劾したので、怒った王瑞はついに皇帝の内意を持ち出し、文升が勅旨にさからったといって抗弁した。この問題が廷議にかけられると、朝臣はみな文升の処置を支持したにもかかわらず、武宗はやはり諾《うん》とはいわなかった。

文升はすっかり嫌気がさして退職を願い出た。このころ広東・広西の総督が欠員になり、文升は兵部侍郎熊繡《ゆうしゅう》を推挙したのに、熊繡は遠地赴任をよろこばず、何とか取り消させようと運動しているのを知った同郷の御史何天衢《かてんく》が、文升の人事について弾劾を加えた。これを機会に文升はしいて辞任を乞い、やっと許可された。

文升の後任には、吏部左侍郎焦芳《しょうほう》が、太監李栄《りえい》の裏面工作のおかげで吏部尚書になった。この男は大言壮語の癖があって、劉健や謝遷などの閣臣と衝突ばかりするので、平素から憎まれ者となって孤立していた。そこで太監の側《がわ》に運動して、ついに念願の吏部尚書の地位を獲得したのである。

武宗が即位をしたころ、国家財政の窮乏が廷議で問題となり、まず皇帝より節約していただかなくては、という結論になったとき、この焦芳は武宗の方を意識しながら、こう言い放った。「下々《しもじも》ですら生活費が要るのだから、役人ともなれば猶更でござる。銭《ぜに》がなくなれば古証文をさがせという諺もある。いま世間には脱税者も多いのに、それを究明しようともせず、ただお上《かみ》にばかり御迷惑をおかけしようとは何事でござるか」。これを聞いた武宗は、わが意を得たりという顔をした。そういう無責任な放言をする焦芳が吏部の最高責任者になり、しかも内官と気脈を通じながら官吏の任免にあたったのであるから、人事が乱脈に流れるのは当然のことであった。馬文升の辞任によって、閣臣派の一角が崩れたのである。

二

正徳元年（一五〇六）秋八月には、中軍都督同知夏儒《かじゅ》の長女を冊立して皇后とし大婚の礼を挙げた。これは即位のころから予定されていたこととて、その準備もまた大変であった。昨年来、地方ではしばしば水害や旱魃に襲われ、その救援のために政府の貯蔵米も乏しくなり、内府の金銀も減っているので、莫大な費用のかかる成婚礼には当局も頭を痛めた。内廷の儀式を掌る司礼監の見積りでは、銀四十万両を要するとのことであったが、国庫にはそんな余裕があるはずもなく、やっと予算を削減して四分の一の十万両で間にあわせた。

夏氏が皇后に冊立されると同時に、賢妃・徳妃の両妃も正式に定められた。

それまで後宮には尚寝とよばれるものがあった。これは皇帝の寝所のことを掌る役で、皇帝が皇后なり妃なりの部屋に泊ると、その場所と年月日とを記録する。後日、子女出生に関して疑惑や問題の生じた場合の証拠とするためである。これはどこの国にもあったことで、徳川将軍などの場合でも、老女が衝立《ついたて》一つの隣りに寝て、終夜耳をすましていたという。これは将軍に対し閨房で政治上の請託のおこなわれるのを防ぐ意味もあった。いくら後宮の慣例であるとはいえ、閨中のことまで一々監視され記録されるのは、武宗のような奔放な皇帝にとっては我慢がならない。武宗はついにこの記録のことをやめさせ、ついでに尚寝の役も廃止してしまった。そうなると、どこへ泊っても少しも拘束を感じない。ひるまは小宦臣どもを相手に角力をとったり蹴毬《けまり》をしたりして遊び、日が暮れると内廷のどこへでも入り込んで酒を飲み、一泊する。後宮めぐりの遊びである。皇后や妃は正式に立てられてはいたが、ここに足を向けるのは、月のうち、せいぜい四、五回にすぎなかった。

後宮めぐりのほかに、もう一つ武宗が好んだ遊戯は、なんと市井の商売ごっこであった。まず内侍たちに命じて宮中にそれぞれまねごとの店舗を開かせる。それには宝和店とか宝延店とかの屋号がついている。商品は内侍たちの所持品を出して並べさせるのである。武宗自身も商人の衣服をつけ、頭には瓜皮帽というお椀形の帽子をかぶって店頭に立つ。そうして算盤をはじいたり帳面をつけたりして商売のまねをするのだが、客と値が折りあわないときは、大声で掛け引きをする。話がまとまらないと、かねて定めておいた市正とよぶこの商店街の世話役が出て来て調停をし、顔つなぎに皆で廊下の家というのに押しかける。廊下の家とは、宦官の一人が亭主役をする酒場である。店内では箏《こと》だの琵琶だのを騒々しく鳴らして酒場らしい陽気な雰囲気を盛りあげている。燗元には大勢の美人が女給に扮して待機している。武宗らの姿が見えると、女給たちは、わっと店頭まで駆け出して、手引き袖引き一行をひっぱりこむ。酔えばそのまま店に泊る、という趣向である。金持ちの極道息子が幇間末社を引きつれて吉原でお大尽あそびをするのと変わりはない。およそ皇帝にはめずらしい茶目で天真爛漫な武宗であった。

こうして、毎日あそびの方にうつつを抜かしているあいだに、事につけての太監らの搾取ぶりは、いよいよ目に余るものになった。これを摘発して上書した劉健らを、武宗は呼びつけて詰問した。劉健は堂々と収賄の事実をあげて答える。ことばにつまった武宗は、最後にはかっとなっていった、「政治がみんな宦官によって悪くされたということがあるものか。朝臣だって悪事をする者が十人のうち六、七人はおる。それは先生がたもよく御存じのはずではないか」。

賄賂政治という点からみれば、廷臣も内官も五十歩百歩である。そういう政治の内情を見聞して育った武宗だから、親任する内官が一方的に非難されると、その不満が思わず口に出たのである。しかし、先帝以来の重臣に対することばとしては、これはあまりにも不謹慎に、その体面を無視した暴言であった。しかも劉健は退出してからも再び上書して意見してきた。さすがの武宗も失言を後悔して、今度ばかりは劉健の意見に従った。

劉健らは希望をもった。これなら皇帝も改心して、弊政改革も物になるかも知れない。そう考えた劉健・謝遷および戸部尚書の韓文らは、いよいよ肚《はら》をきめて八党を除く計画を練った。だが、この計画の実行は、それほど容易なものではなかった。劉瑾はすでに帝の親任を得て内廷の勢力をがっちりと掌握していたので、劉健らがしきりに上書して、瑾《きん》誅すべしと奏してみても、その上奏文は、たいてい途中で握りつぶされて、武宗の目にふれることはなかったからである。

韓文もまた以前から八党の横行に切歯扼腕してきた一人であった。閣議が終わって退出するたびに、その横暴ぶりを部下に語って涙さえも浮べるのであった。これを見た次官の戸部郎中李夢陽《りぼうよう》がいった、「閣下、何故お泣きなさる。このごろは諫官も八党の弾劾には大いに力を尽くしておられる。閣下がこの際、真に諸大臣と力を合わせて戦うという御決心ならば、八党を除くのも易々たることではござりませぬか」。

聴いた韓文は鬚をしごいて昂然と胸を張った。「よし、このままではすまされぬ。わしも齢《とし》に不足はない。死して君国に報ずるまでじゃ」。意を決した韓文は、李夢陽に命じて弾劾文を起草させた。草稿ができると、韓文はそれを読んで思いきり字句を削り、簡潔なものにした。「こういうふうにしないと駄目なのだ。文章をあまり婉曲にすると陛下には理解できないし、文章が長すぎると、きっと終わりまではお読みにならないだろう」。老年の韓文にとっては十六歳の武宗は孫のようなものでしかなかった。しかも学問ぎらいで落ち着きのない武宗の性格をよく見抜いていたのである。

翌早朝、韓文はこの弾劾文を携えて登殿した。そして朝議の始まる前に、控えの部屋で諸大臣に回覧させて連署を求めた。その文は八人の太監が「巧偽を造作し、上《かみ》の心を淫蕩にし、球を撃ち馬を走《は》せ、鷹《たか》を放ち犬を逐い、俳優雑劇をば前に錯陳《さくちん》し」て君上を誘惑するの罪をあげて、刑罰を明らかにし、禍を未然に防ぐべきことを請うたものであった。順々にこれを読んだ大臣たちは、みんな頷いて署名をした。

武宗が出御すると、この弾劾文が奉呈せられた。受け取ってこれを読む武宗の顔から、みるみる血の気がひいていった。文章の筆調はこれまでにない強硬痛烈なもので、武宗にとっては、八人が弾劾せられることは武宗自身が指弾せられるに等しく、また自己の将来の自由が完全に拘束されてしまうことでもあった。

黙然と立ちあがって武宗が奥へ去ったあと、長時間にわたって閣議が続いた。議題はいうまでもなく八党の処置についてであった。劉健・謝遷・韓文などの老臣は、いずれもかなりに昂奮して、この際一挙に八人を処刑して禍根を絶つべしと主張し、その決意を披瀝した。

武宗は、今日の閣議で自分の皇帝としての運命まで決せられるような気がして、うろうろと落ち着かず、午時分《ひる》を過ぎても食事さえとる気持ちになれなかった。閣臣の要求するとおりに八人の内侍を処分すれば事はすむかも知れない。しかし彼等が処刑に値するほどの大罪を犯したとは考えられないし、弾劾文に指摘するところも、君主を遊びの方に誘惑したとあって、誘惑された武宗自身も間接に非難されているから、八人を犠牲にして自分が良い子になるのも皇帝としての矜持《きょうじ》が許さない。それに、八人を弾劾した閣臣だって何をたくらんでいるか分かったものではない。所詮は先帝以来の己らの権勢を維持するために、新興勢力の八人を排除しようというだけのことだ。賄賂だって同じように取って私腹を肥やしているではないか。何とかして八人を救いたい。それは皇帝としての自己の権威を救うことでもある。しかし、重臣が連署している以上、これを無視することは朝臣全部を敵に廻して自分と八人の宦官だけが孤立することになる。ともかく、ここは一時だけ八人を内廷から出すよりほかはない。彼等をしばらく南京に遷《うつ》す。ほとぼりがさめれば、そのうちに重臣の昂奮も鎮まってくるだろう……。

緊迫した空気のままに、朝から続いている閣議に、武宗は司礼監の李栄・陳寛・王岳を差遣した。閣議といっても、八党を処断すべしとする劉健らの強硬論が大勢を占めているので、あとはただ躊躇する武宗の聖断を促すだけである。武宗の意向を伝え、また閣議の空気を報告するために、李栄らは幾度も閣臣と奥の武宗とのあいだを往復したあげく、武宗もついに折れて、劉瑾らを南京に配置替えするという妥協的な処分案を閣議に提示した。しかし劉健・謝遷らの強硬派は承服しない。中でも劉健は卓を敲いて激昂した。「先帝崩御のみぎり、拙者の手をば執られて大事を託し給うたのでござる。あれからまだ幾何《いくばく》も経ずして、かかる奴ばらに国を乱されては、拙者、何の面目あって先帝に見《まみ》えましょうぞ」。謝遷もまた劉健を援護して八人の死罪を強く主張した。そういう激しい空気の中で、大学士李東陽《りとうよう》だけは態度もあいまいで、なぜか言葉もかなり調子の弱いものであった。彼としては、おそらく武宗との正面衝突によって生ずる今後の事態を懸念《けねん》して、妥協をよしとする方に傾いていたのであろう。

太監三人のうち王岳は宦官にはめずらしい剛直な男であった。もと東宮付きの内侍の一人であったから、本来ならば劉瑾の一党にも加わるはずであったが、その性格からして肌が合わず、つねに八人の所行をにがにがしく見ていた。だからこの日の閣議でも、李栄や陳寛がしきりに八人の助命を主張するのに対して、王岳だけは閣臣の意見を支持した。そして内廷に帰ると、閣議の状況を詳しく報告して、八党処罰のやむなきを伝えた。

報告を聴いた武宗は、それでもまだ最後の決断がつかなかった。だが司礼監王岳は、同じ太監范亨《はんこう》・徐智らと密議を重ねた末、明朝、勅旨をもって八人を逮捕しようという手筈を整えていた。

同じころ、問題の八人も緊迫した空気を察して、首領劉瑾の居室で切り抜け策を協議していた。かくなる上は、強硬派の王岳らを抹殺し、最も手腕のある劉瑾に司礼監を乗っ取らせて、内外を固めるべきだとの結論になった。

このとき吏部尚書の焦芳から秘密の伝令が来た。今日の閣議には出席しなかったが、その空気では劉健・謝遷・韓文らが強硬意見で、明朝は諸臣を率いて武宗の前で決断を迫ろうとしている、そして太監王岳がこれに内応しているとの情報である。これを聴いた一座の者は、今更のように事態の急迫を感じて蒼くなった。中には机に額を伏せて泣き出す者もあった。けれども劉瑾だけは平然として顔色も変えず、七人の狼狽ぶりを冷やかに見ていたが、やがて口を開いた。「そう慌《あわ》てることはない」。

他の七人は急《せ》きこんで訊ねた、「では、何か名案でも……」。

劉瑾はそれには答えず、立ちあがって服装を整えた。

「黙っておれについて来ればよいのだ」。

七人がぞろぞろとついてゆくと、劉瑾は暗い夜の内廷を迷いもせずに曲折して、やがて皇帝の居室に入った。武宗は燈下にただ一人で思案にふけっているところであった。七人をうしろにして御座の前に跪いた劉瑾は、音をたてて地面に叩頭した。他の七人もこれにならって叩頭した。

武宗が驚いて問いかけようとすると、劉瑾は機先を制するように、涙で濡れた顔をあげていった、「今日は陛下の御恩がなければ、われらは危うく磔《さらしもの》になって、犬の餌食《えじき》にされるところでございました」。

何とか八人を助命する手段はないものかと苦慮していた武宗は、先手を打ったこのことばに、うっかり引っ掛かってしまった。「まだお前たちの逮捕を命じたわけではない。なぜさようなことを申すのか」。

劉瑾はここぞとばかり一膝すすめた。「されば、手前どもを陥れようと図ったのは、あの王岳めにござります。王岳は手前どもと同じく陛下のお側に侍して参りましたのに、なぜか手前どもに対して害意を懐《いだ》いております」。

「王岳が？　まさかそんなことはあるまい」。

「おことばではございますが、王岳は閣臣と結託して、陛下の行動を拘束し奉ろうとの肚でございます。さればこそ、邪魔になる手前どもを除く考えでござりましょう。そもそも、御乗馬やお鷹狩りが御政務に何の妨げがござりましょうか。それを王岳めは口実にして、邪魔者を倒そうというのでございます。いかに最近の閣臣が驕慢無礼になったとは申せ、司礼監さえしっかりして事を裁いてゆきますれば、閣臣とても陛下に対し奉り、かかる無礼が働けるはずはございません」。

まず内の王岳を攻めて間接に外の閣臣を攻撃する。劉瑾の巧みな弁舌と演技とをもってすれば、幼時からその性格を知り抜いている武宗のような少年を誘導するのは易しいことであった。殊に、皇帝の自由を拘束する云々は急所である。果たして武宗は劉瑾の仕掛けた罠《わな》に近づいて来た。

「王岳はそんな肚黒い奴であったか。それならばぜひ成敗《せいばい》しなくてはならぬ。だが、閣臣は多く先帝以来の功臣であるから、今すぐに処分するというわけにもゆくまい」。

もうこうなったらしめたものだ。劉瑾は追い討ちをかけた。

「しかし危険は目前に迫っております。いつ、いかなる事態が起こらぬとも限りませぬ。すみやかに御聖断を……」。

操られるように武宗は机上の朱筆を執った。劉瑾は司礼監太監兼団営提督に、馬永成は東廠提督に、谷大用は西廠提督に、また張永らもそれぞれ要所の地位に任命した上、王岳の逮捕投獄を命じた。

内廷を支配する司礼監太監になり、東廠・西廠の京師二大警察の総官に任ぜられた上、勅書を入手した劉一党にとっては、もはや恐れる敵はない。その夜、ただちに勅旨をもって疾風のごとく王岳・范亨・徐智を襲い、これを捕縛した。八虎退治の計は成功寸前で無残にもどんでん返しとなり、一夜にして攻守その所を替えた。

暗夜に乗じて決行された内廷のクーデターを夢にも知らない劉健や韓文らは、今日こそは武宗の前で面争《めんそう》してでも、あくまで初志を貫徹しようと決意を固めていた。すると、諸大臣は左順門に集合せよとの通達があった。先に到着していた劉健は、緊張した顔で集まった朝臣たちを迎えてこういった、「成功まで、あと一息でござる。あくまで筋を通すよう御協力を願いたい」。

吏部の許進が韓文を咎めるような口調で訊ねた、「閣下は上奏文に何と書かれたのでございますか。もし陛下のお怒りを招いたら、どうなされます。あの連中のことは、あまり過激に走ると変を生ずる惧れもありますが……」。それは朝臣たちの胸に潜む一抹の不安であった。これに対して韓文はきっぱりと答えた、「この老人が身をもって殉ずるまでよ。それ以外には何の計略もござらぬ」。

劉健の方は、許進の質問に対しても、今さら何を訊くのだといわんばかりに、わざと聞こえぬふりをして、そっぽを向いていた。

やがて太監李栄が姿をあらわした。手には諸大臣連署の上奏文を握っていた。それは劉瑾らを弾劾した責任者は誰々であるかを確実に握っているぞ、という意味を示すものであった。ずっと一同を見渡してから、李栄はおもむろに口を開いた。「陛下の御意向をお伝えいたします。諸先生にお諮《はか》りするが、諸先生の憂国の御意見は全くもっともには思うが、ただ内官らは永年陛下の左右にお仕えしているもので、情《じょう》として今すぐ処分するに忍びない。諸先生もどうか暫く御寛恕を願いたい。陛下おんみずから追々に処置するであろうとの仰せでございました」。

追々に処置するとは、処分はしないということである。万事は休した。そう直感した閣臣らは無言で顔を見合わせた。

李栄の視線が韓文の目と合った。途端に韓文が、はじけたような声を立てた。「それはいかん。あとで処分するといっても、彼奴《きやつ》らは何をするか分かったものではない。そもそも、今日国民は窮乏に陥り、天災も日ごとに増加するというのに、陛下は政務を棄て小人ばらと戯《たわむ》れてばかりおられる。これはどうしても一言申しあげなければならぬ」。

李栄は冷やかに笑っていった、「それは貴下の奏文に審《つまび》らかであります。陛下はただ少し緩やかにしたいと仰せられるだけで……」。

韓文に続いて吏部右侍郎王鏊《おうごう》も抗弁した。「八人のあるかぎり、乱の本《もと》は除かれない」。しかし李栄はまた冷然と答えた、「陛下はそれはよく御存じであります。ただ、もう少し猶予をおきたいとのことであります」。

「もし陛下がそのまま処分なさらずに終わったら、どうなさる」。王鏊はなおも必死に詰め寄った。

「手前とも首が鉄で固めたものでございません。国家の大事を、そう易々と変えることができましょうか」。

皇帝の意志がこうして正式に公表されたからには、もはやその決定を覆《くつが》えすことはできないのが原則である。勝負はあった。閹臣派の完敗である。一同はそのまま黙って退出した。

劉健と謝遷は即日上疏して致仕を願い出た。李東陽もこれに続いて辞表を出した。慣例として、重臣の辞任はどうしても三、四回の上疏がなければ勅許が得られないことになっている。しかし劉瑾は一刻も早く劉健らを追放したい意向であり、それに武宗もこれを厭っているので、ついに勅許と偽って劉・謝両名の辞任を認めた。ただ李東陽の辞表だけは却下された。閣議において劉健らが八党処刑論を主張した際に、東陽だけ沈黙を守っていたことが劉瑾に買われたのである。また敵を全滅させようとして、かえって多くの敵をつくるよりも、敵を分裂させて力を割《さ》く方が得策でもあった。翌日、東陽は再び上書して致仕を願ったが、やはり勅旨をもって慰留された。

後日、劉健と謝遷とが退官帰郷する別離の宴で、東陽は涙を浮かべていった、「こうして拙者だけが残されましたが、益《やく》もないことでござる。諸公と一緒に去ることのできないのが、まことに残念で……」。

このとき劉健はきびしい顔で東陽に答えた、「泣くことはござらぬ。あの日、貴公がもう一言よけいにしゃべっていたら、我々とともに追放されるところでござった」。――この辛辣な皮肉には東陽も返すことばがなかった。

一説によると、閣議の情報を洩らしたのは、焦芳ではなくて李東陽であったともいう。閣議における彼の態度の首鼠両端が疑惑をもたれた原因であろう。だが、慎重な李東陽ともあろうものが、わざわざ劉一味に秘密情報を送るはずはない。それは彼の不鮮明な態度から来た冤罪だったに違いないが、行動を共にしなかったため、劉一味を憎む士大夫たちから疑惑の目をもって見られ、はては情報漏洩の取り沙汰までおこなわれたのである。

捕縛された太監王岳および范亨・徐智の三人は、南京に護送されることになったが、王と范とは途中で刺客に襲われて殺害された。徐智は腕を傷つけられただけで、うまく遁れたので生命だけは助かった。刺客はいうまでもなく劉瑾が放ったものであった。

三

あの深夜の内廷クーデターを転機として、内外の実権は、ほとんどすべて劉瑾に掌握せられ、閣臣派は総崩れになった。だが劉瑾は追撃の手を緩めず、政敵と見られた者は勅旨と偽って片っ端から投獄し、あるいは左遷した。殊に劉健や謝遷を憎んで、これに関係のあるもの五十三人を「奸党」と名づけて、その名簿を殿中に掲示した上、群臣を宮中の金水橋の南に集合させ、長時間にわたって平伏させておき、その前でこれらの「奸党」を叱責訓戒する意味の勅諭を係官に朗読させた。この勅諭は劉瑾が腹心の者に書かせたともいい、また焦芳が代筆したものともいわれる。死か服従かの二者択一を群臣に宣告したものであった。

この形勢を見て、あきらめて退職を願い出る者、劉一派に媚《こび》を売る者、あくまで正義を主張して投獄される者など、朝野騒然として毎日のように異変異動が伝えられた。陽明学を開いた兵部主事王守仁《おうしゆじん》も「奸党」の一人として鞭打たれた上、貴州竜場駅丞という辺地の郵便運輸駅長のような低い地位に流謫された。

数多い「奸党」の中でも、南京御史蔣欽《しようきん》の最期は、中国の文臣がもつ不屈の御史魂を発揮しつくした凄烈なものであった。

正徳二年（一五〇七）正月、南京給事中の戴銑《たいせん》ら二十人が、劉健・謝遷を弁護したかどをもって劉に憎まれ、宮廷内で廷杖という刑罰に処せられた。蔣欽も同時に杖刑を受け、官吏としての身分を剝奪されて平民籍に落とされたが、三月に入ってやっと出獄すると、三日の後にはまたもや劉瑾弾劾の文をしたため、「劉瑾は悖逆《はいぎやく》の徒であり、国を蝕む賊である」と極言した末に、「すみやかに瑾を誅してもって天下に謝し、しかる後に臣を殺してもって瑾に謝せよ」と上奏したからたまらない。再び杖三十に処せられた後に投獄された。前の傷がまだ癒《い》えないのに、またもや三十も打たれたので、血にまみれたまま獄中に転がされて二日間も人事不省であった。やっと三日目に意識を取りもどした。

蔣欽、字は子修、江蘇常熟《じようじゆく》の人、弘治九年（一四九六）の進士出身で、弾劾諫奏を本務とする御史の官である。筆一本の武器のあるかぎり、あくまで職責を放棄することはできない。意を決した彼は、獄吏から筆紙を請い受けて再度の弾劾文を起草した。冷たい壁に囲まれた陰湿な牢獄の内で、わずかな燈火の光が不気味な影法師をつくる中に、幽鬼のような蔣欽の姿があった。

「臣と賊瑾《きん》とは勢両立せず……」。彼が筆を執って書き始めると、壁のあたりから何物とも知れず、かすかな声が聞こえた。筆を擱《お》いて耳を澄ましたが、次の声は聞こえなかった。疲労から来る幻聴かと疑って、再び筆を執って書き続けた。――「臣、昨《きのう》再び疏して杖を受け、血肉淋漓として、枕に獄中に伏するも、終《つい》にみずから黙しがたし、願くは上方剣《じょうほうけん》を借りてこれを斬らん……」。

残り少なくなった燈芯の火が揺れて、またも何者かの声がした。彼は筆を停めて四辺を見廻したが、人影はなく、周囲はただ暗い壁だけである。「この上奏文を奉ったならば、自分は必ず殺される。今の声は祖先の霊だ、おれに上奏を思い留まるよう告げたものではあるまいか」。劉健以下、数十人の朝臣が一致して弾劾にあたったのに、それを悉くはね返した相手である。一御史にすぎない自分の弾劾など何の効果があろうか。それは前回のあの痛烈な上疏さえ通じなかったことを見ればわかる。一命をかけて弾劾してみても所詮は徒労ではないか……。

「上疏を思い留まろうか……」。書きかけの草稿を茫然と見つめているうちに、打たれた傷が刺すように疼《うず》いた。その肉体の痛みが彼の屈辱と憎悪と、そして御史としての矜持を呼び醒ました。「はじめから生命は棄ててかかったことだ。ここで屈伏しては、かえって祖宗の名を辱める」。そう決意すると、全身の気力をふりしぼって後を書き続け、最後に「臣まことにこの賊と並び生くることを願わず。死に臨みて哀鳴し、伏して裁択《さいたく》を冀《ねが》いまつる」と書いて筆を投じた。一息ついてもう一度はじめから読み返した。これが自分の生涯における最後の上奏文となるであろう。「殺さば殺せ。この稿は断じて書き改めることはしないぞ」。蔣欽の弾劾文は獄吏の手を通じて差し出された。しかし武宗にまで達したかどうかはわからない。予期したとおり牢から引き出されて、またもや杖三十に処せられた。衰弱しきった肉体に重ねての杖刑である。刑が終わって、もとの牢に引きずりこまれた時には、ほとんど意識はなかった。三昼夜たって、三日目にはついに獄中で息を引き取った。

この情勢に対しても、当の武宗はほとんど無関心であった。劉一味が次々に提供してくれる歓楽と交換に帝王のもつ最高権力をも平然と与えた。武宗が遊びに夢中になっている最中を見はからって、劉瑾は決裁を要する書類をわざと差し出す。興を殺《そ》がれて武宗はきっと不機嫌になる。書類を一瞥しただけで吐き棄てるようにいうのだ、「こんな面倒なものは見たくもない。その方を召し使っているのは、いったい何のためだ。一々うるさいものを持ち出すのは止《や》めよ」。

それは劉瑾の思うつぼであり、待ち受けていた返事であった。皇帝のすべての最高決裁が彼に一任されたと同様になった。それ以後、一切の上奏はやめて、すべて彼の一存で決定し、武宗も知らぬ間に勅旨と称してこれを施行した。政敵の処分なども、みなこの手で決せられた。皇帝は彼等にとっては最大の資本であり、絶好の楯であり、命令には皇帝の玉璽《ぎょくじ》を借りる必要があった。そこで勅諭をはじめ、上疏や報告書に対する皇帝の決裁は、すべて劉瑾およびその腹心の者が処理した。劉には深い学問の素養はなかったから、それらの書類を私邸に持ち帰ると、妹婿の礼部司務孫聰《そんそう》と、松江の商人あがりの張文冕《ちょうぶんべん》という者と三人で合議のうえ処置を決めた。もっとも、その文章はどれも拙劣なので、経験のある焦芳が加わって、これを潤色することにしていた。

奏呈されて来る文書は、必ず一度は劉一派の目を通過しなければならなかった。まず目じるしの紅紙を付けたものが、「紅本」とよばれて劉の手もとに集まる。このあとで紅紙を除いて「白本」として、それぞれ政府の各部局に送達される。それらの文書には、みな「劉太監」と称して劉瑾とは呼び棄てにはしない。一度など、都察院の文書で「劉瑾」と書いたものがあったために激怒を買い、院の長官は大あわてで属僚とともに陛下に跪いて謝罪し、劉のためにさんざんに罵られても誰ひとりとして頭をあげることができなかった。

こうして武宗を楯に全官僚に対する生殺与奪の権を握った劉太監の勢威は内外を制圧した。

四

太監らの収賄は、もっぱら官爵を売ることによっておこなわれた。猟官や立身の希望者は、まず吏部の焦芳に贈賄して頼みこむと、焦はまたこれを劉太監に紹介する。だから最高の実権を握る劉の収入が莫大であったことはいうまでもなく、その他の太監らも分に応じて稼いだ。しかし、いつの時代でも、大きな賄賂や中飽《ちゅうほう》は、大きな土木建築工事に絡《から》んでおこなわれるのが常である。劉一党も、派手好きな武宗を唆《そそのか》して、いろいろな土木工事に手を着けた。宮苑の修理とか、翌年の正月十五日元宵節に使用する燈籠の準備とか、すべて逸楽のための施設に、その一つだけでも幾万両という金銀を浪費した。

その費用の不足を補い、工事を進陟させるために、正徳二年八月、建設担当の工部では、官位の売り出しを奏請して許可になった。それは農民と商人とを問わず、誰でも一定の銀を献納すれば、その額に応じて無試験で官吏になれるというのである。財政の窮迫を救うために歴代よく取られた手段であるが、戦争などの非常時でもないのに、皇帝の逸楽の費用を捻出するために官職を安売りするのだから乱脈である。官吏の株を買った素質の悪いのが、その資金を回収するために賄賂を取り、農民を搾取する。それが悪循環となって、いよいよ地方政治を蝕んでゆく。こうして国庫に吸いあげた金銀により、かねて西華門内に造営中であった新殿が正徳二年八月に竣工して、これを豹房《ひょうぼう》と名づけた。これまた劉一党である銭寧《せんねい》という者の発案奏請によるものであった。

この宮殿は密室が棟をつらねた複雑な設計で、もっぱら皇帝の享楽用に粋を凝らしたものであったから、大いに武宗の御意にかない、落成の日から、もうそこに泊まりこんでしまった。皇帝のあるところ、すなわち禁裡である。多数の宦官がその周囲に宿直して万端の御用を弁ずる。この連中を特に豹房伺候と称した。また特別に編成された軍士がこれを警護した。軍士はそれぞれ豹字牌という銅製の牌を佩びて鑑札とした。牌の表面には豹の形を浮き彫りにし、たとえば「豹字陸伯拾号」というように番号を記す。裏面には「随駕養豹官軍勇士、この牌を懸帯す。牌なき者は律に依りて罪を論ず。借りたる者および貸し与えたる者も罪は同じ」と記されていた。この銅牌は後世までかなり遺っていたということが、清の鄧之誠の『骨董続記』に見えている。

これ以来、武宗はここがすっかり気に入り、「新宅」とよんで宮中には還ろうともしない。設備は整っているので、連日のように楽人や俳優が出て、この新宅の舞台で皇帝の御機嫌をとり結ぶのである。しかし飽きっぽい武宗にとっては、聴き慣れた歌や、見慣れた芝居では満足できなくなり、次々に新奇なものを所望する。そうなると京師中の芸人だけでは足りなくなり、京師以外の地方劇団も招かなくては不公平だとの声も起こってきた。そこで礼部からの通達で、河南方面の俳優をも呼び寄せた。宮廷御用とあって、係官がそれらの劇団員に付き添って上京し、途中の乗り物や食事の世話で大騒ぎである。毎日何十人という俳優が送られて来ると、京師ではさらにその中から優秀なのを選抜して都に留め、食糧を支給するやら、適当な土地に住居を建ててやるやら、下へもおかぬ待遇である。皇帝の思《おぼ》し召しとあって、演劇界は異常な好景気を迎えた。先々代の憲宗も演劇が好きで、内廷には元代以来の戯曲脚本が無数に集められていたが、この武宗もまた同様の愛好家で、新旧の脚本を献上してきた者には、それぞれ恩賞を与えた。劇作家の楊循吉・徐霖・陳符などが進呈した劇本は数千種にも達した。

演劇にも劣らず武宗の好んだものは女色であった。そのころ、錦衣衛都督同知の于永《うえい》という男、これが房中術に詳しいという評判を耳にした武宗は、さっそく于永を豹房に召し出した。美女の品評や閨房の秘術については、評判どおりの蘊蓄《うんちく》を傾けて「進講」したので、武宗はいたく気に入った。于永という漢人の姓名は持っているが、元来は西域出身の色目人《しきもくじん》である。それが、回教徒の女は肌がきれいで、とても中国美女の比ではないと吹聴したから、好色の武宗は大いに興をそそられた。ではそのイスラム美人がどこかにいないかと問うと、錦衣衛都督の呂佐《りよさ》がやはり西域出身で、その屋敷にはイスラム美人が大勢いるとの返事である。武宗の意を承けた于永は、お上《かみ》の思し召しと称して、呂佐の屋敷から西域舞踊の達者な美女十二人をさがして豹房につれて来た。そして日夜歌舞をさせては武宗の歓心を買っていたが、十二人くらいでは心許ないので、他の貴族豪族の屋敷にもイスラム美人がいるはずだから、歌舞を上覧に供するという名目でこれを呼び集め、気に入ったのを選んではどうかと武宗にたきつけた。武宗とて望むところである。さっそく方々の屋敷から否応なしに美女を召し集めた。于永は都指揮同知の官に昇進した。

ところが、この于永にも娘があって、これがなかなかの美人であることを何者かが武宗の耳に入れた。たまたま房中術の知識によって殊遇を得ただけで、さほどの野心もなかった于永だから、他家の女は推薦しても、自分の娘だけは好色な武宗には差し出したくなかったのであろう。それをひた隠しに隠していたのが、ついに知られてしまったのである。

ある日、例のとおり豹房で武宗の酒宴に侍し、イスラム美女の舞踊を賞美していると、酒の酔いを借りた武宗は、不意に于永に向かっていった、「その方の家には美しい娘がいるそうだが、ここへつれて参らぬか」。

不意をつかれた彼は困惑したが、これまでイスラム女を売りこんで来たてまえ、娘はおりませんとも答えられず、家へ帰ると急いで娘を隠し、窮余の一策に隣家の同じイスラム人の女をわが娘のように飾りたて、替え玉にしてこれを豹房に送りこんだ。武宗には見分けがつかないから、ほんものの于永の娘と思って寵愛した。

気の弱い于永は、この替え玉の件が暴《ば》れることを恐れ、わざと気がふれたように装い、健康を理由に隠居を願い出た。そしてその子に指揮同知の跡目をつがせた。

さんざんに他家の女を横奪《よこど》りしておいて、自分だけ巧みに逃げてしまった于永に対して、他のイスラム人の家々では歯ぎしりして口惜しがったが、現《げん》に武宗が満足していることではあり、背後に劉瑾一味があるので、迂闊なことはできないと、誰も于永の詐偽を暴露する者もなく、ついに泣き寝入りに終わった。

五

武宗が豹房での逸楽に耽っているあいだに、劉一派の跳梁はいよいよ激しくなった。殊に前閣臣派に対する報復は執拗をきわめた。

正徳三年（一五〇八）正月には前の吏部郎中李夢陽《りぼうよう》を逮捕投獄した。夢陽は尚書韓文のために劉瑾弾劾の文を起草した当人で、すでに山西布政司経歴に左遷され、ついで解任させられていたが、劉瑾はそれだけでは満足せず、無理に他の罪名を被せて京師に護送し、これを処刑するつもりであった。しかしこれは夢陽の親友である翰林修撰康海《こうかい》の口ききで辛うじて釈放された。

康海はもと劉と同郷で、劉はこれを味方に引き入れるべく招いたのを、康海はまったく相手にもせずにいたのであるが、親友李夢陽が獄中から救援を乞う紙片をよこしたのを見て、ついに劉を訪ねて釈放方《かた》を説いた。劉はよろこんでこれに従った。同時に都御史張敷《ちょうふ》華《か》も劉に憎まれて罪に陥ったが、これまた康海の好意で助かった。このため康海はついに劉の同類と見なされ、後に劉の破滅によって失脚するに至った。馬中錫の雑劇『中山狼』は康海と李夢陽の件を影射しているといわれる。

四月には前工部尚書楊守随《ようしゅずい》が投獄され、五月には吏部給事中安奎《あんけい》と御史張彧《ちょういく》も獄に下った。八月には前の吏部尚書韓文も逮捕されたが、処刑しようにも直接の口実がなく、数箇月で釈放された。しかし韓文こそ劉が最も恨んでいた相手だったので、罰米法という新しい手を案出してこれを苦しめた。

罰米とは、一定期限内に罰として米穀を官庫に納入させるという処罰法である。このとき韓文は米一千石を科せられ、さらにまた別の口実で再度罰米を科せられたので、韓文はために家産を蕩尽した。このほか罰米を科せられたのは、韓文と同時に逮捕された侍郎の張縉《ちょうしん》が五百石。九月には都給事中任良弼《じんりょうひつ》や御史陳順《ちんじゅん》ら、およそ五十六人がそれぞれ三百石を科せられた。それ以下の者を加えて一百四十余名がこのとき罰を受けた。処罰の理由は、たいてい在任中の些細な失策や、貯蔵穀糧の欠損などを洗いたてたものであった。しかし罰米を拒否すれば投獄されるか杖刑の辱《はずかし》めを受けるかしなければならないので、みな家産を売り借金して償《つぐな》った。もっとも劉瑾にとっては、罰米法はこれを口実にして賄賂を取ることができたので、政敵はいうまでもなく、誰彼の区別なく無数の官員を摘発した。

こういう勢威を揮うことができたのも、劉一派が皇帝の絶対権威を背景に、特務警察の実権を握っていたからである。その支配下にある東廠と西廠と錦衣衛とは秘密警察であり憲兵であり、同時に劉一派の私兵でもあった。東廠の提督は邱聚、西廠は谷大用、錦衣衛は石文義、みな劉の腹心である。これが三者協力して、城市と郷村とを問わず密偵を放ち、上は朝廷の大臣から、下は百姓《たみぐさ》に至るまで、その身辺にはつねに恐るべき監視の眼が光っていた。しかも犯罪の捜査よりも、実は何かに因縁をつけて事件にしたて、破産するまで勒索《ろくさく》するのが直接の目的であった。たとえば、江西南康県の百姓が、端午節の競漕に使う龍舟を造ったというのにさえも言いがかりをつけて事件にし、全家産を没収したこともあった。

劉瑾はそれでもまだ安心ができず、正徳三年の八月には、さらに弁事廠および内弁事廠という特務機関を新設し、みずからこれを支配した。北京市民には内行廠という名で恐れられ、そのやりくちは東西の二廠よりもさらに苛酷であった。勅旨と称して、北京城内の浮浪者はもとより、酒場のボーイ・磨《と》ぎ屋・水売りなどまで城外に放逐した。すると、それらのもの千余人が東郊に集まって気勢をあげ、どうせ死ぬなら劉瑾を刺してから死のうと騒ぎ出したので、劉も暴動の危険を感じて、再びこれを城内に還した。また天子のお膝元を清めると称して、寡婦は悉く再婚させるとか、葬式をすませない棺は焼き棄てるとかの命を下したので、北京中に流言が飛び、人心は騒然となった。劉は市民の暴発を恐れて、流言を放った一人だけを逮捕して事をうやむやに収めた。

年が改まって正徳四年となったが、朝臣に対する罰米は絶えなかった。正月からして二百人ちかい官吏が、重きは五百石から三百石の罰を受け、大半は退職させられた。二月には前大学士の劉健と謝遷とが官籍を削られた。四月には大学士王鏊《おうごう》もついに辞職して郷に帰った。これまで王は同じ閣臣の李東陽とともに、劉一派の横暴をおさえ、陰に陽に朝臣の危急を救って来た。劉健・謝遷らの生命も救ったのであるが、ついに力及ばずと知って再三退職を願っていたのである。

かげで朝臣を救った点では李東陽の力も大きかったが、正義派の朝士のあいだでは、彼の評判は最初から悪かった。あるとき匿名の詩が彼に投ぜられた。「文章の声価は斗山と斉《ひと》しきも、中書に伴食して日まさに西す。首を回《めぐ》らせば湘江春水緑なり、鷓鴣《しゃこ》啼きやんで子規啼く」というのである。子規の「不如帰」にかけて、早く辞《や》めて故郷に帰れという勧告であった。また彼の門生の一人が書簡を送り、門生の籍から削ってほしいといって来た。

これにはさすがの東陽も大きな精神的打撃を受けて長大息したという。王鏊が辞任すると、内閣における東陽の立場はいよいよ孤立した。それは氾濫する濁流の中に梢を靡《なび》かせて立つ一本の巨樹のすがたであった。

六

はじめ八党の生命が助かったばかりか、逆に望外の権勢を握ることができたのは、何といっても首領劉瑾の手腕に負うものであった。そのことは劉自身も他の七人も自覚していた。それだけに劉は他の連中を内心は小馬鹿にし、それぞれの身勝手な請託に対しても、あまりよい顔はしなかった。そういう劉の傲慢な態度に対する不満は、他の七人のもつ劣等感と相まって、陰湿な嫉視や反目の空気を醞醸《うんじょう》していた。もとより表面では迎合に努めていたけれども、裏面では宦官独特の隠密陰険な手段による抗争が始まっていた。その兆候は、すでに正徳三年に起こった怪文書事件にも見ることができた。

それは六月二十五日の暑い日のことであった。朝儀が終わって武宗が奥へ引き取ろうとしたとき、宮廷内の通路上に、一通の文書が落ちていた。武宗が拾いあげてざっと目を通すと、それは匿名の文章で、内容はすべて劉瑾の非行を数えあげたものであった。一読してそのまま劉瑾に手渡した。劉が受け取って読むと、意外にも自分を糾弾した文書だったので、内心ではかっとなったが、さりげなくその場をとりつくろい、そのまま武宗を内廷に送った。

引き返した劉瑾は、ただちに勅旨と称して百官を奉天門に召集し、門下に跪かせて怪文書をおいた犯人を究明しようとした。まず翰林官を調べて、その中にはいないと見ると、手を振ってそれらを立ち去らせた。後列は劉の最も憎む御史の官である。御史の一人寧杲《ねいこう》が訴えた、「われわれはみな朝廷での法度《はっと》を存じておりますれば、さような大それたことをいたすはずはございません。ひょっとすると、それは新進士の所為《しわざ》ではござりますまいか」。

「新進士とこれと何の関係があろうか。その方たちが朝廷の法度を乱すによって、一心にこれを整えようとすれば、かえって怨みを懐《いだ》く。いったい、その方たちは太祖のお仕置きを存じおるか」と劉瑾は激しい口調でそう言い棄てると、そのまま奥へ入ってしまった。百官は許しが出ないため、跪いたまま立ちあがることもできない。

その日は真夏の太陽が頭上から照りつけ、宮殿の瓦や壁に反射して、あぶるような酷熱であった。窮屈な衣冠装束をつけたままの百官は、汗にまみれ、咽喉は渇き、目まいのするような気持ちで、じっと平伏していた。

この様を見ていた太監の李栄は、さすがに気の毒になったか、小宦官に命じて水に冷やした瓜《うり》を運ばせた。そして低声《こごえ》で「しばらくは自由に立っていてよろしい」と言いおいて去った。残された大勢の官吏は、やれやれと腰を伸ばして立ちあがり、配られた瓜を貪り食った。しかし、ものの一、二分もたたないうちに、李栄があわてて駆け出してきた。

「劉太監がお見えになりましたぞ。すぐ跪いて……」。

これを聴いた官吏たちは、食いかけの瓜を投げ棄て、急いで平伏したが間に合わなかった。奥から出た劉瑾がこれを一瞥すると、嚙みつくような眼をして近づいてきた。たまりかねた太監の黄偉《こうい》が、憤慨したように百官に向かっていった、「文書にいうところは、みな国家国民のためではないか。さすれば処罰は覚悟の上で書いたはず。いったい誰が書いたのか、なぜ男らしく自分が書いたと名のり出ないのか。こうして他人にまで迷惑をかけるとは不届き千万ではないか」。

ところが「国家国民のため」ということばを、自分に対する当てこすりと取った劉瑾は、黄偉の方を見ていった、「匿名の文書を書くさえ罪は万死に値《あた》る。ましてこれを御道《ぎょどう》におくとは、何が男らしいものか」。

劉は再び奥へ入った。それから間もなく伝達があって、黄偉はその日のうちに南京勤務に左遷され、李栄は謹慎を命ぜられた。百官は烈日のもとで半日も平伏させられた後、日没ごろに息も絶え絶えになって、一人残らず錦衣衛の牢獄に追いたてられていった。総数三百余人であった。

翌日、李東陽らが救助のために上疏した。――匿名の文書は一人の陰謀に出たもので、諸臣の預かり知らぬことである。ましてこの酷暑では獄中の人いきれで数日も身体が保《も》たないであろう、と。劉瑾としても、あのときの勢いで長時間にわたって百官を責めてみたものの、前後の状況や文書の内容からみて、これはきっと同類の太監の所為であろうと睨んでいた。御史の弾劾文ならば正規の手続きを経て上疏されるはずで、通路に棄てるということはないからである。半日の後、獄中の三百余名はやっと釈放された。しかし、その中の三名は日射病のために死亡した。その他の者も大半は暑気中《あた》りで寝こんでしまった。

怪文書の筆者はついに判明しないままに終わったが、正徳四年の春になると、太監同志の仲間割れと反目とは次第に表面化していった。中でも太監張永は八党の一人で、神機営の提督でもあったが、劉瑾のあまりに暴慢な所行を憎みはじめていた。劉としても、張永がすでに自分から離反したのを感づき、先手を打って武宗に言上し、近く張永を南京に左遷する手はずであった。

しかし、この計画は事前に張永に察知せられた。張はすぐに武宗の前に出てこれを泣訴した。武宗としては、二人とも東宮時代からの内侍ではあり、一方の言い分だけを聴いてもおれないので、劉瑾を呼んで対質させた。二人とも次第に言いつのり、昂奮して張永は劉に撲りかかったりした。扱いかねた武宗は、谷大用らの仲間も加えて酒を飲ませ、二人を和解させようとした。しかし一旦こじれた二人の感情は、皇帝の仲裁にもかかわらず、結局はしっくりとゆかなくなった。これまでならば劉の発言力は絶大であったけれども、張永にも意地が出てきたから追随ばかりはしていない。殊に武宗が最近ではかなり張永を信頼するようになっているので、劉の工作も効果がなかった。——この張永との確執が、やがて劉瑾の命取りになった。

七

正徳四年（一五〇九）正月のころから、広東・広西・江西・湖広・四川・陝西などの各地に盗賊流寇の群が跳梁しはじめ、ようやく眼を地方の治安に向けなければならなくなった。それは中央政治の乱脈さが地方に皺寄せされた結果であった。

四年八月、遼東警備の屯田を監査するため、戸部左侍郎韓福《かんふく》が派遣せられた。彼は特に劉瑾に見こまれた腕利きの徴税官として、赴任するなり仮借なく徴収した。しかし、その手段があまりにも苛酷だったので、義州・錦州などの屯田兵が暴動を起こした。巡撫は恐れて銀二千五百余両を出してこれを鎮撫した。

これと同時に、西北方面の屯田監査に分遣されていたのは、胡《こ》汝礪《じょれい》や周東《しゅうとう》などの係官であったが、劉瑾の意を承けているから、屯田地に対する収斂《しゅうれん》は同様に苛酷をきわめた。殊に寧夏《ねいか》に赴任した大理少卿の周東は、劉瑾に贈る資金を得るために、屯田の負担額を一挙に倍に増して厳重に租税を取り立てた。寧夏の地はもと肥沃で、楽土とまでいわれた土地であったが、係官の苛斂誅求によって、屯田兵の逃散するもの数知れず、残った者も困苦をきわめた。さらに陝西布政使から抜擢された都御史安維学《あんいがく》が赴任して来ると、貯蔵米の不足や軍政の弛緩を口実に、これまた積年の負債を督促し、将士の越度《おちど》を洗いたてては、その妻までも鞭打って辱めたので、屯田将兵の恨みは骨に徹するものがあった。

この寧夏の領主は、皇族のひとり安化王寘鐇《しはん》であった。太祖の十六子慶靖王の曾孫にあたり、襲爵してこの地に封ぜられていたのである。安化王は皇族にありがちな世間知らずの妄想狂で、占師や巫女から、将来非常に尊貴な方になるといわれて、自分では非凡な人物のつもりになっていた。中央政府における武宗の荒淫無度と、劉瑾の悪政が耳に入るばかりか、現に周東や安維学のような劉一派の悪代官が横暴のかぎりを尽くしているのを見ると憤慨に堪えなかった。それを下から扇動したのは屯田指揮の周昂《しゅうこう》・何錦《かきん》・丁広《ていこう》および学生孫景文《そんけいぶん》などであった。

何錦はさきに武挙の試験を受けるため京師に出た際、劉一派の悪政によって人心が動揺している実情を見聞して、帰ってこれを周昂に告げ、叛乱を起こす絶好の機会だと力説した。それについては屯田将兵の深刻な怒りを知っていたから、軍師格の孫景文が抜け目なく将士に飲ませて充分に下準備をしておいた。将兵は指揮者さえあれば、いつでも蹶起するまでに追いつめられていた。

正徳五年四月十九日、彼等はついに劉瑾討伐を名目とする兵変を起こした。まず周昂・何錦らは計略をもって総兵官の姜漢《きょうかん》をはじめ巡撫らを酒宴に事よせて屋敷に招待し、不意に武器を執って総兵以下を殺害すると同時に、別に兵を派して周東や安維学をも公署に襲撃してこれを殺した。そして公署を焼き府庫を掠奪し、囚人を解放し、黄河の岸を固めて気勢大いに揚がった。

挙兵のために檄文《げきぶん》を草したのは参謀の孫景文で、劉一党討伐を名目としていたから、檄文を見た他の諸鎮の守臣たちも劉瑾を憚って報告をしなかった。ただ延綏《えんすい》の巡撫がこれを京師に急報した。

政府ではその対策のための緊急朝議が開かれた。李東陽は、この際しばらく罰米を科せられた諸臣の罪を赦《ゆる》して天下の人心を安んぜられたいと上奏した。劉瑾の意に逆らうことはわかっていたけれども、危急の際とて顧慮しておれず、武宗はついに大赦の詔を下した。同時に安化王の皇族籍を削り、また征討軍を編成して涇陽伯神英《しんえい》を総兵官に任じ、前の右都御史楊一清《よういっせい》を起用して寧夏・延綏・甘涼の兵権を託し、太監張永をば寧夏の監軍とした。

総兵官神英は名目だけのものとしても、楊一清は四年五月に罰米を科せられた一人であり、張永は劉のライバルである。この征討軍首脳の人選に関するかぎり、劉の発言力は著しく後退していたのである。殊に張永が監軍に補せられて西征するにあたり、武宗がわざわざ軍装してこれを東華門まで見送ったのには、出征の儀式とはいえ、劉はいよいよ激しい嫉妬を感じた。実際にも当時の武宗の信頼は、かなり張永に傾いていた。

これよりさき、征討軍が出征準備をしているころ、寧夏の叛乱はすでに現地の遊撃将軍仇鉞《きゅうえつ》の奇謀によって鎮定され、安化王以下は捕虜になっていた。

兵変が起こったとき、仇鉞は一時降伏して麾下の兵を叛乱軍に分属させ、みずからは病と称して家に寝ていた。これを真《ま》に受けた叛軍の何錦らは、時おり仇《きゅう》を見舞っては作戦を相談していた。仇鉞はひそかに人を遣《や》って城を脱出させ、そして帰るなり「官軍が間もなく来襲するらしい」と報告させた。その偽の情報に基づいて彼は「すぐ出兵して黄河を守備せよ。東岸の兵を渡河させては一大事だ」と何錦を欺いた。もっとも、それは偽情報だけではなく、実際にも黄河以東の官軍が、兵変を聞いて続々と寧夏をさして移動しつつあったのである。

仇鉞に欺かれた何錦や丁広らは悉く黄河岸の防備に出払い、寧夏城内には周昂が留守部隊を預かっていた。仮病をつかって周昂の見舞いに来るのを待った仇鉞は、伏兵をもって不意に周昂を殺害するや、ただちに起きあがって軍装を整え、馬上に昂《こう》の首級を提げて大声で旧部下の兵を呼び集めながら、まっしぐらに安化王の館《やかた》に馳せ向かい、すぐに王を縛りあげた。叛軍は裏をかかれて間もなく潰滅した。何錦や丁広は単騎遁れて賀蘭《がらん》山に走ったが、これもやがて縛に就いた。寧夏の叛乱は挙兵以来わずか十九日にして鎮定された。京師を出発した征討軍がまだ到着しないうちに仇鉞からの捷報が伝わると、総兵官神英は命によって途中から軍を班《かえ》したが、楊一清と張永とは、地方を宣撫し捕虜を京師に護送するため、そのまま寧夏をさして進んだ。

その途上で、楊一清と張永とのあいだには、劉瑾粛清に関する密謀が成立していた。

八

劉瑾を打倒することは、楊一清をも含めて、すべての正義派の朝臣たちにとって年来の悲願であった。ここ数年、朝臣は劉一派に尾を振る者のほかは悉く弾圧せられてきた。それが寧夏の叛乱によって劉瑾討伐の声があげられ、一人の楊一清が浮かびあがった。朝政の一転機が訪れたのである。

一清は西征の途中でも、努めて張永に接近し、軍務の打ち合わせに託して次第に政界の現状などにも言及するようになった。一清は注意深く張永の語気をさぐってみると、どうやら劉瑾に対し深い怨恨を懐《いだ》いているらしい。さらに話が進むにつれて、張永は日ごろの憤懣《ふんまん》を隠すことができず、彼と劉との縁故や、反目の事情をも洩らすようになった。一清はこの老太監を操って劉瑾を除くべく策を定めた。しかし張永の身辺には、やはり劉の腹心の者が眼を光らしているので、一清としても迂闊に本心を見せることはできなかった。

ある日、二人は密談の末に、一清は腕を拱《こまね》いて嘆息を洩らした。「寧夏の叛乱のごときは、閣下のお力をもってすれば、その鎮定は容易であります。されど国家の内患に至っては、一朝一夕には除去することができないのは、まことに困ったもので」。

「……とは、どういう意味ですかな」。と張永も用心ぶかく、とぼけたように問い返した。

一清は無言のまま、自分の椅子を張永のすぐ側に引き寄せた。そして張永の眼の前に左の掌を拡げ、右の指先で一字を書いて示すと、そのままじっと張永の反応を窺った。

「瑾」の一字である。一瞬、張永は秘密を指されたように、かすかに狼狽の表情を浮かべたが、やがて一清の耳に口を近づけて囁いた、「それは、いとも容易ならぬこと、陛下は一日も劉太監がなくてはならぬほど信寵しておられる。徒党羽翼も多く、至るところみなその耳目爪牙じゃ。これを除くことは容易ではありませぬぞ」。

一清はこれを張永が劉瑾打倒の秘策を求めているものと解した。「おことばではござりますが、しかし閣下もまた陛下の深く信任し給うところ、このたび、征討の軍を余人に任せず、閣下に託されたるを見ましても、陛下の思し召《おぼ》しは明白であります。閣下が凱旋して朝に帰られたならば、機を見て軍事を奏上なされよ。その際、かの檄文をば証拠として瑾の不法を暴き、天下人心の怨望をつぶさに申しあげれば、陛下は必ずや閣下の言をお聴きになって、瑾を誅せられるに相違ありませぬ。さすれば、閣下は必ず瑾に代わって重用せられ、弊政を改めて天下の人心を安んずることができましょう」。

それでも張永はまだ不安そうに眉をひそめていった。「もし失敗した場合は……」。

「余人は知らず、閣下の口より出ずるかぎりは成功は疑いなし。もし万一、陛下がお聴き入れなきときは、閣下はひたすら頓首して哀訴し、死をもって誠心を披瀝なされば、陛下もきっと感動せられます。ただ、くれぐれも申しあげておきたきは、即決断行ということです。時を移せば敵の反撃を受くるは必定。断じて追及の手を緩めてはなりませぬ」。

張永も昂奮して、思わず椅子から立ちあがった。「よし、決行しよう」。かくて張永の意は決した。一清の作戦は、その第一歩が成功した。

そのころ京師の朝野では、劉瑾が不軌《ふき》を企てているとの風説が流れていた。それは、彼の従孫の二漢《じかん》という者が、占師のことばによれば、将来尊貴の地位につく相《そう》があるというので、劉もこれを本気にして、よりより腹心と連絡し、武器を整え、謀叛の準備を進めているというのである。皇帝の利用価値を熟知する劉瑾が、占師ふぜいの言で不用意に叛逆を企図するはずはなく、仮《かり》に叛逆を企てていたにせよ、秘密警察を掌握する彼が、世間に取り沙汰されるような拙劣なことをするはずがない。劉に反感をもつ他の内官らが、寧夏事件に藉口《しやこう》して、得意の陰険な謀略で流した謡言であるが、その風説を裏書きするような準備が進められていたことも事実である。それは、たまたま劉の兄の後軍都督同知劉景《りゆうけい》祥《しよう》が病歿したので、その葬儀の日を来る八月十五日と定めて発表した。この日には百官が会葬のために出てしまうので、その虚に乗じて事を起こす計画だと説明されていた。

寧夏から帰京した張永は、同じく八月十五日に捕虜を献上する献俘《けんふ》の儀を執り行ないたいと申請した。驚いた劉瑾は、その期日を十五日以降に延期するよう張永に申し送った。これに対し、張は楊一清の忠告に従って先手を打ち、期を早めて八月十一日に入朝すると、予め京師に護送しておいた寧夏の捕虜安化王およびその一族十八名を献じた。武宗は軍装して東安門に出御し、これを受けた。ついで何錦などの叛軍将士数百人は東華門から入って献俘式が終わり、大内には金鼓が勇ましく響きわたった。

このあと、武宗は張永に宴を賜わってその労を犒《ねぎら》った。劉瑾や馬永成らの太監も陪席した。午後から飲み始めて、日没ちかいころ、やっと宴が果《は》てた。劉瑾は先に退出したが、張永はわざと猶予して人々の散るのを待った。武宗はもうかなり酔いが廻っていたが、時分はよしと、張永は武宗の前に進んで、劉瑾に不軌の野望があるよしを言上し、さらに袖中から例の寧夏で獲た叛軍の檄文を取り出して示し、劉の不法十七条を数えた。

酔った武宗は、それでもまだ張永のいうことを本気には聴いていなかった。劉瑾の悪事を訴えることは前にもあったから、今度も同様の中傷であろうと考えて、適宜に受け流していた。しかし張永は必死であった。「危険は目睫《もくしょう》に迫っております。一日遅れれば、わたくしどもは粉砕されてしまうでしょう。それればかりではございませぬ、畏れ多くも陛下にさえ禍《わざわい》が迫っております」。

そこへ太監馬永成も入って来て、同音に劉瑾謀叛の情報を伝えた。「それは真実でございます。外部では誰知らぬ者もないほどですから、うそ偽りではございませぬ」。

両太監に左右から説きたてられて、武宗の酔いも醒めた。「そうか。あれほど目をかけてやったのに、奴《やつ》はついに叛《そむ》きおったか」と武宗は唸った。張永はここぞとばかり促した、「手ぬるいことは致しておれませぬ。禁兵を発して逆賊を逮捕せられますよう、すみやかに御聖断を願わしく……」。

こうなっては武宗は張永らのいうままである。それは四年前の正徳元年のあの一夜と同じ場面の再現であった。

劉瑾逮捕の勅許を得るや否や、張永は間髪を容《い》れず御前から走り出て禁衛兵を呼集し、みずから指揮して、その夜劉瑾の宿直する内直房を包囲した。夜は更けていた。禁兵の一隊は門を破って闖入し、劉の寝室近くまで踏みこんだ。

騒がしい物音に目を覚ました劉は、何事が出来《しゅったい》したかと、寝室から声をかけた、「誰か。何の用か」。

「陛下火急のお召しでございます」。

陛下のお召しと聴いた彼は、起きあがると急いで装束を改めて姿をあらわした。扉をあとに歩むこと数歩、待ちかまえていた禁兵が躍りかかって縄を打ち、喚《わめ》き叱咤する彼をかまわずに引きずり出した。

その夜、武宗は張永に勧められて内書房の近くまで歩を運び、劉瑾捕縛の状況を見まもっていた。劉は、その夜ただちに東華門を開いて菜廠《さいしょう》という建物の中に監禁した。重大犯人だけに、牢獄ならざる特別の場所を選んだのである。同時に錦衣衛の将校はそれぞれ手分けをして劉の私邸その他を襲い、これを鎖禁封印した。

翌十二日、張永の奏によって、劉瑾を一時安徽の鳳陽《ほうよう》に遷して謹慎せしめる旨が内閣に示達された。この政変が伝わると、急を報ずる伝令は八方に馳せ交《ちが》い、京師は満城一時に鼎沸《ていふつ》した。劉一味に因縁をもつ朝臣は色を失って狼狽した。

一日おいて八月十四日。武宗みずから瑾の私邸に赴き、禁兵をして家宅捜索と家産籍没《せきぼつ》とを行なわしめた。没収された財物は、金銀は数百万両に達し、珠玉骨董の類は数しれず、そのうえ、衮龍《こんりょう》の袍とか、玉帯とか、甲冑武器などの禁制品まで多数に発見押収された。別して武宗の眼を惹いたのは、扇子の柄に匕首をしこみ、バネ仕掛けでとび出すようにしたものが二本も発見されたことである。劉瑾のように多くの敵をもつ者には、万一に備えての護身用の武器も必要だったのであろう。しかし劉の叛逆について、それまで半信半疑であった武宗もこれを見るなり激怒した。

「さてはやっぱり叛逆を企てていたのか。即刻獄に投ぜよ」。

劉瑾は叛逆の重罪犯として、ただちに錦衣衛の牢に移された。これまで彼が無数の政敵を送りこんだその牢獄に。

宮廷の形勢は一変した。給事中謝訥《しゃとつ》や御史賀泰《がたい》らが、劉の罪状十九を条陳して誅戮《ちゅうりく》を請うた。即日、刑部をはじめ錦衣衛や廷臣たちを午門《ごもん》外に召集して劉瑾の裁判をおこなった。そのとき、もと劉の一党であった都給事中李憲《りけん》という男まで、同じく上書して瑾を弾劾した。あさましい保身のあがきであった。これを聞いた瑾は冷笑していった、「李憲はこのわしが引き立ててやった奴だが、彼奴《きゃつ》までわしを弾劾しおったか」と。ブルータス、汝も亦《また》!

裁判が始まっても、審問役の刑部尚書劉璟《りゅうけい》は、平素から彼に追従してきただけに、瑾の顔を見ると臆して一言も発することができない。劉瑾は傲然と百官を見渡して豪語した、

「公卿はみなわしの門下生だ。このわしを裁ける者があるか」。

朝臣たちは額を見合わせて尻込みした。

そのとき劉瑾の前に、つかつかと進み出た者があった。

「予が審問する。予は国戚で、これまで一度もそちの門に出入りしたことがないゆえ、そちを裁けぬことはあるまい」。

見れば、それは皇戚の一人、駙馬都尉《ふばとい》の蔡震《さいしん》であった。

「公卿はみな朝廷の官である。それを、そち一人の門下に出づるとは、上《かみ》をないがしろにする奴」。

蔡震は、そう言い放つやいなや、左右の者に命じて劉瑾の頰をしたたかに鞭打たせた。瑾が苦痛に堪えず叫声をあげると、蔡震は重ねて叱咤した、「そちは如何なる所存あって武器甲冑を隠匿いたしたるか」。

瑾はしばらくして答えた、「それは主上を守護し奉らんがためでござる」。

蔡震、「主上を守護し奉らんがためとあらば、宮中にこそ置くべきものなるに、何故あって私邸に隠せしや。かつまた袞龍の御衣《ぎょい》のごときは、その方どもの着《ちゃく》すべきものではない。不軌の証左は歴然。それをまだ何と抗弁いたす所存であるか」。

問い詰められて瑾は返答に窮した。そして無言で平伏した。

無名氏の『明事断略』という史論書には次のように論じている。——張永と楊一清とは、ともに瑾を誅して功績があるが、一清の密謀も、やはり張永の努力に負うところが多かった。しかし、さらに言うならば、武宗が張永の言を用いて断行したからこそ成功したのである。この時には、安化兵変の遠因を造ったという罪名だけで瑾を誅してもよかったはずであるのに、しいて叛逆の罪名を加えなければならなかったのは何故か。それは、こうしなければ帝王の心を動かし、天下の人心を満足せしめることができなかったからで、これぞ奸臣を誅する際の常套手段である、と。まさしく、叛逆とは口実で、実際は張永一味に図られたことを劉自身も察していたからこそ、奸物は奸物らしく、悪あがきはせずに罪に服したのであろう。

翌十五日から、劉一派は内外を問わず続々と下獄または降職せしめられ、代わって、これまで罪を受けて蟄伏《ちっぷく》していた諸臣の復職が発令された。

正徳五年八月二十五日、過去五年間にわたって朝野を威圧した一世の怪物劉瑾は、叛逆の大罪に問われ、凌遅律《りょうちりつ》に照らして三日間これを市に磔《さら》すと発表され、木製の驢馬に乗せて京師の東西両市を引き回しの上、処刑された。市中の者は彼に塵や灰を投げつけ、また彼に怨みをもつ人々は、争ってその肉片を買い求め、生《なま》のまま貪り食ったと伝えられる。従孫二漢《じかん》および張文冕、ならびに劉家の親族十五名も、ともに斬罪に処せられた。さきに死亡した兄劉景祥の柩は東華門外の私邸が封印されたときに引き出され、そのまま路傍に遺棄されていたが、生前の官職が剝奪されるとともに、遺体も焼き棄てられた。それにしても劉一族では景祥だけが最も幸運な死に方であった。

劉瑾打倒は、朝臣派がみずからの実力で正面から戦って得た勝利ではなく、宦官を倒すに宦官（張永）の力を借りねばならなかった間接の勝利であった。夷をもって夷を制するのは、当時の朝臣としては已むを得ざる方策ではあったにしても、その不徹底さが、劉瑾以後にも正徳朝一代を通じて多くの宦官が君側に跋扈するという事態を継続させることになった。けだし、それは必ずしも宦官組織の強きにあらず、官僚組織の弱きにあらず、ただそれぞれの権力行使に利用せんとして、競って帝王の権威を九天の高きに迫《せ》りあげた結果、正義も理法も、もって如何ともする能わざるの極に至ったのである。明朝歴代この弊は牢乎として抜くことができなかった。正徳の劉瑾に対して、後に天啓の魏《ぎ》閹《えん》忠賢が崛起して威福を恣にすることができたのも、その権力の来源たるや、またこの帝王絶対制の機構にほかならなかったのである。

（一九六七年三月、『天理大学学報』第五十四輯）

にせ倭寇

倭寇《わこう》とよばれた海賊集団は、元朝の末年から朝鮮や山東の沿岸に出没しはじめるが、明代に入ると、さらに南下して浙江・福建・広東の沿岸各地にまで跳梁するようになった。殊に嘉靖《かせい》二十年代に、九州の五島や平戸《ひらど》を本拠にして密貿易界の大立者であった王直《おうちょく》が、明政府の理不尽な処置に対して報復的に倭寇を誘導して進撃したころには、明政府もその対策には大いに苦しめられたものである。

それくらいだったから、当時またはその後に、倭寇を題材とした有力な小説のいくつかは書かれていそうなものだが、実はこれが案外に少ないのである。

倭寇の被害といっても、実際は辺鄙な沿海地方のことで、内陸の大都市の住民にまで深刻な脅威と影響とを与えたわけではない。小説などというものは、杭州や蘇州のような繁華な大都市の市民生活の中に生長し発達したから、地方に起こった倭寇事件を取り扱っても、さほど都市の聴衆や読者の興味を惹くことができなかったかもしれない。

とはいっても、倭寇に関する作品が、ただの一篇も遺されていないわけではない。明代のずっと末年に、馮夢龍《ふうむりゅう》によって刊行された通俗小説集『古今小説』の第十八巻「楊八老越国奇逢」の一篇は、倭寇に劫掠されていた一人の商人が、十九年後に脱出して故国の妻子に再会するという物語で、倭寇の扱い方はやや間接的であるが、ともかくも倭寇小説と銘うって差し支えない作品である。

俗語体小説には大抵はその種本となった旧筆記があるものだが、本篇にはまだその種本らしいものが見当たらない。もっとも、同じ馮夢龍の『古今譚概』巻三十六「一日得二貴子」および『情史』巻二「楊公」の条は、人名・情節ともに本篇と一致するから、出所はこれだと言えなくもないが、筆者は両方とも馮夢龍らしいから、同一の物語を一方は俗語体小説にふくらませて演述したものと思われる。

＊

物語の年代は元朝の至大年間（一三〇八—一一）。陝西西安府の人で楊復《ようふく》という者、通称は楊八老といったが、妻の李氏とのあいだに世道《せいどう》とよぶ一子があった。楊は齢三十に近づいて、生活もあまり楽ではないので、先祖が福建・広東方面で商売をしていた縁故から、その土地で一旗あげようと考え、妻子を郷里西安に遺したまま、随童《ずいどう》という召使を伴って福建の漳州《しょう》へ行商に出かけた。

漳州に着くと、檗《はく》媽々という老婆の家に下宿して貿易業を始めた。この老婆には二十三歳になる一人の娘があり、一年前に迎えた婿養子が死んで寡婦になっている。楊八老は老婆に口説かれて、重婚のままこの娘の入婿に納まり、やがて生まれた一子には母方の姓を名のらせて檗世徳《はくせいとく》とよんだ。

それから三年、一度は本籍の西安に帰ってみるつもりで、随童と共に漳州を出発した。このころ、倭寇襲来についての警報が発せられていたのであるが、はたして福建汀州の城外で倭寇の一団の襲撃を受け、楊八老も他の百姓《もの》たちと一緒に捕虜にされてしまった。

日本につれてゆかれた楊八老は、日本人の奴隷にされ、そのまま十九年という歳月が流れた。その間、もとより本国帰還を神に祈らない夜とてはなかった。

元の泰定年間（一三二四―二八）、倭寇はまたもや入寇することになり、楊八老も同勢の一人に加えられた。このたびは倭寇は浙江の各地に転戦して劫掠をほしいままにしていたが、将軍普花《ふか》元帥麾下の兵によって、八月二十八日に根拠地である浙江の清水閘が奇襲せられ、倭寇は死者千余・捕虜二百余人という損害を受けて潰走した。

楊八老は、それまでにも官軍に投降しようと考えながら躊躇していたが、二十八日には仲間の十二人と共に順済廟に潜伏しているところを官軍に一網打尽に捕らえられた。官兵の一人で王興という者、賊の言葉遣いに陝西なまりがあるのを聞き咎めて不審に思い、賊の一人楊八老を訊問すると、八老は姓名本籍から倭寇に捕虜にされた顚末まで陳述した。この王興が実は八老に召し使われていた随童で、十九年前の倭寇騒ぎの際に官軍に投じて以来、官軍に従って、今では王千戸という部隊長に仕える従兵になっていたのである。調べてみると、楊八老以外の十二名も、それぞれ似たような経歴で、一斉に無実を訴えたので、ともかくも彼等を司令部に護送することにした。

普花元帥は事情を聴くと、さらにこれを紹興郡丞の楊世道のもとに回付した。郡丞とは郡の太守に次ぐ権力をもつ地方官である。ところが、この楊郡丞こそ西安に遺してきた八老の一子世道が立身したものであったから、二十一年ぶりに父子夫妻の再会となった。このめでたい再会を聞いて、紹興太守檗公《はく》が祝賀のため楊郡丞を訪れた。これまた八老の子の檗世徳であったから、ここに一門一時に再会するという古今に稀な奇事となり、一件は普花元帥を経て朝廷に奏上せられ、八老はそれより幸福な余生を送ったという。

そもそも一介の貧乏行商人の倅《せがれ》が、しかも父親もいないのに、どんな径路で学問をし受験をし、どうして太守や郡丞にまで出世できたのか、元時代の階級制度からみて、ちょっと常識では考えられない話である。軍中での旧僕との邂逅も、あまりに都合のよすぎる奇遇である。結末のあたりが全般に話がうますぎるのは、見えすいた作者のこじつけである。二十年も倭寇を働いていた男が、無事に釈放されるはずもないから、太守や郡丞の父親というこにして物語の辻褄を合わせたのである。しかし、そうした結末の不自然さを除けば、素材としては事実そのままではないにしても、かなり現実性をもった話のように思われる。

＊

いわゆる倭寇が中国人や朝鮮人を掠奪してきて、日本で奴隷として使役したり転売したりしたこと、時にはそれを外交上の交換条件として本国に送還したこと、あるいは日本に住みついたまま日本の女を妻として帰化したこと、これらは歴史上の事実として、日中交渉史や倭寇史の書物にも見えていることである。ただ、その時代が、小説に見える元の泰定年間――日本では後醍醐帝の正中・嘉暦のころ――というような古い時期であったかというと、これは大いに疑問で、むしろ時代錯誤の設定である。

倭寇の侵略地区が、浙江・福建・広東などの南シナ海沿岸に移動したのは、ほぼ明の嘉靖年代のことといわれる。この小説でも、文中に「胡元の世」だの「故元の時には郡丞とは今の通判の職」だのという表現があって、疑いもなく明人の作と考えられるから、実際は倭寇の最盛期であった嘉靖あたりの事件をモデルにして粉飾したものではなかろうか。それをわざわざ古い元代のことにしたのは、倭寇が実は中国人であったという真相を暴露している上に、ほかにも憚るべき筋があって前代のことに仮託したものに相違あるまい。

この小説では、ところどころに倭寇に関する具体的な消息を記している。たとえば、倭寇入寇の季節については次のようにいっている。

「原来、倭寇が海に出るにも、やはり運というものがあって、風まかせである。もし北風ならば広東方面、東風ならば福建方面、東北風ならば温州方面、東南風ならば淮揚方面を犯すというぐあいである。この時は二月で、倭寇どもが乗船して岸を離れると、おりしも強い東北風が数日のあいだ吹き続けたので、まっすぐに温州方面へやって来た」。

さて上陸した倭寇は、どういう戦法を取ったか。

楊八老が福建汀州城外三里の地で倭寇来襲を聞き、あわてて他の避難民と共に林の中に身を潜めた。倭寇は慣れているから、散開して身を伏せる。そのとき倭寇の一人が跳び出す。敵は一人だけかと思って、こちらが一斉に突進すると、その一人が法螺貝を吹いて合図する。と、不意に四方から倭寇が、めいめい長刀を舞わせて跳び出してくる。そして、まるで瓜や野菜でも切るように、ばったばったと官兵を斬ってしまう……。

中国人に対する倭寇の行動については次のように書いている。

「倭寇は中国人を見ても全部殺してしまうことはない。女をつかまえると存分に強姦はするが、面倒くさくなると女を許して遁がしてやる。中には気のやさしい倭寇もあって、普通人と同じに女に贈物をするのもある。もっとも、その女は命が助かっても、一生世間から笑いものにされてしまうのだが……」。

女に贈物をする気のやさしい倭寇、というからには両者の間に平和裡の接触もできるということだ。これは一つのヒントになる。倭寇中の若い一美丈夫と、その美丈夫に危急を救われた中国人の美女との恋物語を創作してもよいわけだ。実際にもそんな彩りを添えた現代日本作家の伝奇小説を読んだ記憶がある。例の蝴蝶陣で奮戦する倭寇青年の物語であった。

「男子の場合は、それが老人や子供ならば殺してしまうが、強壮な者ならば、つかまえてきて頭を剃り、油漆（ビンツケ油か）を塗って倭寇にしたて、戦闘に際しては、これを陣頭に押したてて戦わせる。官軍は倭寇の首ひとつを取れば恩賞に預かれるものだから、ふだん禿頭の百姓でも見つけると、その首を取って恩賞を請求する。まして戦陣で禿をつかまえようものなら、それがほんものであろうとなかろうと、おかまいなしに首を取ってしまうのである」。

これは官軍常套の欺瞞を指摘して、いかにも辛辣な記述である。倭寇の首級と称するのが、実はその辺の禿頭の老百姓《たみぐさ》の首だったりする。従って、賊の首級いくつを挙げたというような前線司令官からの戦勝報告も、例の誇大な舞文弄筆の裏面に、こうした悲惨にして滑稽な真相が隠されていたのである。敵の倭寇から受ける害よりも、味方のはずの官軍から受ける害のほうが、はるかに恐ろしいものだったことを示唆しているのである。これを明代のことにしては筆禍にかからないとも限らない。少なくとも官辺には睨まれるだろう。それを配慮した作者の用意は周到で、わざと時代を元代のことにして恍《とぼ》けてみせたのである。

「そこで頭を剃られたこれらのにせ倭寇は、どうせ殺されるものなら倭寇に頼っているほうがましだという気になって、ともかくも生きる算段をする。だから倭寇と同様に、せいぜい暴れまくるということになるのだ。ほんものの倭寇は彼等を陣頭に立て、自分らはその後からついてゆく。官軍がしばしばその計に陥って敗れるのはそのためである」。

倭寇の盛名を逆に使った中国人の海賊団が、倭寇に便乗して掠奪暴行を働き、それがすべて倭寇の罪悪の勘定書につけ出されていることは、中国側の史籍にさえ書かれていることである。たとえば明・談遷『国榷』巻六十、嘉靖三十一年四月の条に「これよりさき、海盗には番（蕃）人多く、倭は少なし」。またいう、「およそ中国の暴民・罷吏・衣冠の生を行《や》るなきもの、擅《したい》てこれに付く」。また三十五年八月の条に「倭の東南に患《わざわい》するは倭にあらざるなり、東南の人みずからこれをなすなり」と。

一方また倭寇が捕虜にした中国人を訓練して戦場の弾丸除《たまよ》けに使ったというのも、おそらくは事実であったと思われる。征服者または戦勝国の軍隊が、被征服国の若者を兵士にして、危険な前線に駆りたてるのは普通のことだからである。『国権』巻六十二、嘉靖三十八年五月の条にまたいう、「倭の二十五艘、朝鮮に抵《いた》るあり。国王李峘《こう》、将を遣わしてこれを殲《つく》す。漢民の掠《かす》められたるもの三百六人を獲たり。内、嚮導の陳得ら十六人」と。嚮導とは水先案内の役である。

ところで、日本に引き揚げてからの倭寇の生活については、どの程度に知られていたか。「原来、倭が入寇することは、その国の王は知らないことが多い。島々の窮民どもが集団をなして海に出る。それは中国の盗賊と同様で、そこでは商売と同じものと考えられている。出撃掠奪するにも部隊が分かれていて、みずからは大王と称するが、帰るとそのことは秘密にしてしまう。掠奪した金帛は均分するが、一割か二割はその島の頭目に献じて、お目こぼしをしてもらうのである」。

倭寇の本来の性格は、官許を受けない島民らの密貿易で、「商売と同じものと考えられ」ていたのが、中国官憲に弾圧された結果、報復的に暴行掠奪に変じた場合が多かったことは史家の認めるところである。この小説の筆者も、当時としてはかなり沈着に倭寇を見ており、一方的に官憲に迎合するような曲筆は少ないといってよい。

商売が妨害されるとどうなるか。

「もし中国人に殺されると、商売の資本を失ったと同様に考えて、捕虜の中から壮健なのを選んで奴隷として抑留し使役する。日本人と同じに頭を剃り、裸足《はだし》にならせ、刀を与えて戦闘を学ばせる。中国人は恐れて言うがままになり、一年もすると土地にも慣れ、日本語も話し、ついにはほんものの日本人と同じになってしまうのである」。

このあたりも、なかなか慎重な筆使いである。「もし中国人に殺されると、資本を失ったと同じに見なして……」とあるから、中国人を奴隷として奪うのも、はじめからそれを目的とした非道な行為ではなく、貿易に際して理由なく日本人（倭寇）が殺害された場合、それはおそらく中国官憲のために理不尽に逮捕殺害された場合であろうが、その代償として中国人を抑留し使役したので、いわば一種の経済外交上の人質であった。だから交渉が妥結すれば、その人質は本国に送還されることもあったわけだ。

かなり正確に倭寇の本質を把握していたこの小説の作者も、さすがに遠く離れた倭寇根拠地における中国人捕虜の生活までは調べきれなかったとみえて、主人公楊八老の滞日十九年間はまったくの空白である。これはおかしい。楊八老が真に日本に抑留されていたものならば、十九年にわたる海外生活の片鱗くらいはその陳述の中に現われても当然であるのに、なぜか倭寇根拠地の地名や風物など具体的なことは一語も見えない。参考書を見て書けば書けないこともないが、それを空白にしたのは、察するに、楊八老が日本に拉致されていたというのは、おそらくは体裁のための造り話で、実際は倭寇を擬装する中国沿岸の海賊集団に従っていたのだが、それでは助命を乞う口実もなくなることだし、話としても格好がつかないから、なんとなくぼかして日本へ拉致されていたというように仮構したのではあるまいか。小説作者の真意は、この奇遇佳話の虚構の中に、倭寇が実は漢寇であったという明代の史実を暗示したかったのではなかろうか。

＊

楊八老のような中国人の倭寇すなわち漢寇は他にもまだ多かったはずである。清・劉献廷『広陽雑記』巻四に次のような例がある。

世廟（世宗嘉靖帝）の時代に呂《りょ》四官という男があった。腕力が強く、郷里で乱暴を働くので嫌われ者となり、故郷を跳び出して海に逃げた。それより倭寇の手引きをしては時おり入寇すること四十年余に及んだ。のち齢八十になったとき、故郷の福建にやってきてその父母の墳墓を帰省した。郷里の人々は誰ひとりとして彼を見識る者がない。彼は言った、

「わしは呂四官だ。他郷に久しく流寓していたのだが、今ちょっと帰省しただけだよ」といって、すぐに立ち去った。人々もまたあえて彼の行方を追う者もなかったと。

話はこれだけであるが、まるで浦島太郎のようなこの呂四官も明らかに中国人の倭寇、というよりも、ほんものの倭寇を誘導する水先案内であった。昔から福建人には海外出稼ぎが多かったが、倭寇全盛時代には呂四官のような変わった稼業の男もいたのである。

小説の主人公にされた楊八老も、案外に呂四官のような「父帰る」の世話物であったかもしれない。

翠翹――漢人の「倭寇」とその「夫人」の物語――

通常「倭寇」とよばれる海賊すなわち海上密貿易集団のなかに、これを手引きする中国人も暗躍していたことは別の稿でも述べたが、単なる末端の擬装倭寇の戦士ばかりでなく、一方の頭目とされる有力者のなかにも漢人があった。かの王直《おうちょく》ほどの大親分ではないが、それに次ぐほどの貫禄をもった徐海《じょかい》という男も、浙江のどこかに本拠地をもつ頭目の一人であった。本拠地は未詳であるが、たぶん寧波《にんぽう》かどこか、浙東の某地であったと思われる。徐海は浙江の出身で、明山和尚とも号したという。和尚と称したのは、もと杭州の虎跑寺の僧だったからで、海賊になってからも、頭を剃りあげた堂々たる恰幅《かっぷく》の大人《たいじん》の姿をしていたのであろう。

ところで、山東は臨淄《りんし》出身の妓女で王翠翹《すいぎょう》という女、はじめは馬《ば》翹児《ぎょうじ》という名であったが、歌が上手で、またよく胡琵琶を弾じた。のち、その妓館の仮母《おかみ》と相談して、山東から海上（後の上海地方）に居を移し、王翠翹と名を改めて妓女生活を送っていた。

当時、倭寇が江南一帯を荒らし廻っていたが、その中の一隊が翠翹を掠奪して帰り、これを親分の徐海に献じた。徐海はひどく彼女が気に入って溺愛し、正式の夫人《おくがた》の扱いをした。一切の計画も彼女に相談してその指示どおりにする。彼女も表面では徐海になじんだふりをしているものの、内心では徐海が敗北し、自分もここを遁《のが》れて郷里に帰りたいと秘かに願っていた。

そのころ、倭寇討伐の第一線に立っていた総督の胡宗憲が、徐海を懐柔して投降させる計略を立て、配下の華老人というものを密使として派遣し、降伏を打診させた。徐海は降伏と聞いて怒り、老人を縛りあげて殺そうとした。翠翹がこれを諫めた——

「投降するしないは、あなたのお考えひとつ。なにも使者とは関係のないことですよ」。

そう言って、彼女みずから老人の縛を解いてやり、かつ金子《きんす》を贈ってその労をねぎらった。それは老人に対する単なる同情ではなく、別の因縁があったらしい。

というのは、この華老人もまた海上の人で、翠翹はその老人に見覚えがあった。たぶん何かの宴席で顔を合わせたことがあったのだろう。客商売の玄人《くろうと》なら、客の顔を忘れたりはしない。一方、老人も彼女をひそかに見て、徐海親分の夫人というのが、どうもかつての妓女翠翹に似ていると、ひそかに疑っていたが、それを他に漏らすことはしなかった。

老人は帰ってから胡総督に復命をした――

「賊は容易に図《はか》ることはできますまい。ただ、その寵愛する夫人というのが、手前の見るところでは、どうやら異心を懐《いだ》いているようです。これに頼めば、あるいは賊を処刑できるかも知れません」。

総督はいった、「よし、その手でいこう」。

かくて、今度は将校の羅《ら》某を使者として、改めて徐海に投降を勧める。そのとき、金珠宝玉の類を多量に用意して、ひそかに夫人の翠翹に贈賄した。

翠翹は徐海との寝物語のなかで、おもむろに天下の形勢と利害得失とを説いた。――いつまでも海賊稼業をしていても成功の見込みはないから、むしろ投降したほうがよい。江南一帯は久しく兵乱に苦しめられているのだから、帰順して、しかも官職が得られるなら、死ぬまで富貴を共にできるのではないか、と。

翠翹に説得されて徐海親分の肚《はら》は決まり、投降の回答をした。「投降」といっても実は「帰順」だから、『水滸伝』の宋江のように、あとで高官に取り立ててもらえると楽観的に踏んでいたのであろう。

胡総督は事が計略どおりに運んだので、ひそかに大軍を動員し、投降者を迎えろと偽り称して徐海の本拠に迫る。しかし徐海は翠翹の説得により、投降の条件を信じきっていたので、安心して何の備えもしていない。そこへ官兵が突入して、たちまち徐海の首を斬り、翠翹を無事に連れ帰る。かくて徐海配下の倭寇も全滅した。

凱旋すると、総督府の軍門では戦勝祝賀の盛宴を開く。翠翹に命じて歌を唄わせ、酒の酌をさせる。将校たちもみなお祝いのことばを言上する。総督も酒の酔いで心を動かし、階を下って翠翹に戯れかかる。夜が更けるころには、宴席は無礼講のようになって大いに乱れた。ということは、その夜は胡総督もホステス役の彼女を見遁さなかったということであろう。閣下と元妓女、当然の成り行きである。

翌日になって総督は昨夜のことを後悔した。それに徐海を欺いた翠翹の功績は無視できないので、彼女を抹殺することもできず、ついに彼女を部下の将校の一人に与えることで片をつけようとした。

翠翹これを知り、身を遁《のが》れて銭塘江を渡る。たぶん杭州城を脱出して浙東に遁れようとしたのだろう。

「徐海親分は、わたしを大切に扱って下さったのに、わたしは国のためだからとて、誘ってあの人を殺させてしまった。一人を殺しておいて、また一人のものになるなんて、面目なくて生きてはおれないわ」。

その夜更けに、彼女は銭塘江に身を投げた。自分を信じ愛してくれた一人の男を裏切り、それを官憲に売り渡したことに対する自責の念と、胡総督の背信と、おのが前途に対する絶望から、ついに投身の途を選んだのである。あの六和塔の前を西から東へ曲がって悠々と流れる銭塘江のどの辺に身を投げたのか……。

＊

この物語は明末の馮夢龍『増広智嚢補』巻二十六閨智部の「王翠翹」の条に見えている。馮氏も物語の後に付記して、「鳥尽きて弓は蔵せられ、紅顔薄命なりとは、翠翹これを兼ねたり」と、策謀に乗ぜられた女の運命を嘆じ、また胡総督が彼女に対して取った無情な処置についても、「この挙は殊に酸腐《さんぷ》の気を脱せず」と嫌悪の情を隠さない。「酸腐」とはイヤラシイと俗悪無類を罵る最低の評語である。

胡宗憲は嘉靖年代に倭寇討伐の第一線に立った智将として知られるが、あらゆる権謀術数を弄して敵を懐柔し、徐海に次いで大親分の王直をも同じような詐術で投降させ殺害している。戦いとはそうしたものであるにしても、小説をも書いた文人の馮夢龍にとっては、その智略という名の非人間性が何としても我慢できなかったのではないか。その行為を「酸腐」の二字で汚物を吐くがごとく唾棄《だき》している。

＊

海賊の一頭目とその「夫人」となった美貌の妓女、そして官憲の陰険な欺瞞による破滅の物語。どことなく芥川龍之介の小説「湖南の扇」を想い出させる話ではないか。

暗愚外紀

過保護に育てられた子というものは、どうしても異常な生長をする。肉体も精神も性格も、どこかに欠陥や異状が現われる。対人間の拘束がないから、思慮も自制力もなく、ほとんど盲目の状態で行動する。稀には常識では考えられないような発作的な凶行に及ぶこともある。

明王朝の十余代に及ぶ諸帝王の中にも異常児が多かった。なにしろ内廷の奥深く、宮女や内侍などに囲まれ、世間の空気から隔絶されて生長するから、先天性の異状がないものでも、後天的に異常児として人格が形成されることになるのである。

太祖洪武帝や成祖永楽帝は英邁剛毅をもって知られるが、これはみずからも戦場を馳駆した国家創業の英傑で、その行動も峻烈なまでに果断を極めた。生まれながらに帝王の後継者として温室育ちをしたのとわけが違っていたのだ。

ところが、これ以下の諸帝になると、平々凡々か、もしくは暗愚かのどちらかで、英明の主といえるのは、ほとんど一人も出ていない。異民族のモンゴルを沙漠に駆逐して建国した漢民族の王朝とはいいながら、悪い家系の王朝を引き当てたようなものである。ただ武宗正徳帝だけは型破りの陽気で不羈奔放で稚気満々の遊蕩児、その前後にもちょっと類を見ない珍種であったが、これは君主としてはマイナスの部に入るのは当然である。

＊

明の十三陵で公開されている定陵は神宗万暦帝の陵墓である。帝陵というものは、その帝の即位と同時に造営にとりかかるもので、神宗も自分の陵墓には異常な関心をもって国家予算を注ぎこんだといわれるだけあって、さすがに壮麗なものである。

ところで、この定陵の主である神宗は口吃（吃音）だったと伝えられる。清・呉陳琰『曠園《こうえん》雑志』巻下「咬舌代宣」によると、「有明《ゆうみん》の諸君はみな咬舌にして了《はつきり》すべからず、神宗は尤も甚だし」とある。そこで政務の処理はどうしたかというと、老女官の魚《ぎょ》氏・林《りん》氏ら四人がいて、神宗の語を通訳した。すべて大臣が事を奏上する際には、かならず老女一人が侍し、神宗のことばが終わると、老女が代わって宣する。大臣はすぐには退出しない。

神宗が笑うと、それを合図に大臣が退出したという。

通訳つきの宣旨というのも奇妙なものだが、これが老女官でなくて、腹黒い宦官などが通訳していたら、中間でどう曲げて伝達されるか危ういものである。

ついでにいうと、明・沈徳符によれば、神宗より五代前の憲宗成化帝も玉音すこしく口吃であったが、朝に臨んで宣旨するときには琅々として珠を貫くごとくであったという(『万暦野獲編』巻一「君臣異稟」)。通常の会話ではひどい吃音の人でも、歌謡曲を唱ったり浪曲を唸るときは音吐朗々となることがあるから、憲宗もそれだったかもしれない。

＊

神宗の次に立った光宗泰昌帝は、即位直後の泰昌元年(一六二〇)八月二十九日に侍医李《り》可灼《かしやく》の進めた怪しげな房中術の金丹薬を服してその翌日に急死した。史上これを紅丸の一案という。なんとも頓馬《とんま》でお粗末な皇帝であった。

そんな怪しげな朝廷だったから、風紀も頽廃しきっていた。泰昌元年八月十八日に礼科署事の楊漣《ようれん》が上奏した「中明礼制疏」にも指摘されている。いう、「年来、防衛は廃弛し、その間出入も禁なく、ついに皇城の内、殿廷の前をして、すべて游間無頼・販夫乞児が、その間に肩を摩し臂《ひじ》を掉《ふる》わざるなからしむ。午門の朝見に遇うごとに、班行の中に雑《まじ》りて閑人が挨擠（押し合い）し、往々にして拝起いまだ畢《おわ》らざるに蜂擁《ほうよう》して入り、喧雑なること市《いち》のごとし。かくの如き景象《ありさま》、あに法紀を成さんや」（『両朝従信録』巻一）。

森厳なるべき禁城の内外でさえ、ざっとこんな乱脈な状態であった。

それでいて生前の光宗は内官どもに取り巻かれて、弓を射ることを好んだり芝居を見て喜んだりした。官中で戯曲を教習したのは、近侍の何明や鐘鼓司（雅楽寮）の鄭《てい》稽山などであった。すべて外部からの嘱託を受けて内に取り次ぎ、私腹を肥やしていたのは劉朝や王輔らであったと劉若愚『酌中志』巻二十二に見える。かりに光宗の在位がもう少し長かったにしても、どうせ宦官どもの食いものにされ、ろくな政治はできなかったであろう。

＊

もっと異常だったのは、光宗の次に登極した熹宗《きそう》天啓帝である。おそらくは空前絶後の天才的奇癖皇帝であろう。この帝の異様な道楽については、『酌中志』巻十・十四および清・王朝『甲申朝事小紀』の「水戯奇法」「天子巧芸」「万乗刺船」の三項に列挙してある。

帝は乗馬や武戯（武術競技）を看ることが好きであったが、また極めて水戯を好んだ。水戯とは水機関《からくり》である。大きな木の桶や銅の甕《かめ》の類を用い、孔《あな》をあけて機関を設け、開閉して水が流れるようにする。あるいは真珠を吐くように水を噴射させる。あるいは瀑布のように流れ落ちる。あるいは下部に仕掛けをして、水力で桃の種ほどの円形の木の毬《まり》を持ちあげ突きあげること、盤旋宛転、随高随下、久しくしても落ちない。これを見るのが大好きだったという。好奇心の強い頑童そのままであるが、それもみな自身で工夫した仕掛けだったというから、工芸技術の方面では別の才能があったとみえる。

大工仕事は熹宗の特技であった。宮中では毎々自分で建物を造り、手には斧や鋸を持って工作に従事した。墨縄の扱い方も堂に入ったもので、工作が終わると本職の棟梁もはだしというような、みごとな出来ばえであったという。

また漆《うるし》などを塗る仕事も器用なもので、すべて日用の器具はみな自分で造った。しかし気の短い性格で、何かを造るとなると、朝から始めて夕方には完成しないと承知できない。完成すればご満悦であるが、まもなく放棄し、放棄してはまた造るというふうに、倦《あ》きもせず工作に従事する。かつ完成しても器を大切にせず、平気で毀す。道具を手にして工作に熱中している時には、衣服を脱ぎ、あぐらをかいて仕事をする。平素から親しんでいる侍臣でないかぎり、窺い見ることはできない。もし緊急の上奏や報告があった場合は、上奏者は傍らに立ち、帝は大工仕事をしながら、一方では耳を傾けてこれを聴く。終わると、「その方ども気をつけて計らえよ。予はもう相分かった」と命ずる。工作に熱中すると食事も忘れ、寒暑も気にしないほどの熱の入れようであったという。

また即位五年（一六二五）の五月十八日、方沢壇の祭儀を終えてから西苑に幸した。乳母の客《かく》氏と魏忠賢とは橋北の水の浅いところで大舟の上で酒を飲んで楽しむ。帝はやはり橋北の水の最も深いあたりに小舟を泛べ、帝みずから舟に棹さす。二人の内侍が同乗してこれを助ける。一人は高永寿、一人は劉思源といって、共に十七、八歳の小宦官である。波のまにまに舟が揺れるのを互に顔を見合わせて歓笑する。と、突然に大風が吹いて舟が顚覆し、帝と二人の内侍とが同時に水に落ちた。両岸で見ていた者も驚き叫び、お伴の人々も真蒼《まつさお》になった。客氏や魏忠賢も手足措《お》くところを知らず、忠賢も水に跳びこんだものの、離れていたので間に合わない。まっさきに跳びこんで帝を背負って出たのは内官の談敬《だんけい》らであったが、そのときには高と劉の二人の侍臣はすでに溺死していた。船上の金銀の酒器類も、すべて水に没して一個も残らなかった。

このとき溺死した二人の内侍のうち、高永寿は帝が最も気に入っていた寵臣で、けだし男色の相手であったらしい。清・梁章鉅『両般秋雨盦随筆』巻一によれば、高永寿は年は弱冠ならずして丹唇鮮眸の美少年で、まるで処女のような美貌だったので、宮中では高少姉《しようし》とよばれていた。すべて宴会などの際には、永寿が座にいないと帝の機嫌が悪かった。のち端午の日に帝に扈従して西苑に遊んだ時に溺死したとある。すなわち天啓五年五月十八日の事件である。

熹宗が工作に没頭したことは、このほか清・趙吉士『寄園寄所寄』勝国遺聞の条や、清・王士禎『池北偶談』および清・呉陳琰『曠園雑志』巻下などにも見えている。『池北偶談』では、太監魏忠賢が帝の奇癖を悪用して、毎々帝が工作に夢中になっている時を窺って各官庁からの報告を奏進する。帝はそのたびに手を振って、「その方がしっかり読むのだ。予をだますでないぞ」という。かくて宦官の権勢が日ごとに重くなったが、帝はまったく気がつかないでいたとある。

また『曠園雑志』の「另製磚瓦」の条では、帝は生まれつき器用で多芸、中でも最も工作を好んだ。かつて庭に小宮殿を建てたことがあるが、それは高さ三、四尺ばかりの玲瓏たるもので、その瓦は琉璃廠に命じて特別に造らせたものであったという。おそらく黄琉璃・碧琉璃の燦然たる作品で、今なら工芸美術展の特別賞は確実というほどのものだったのであろう。

さらに演劇にもみずから出演した。清・兪曲園『茶香室続鈔』巻十六「明熹宗自演戯」の条に、清・陳悰《ちんそう》「天啓宮詞」を引く。回龍観には海棠が多かった。傍に六角亭があって、花が咲くころにはこれに臨幸する。かつて亭中で帝みずから宋・太祖に扮し、高永寿らの連中とともに雲夜に趙普《ちょうふ》を訪《と》うという芝居を演じたという。

この劇は元・羅貫中の雑劇「龍虎風雲会」の一段で、太祖趙匡胤が雪の夜に臣下の趙普を訪ね、爐を囲んで天下の大勢を語り合ったというもの。後の京劇では「雪夜訪普」または「君臣楽」とよぶ。高永寿は先に引いたように西苑で溺死した美男の寵臣だから、六角亭出演のことは天啓五年以前のことだったと思われる。

こうして道楽に凝って政務などは太監に任せきりにしていたため、魏忠賢のような無類の悪玉が権力を掌握し、魏党と東林党との激烈な暗闘となり、明朝の瓦解を速めたのである。

＊

明の最後の皇帝となった毅宗崇禎帝は、その登極の初めに魏忠賢や客氏を誅し、またその煤山《ばいざん》自縊という悲劇的な最期によって後人の同情を集め、英明の君であったかのように評価されているが、実際はどうであったか。

明末宮廷の内情を見て熟知していた清の聖祖康熙帝が、後に大学士ら侍臣に語ったところによると、あの毅宗の自縊も万策つきてのことだったようだ。李自成軍が外城を破り、西便門を経て阜成門を攻撃するや、帝は内監数人を率いて襄城伯李国楨《りこくてい》の家に微行したが、李家ではまさに門を閉めて演劇に興じていたので入ることができず、引き返して万歳山（煤山、今の景山）に登る。四顧すれども策なし。それでも皇城脱出を考えていたのを、太監の王承恩に、「出奔すれば恐らく賊のために辱めを受けるだけです」と諫止され、やむなく思いとどまって、ついに王承恩と相対して自尽したのである（『聖祖実録』巻二四〇、康熙四十八年十一月）。この帝と王承恩との対語を、そのとき他にどんな傍人がいて聞き伝えたのか、疑えば怪しいが、万策尽き、茫然として自縊したとは、なんとなく想当然《さもあらん》というような気もする。

康熙帝またいう、崇禎帝が、かつて乗馬の稽古をするのに、侍臣二人が轡《くつわ》を取り、二人が鐙《あぶみ》をささえ、二人が鞦《しりがい》を引いていて、やっと乗ったものの、またすぐ落馬した。そこで馬を責めて鞭四十に処し、駅馬として苦役に服せしめたという。おのれの落馬を馬の咎《とが》に転嫁したので、まことに笑止千万。「すべて深宮に生まれ、阿保（乳母）の手によって生長したがために、人情物理を知らざるの故なり」と康熙帝が批評している（同前）。

戦場を馳駆して清朝を確立した英傑康熙帝から見れば、馬の乗り方さえ知らない明室の皇帝など、皇帝ともいえない暗愚の未熟児と考えられたことであろう。明室の皇帝教育が、まるで過保護の保育園のようなものだったからである。

＊

清の董含《とうがん》が論じていう、「明が興ってより昏庸の君が二人あった。武宗と熹宗とである。

二君はよろしく国を亡ぼすべき者であった。雄略の君が二人あった。英宗と懐宗（毅宗）とである。二君はよろしく国を亡ぼさざるべき者であった。事の相反するものがあるのは、けだし明は懐宗に亡びずして熹宗に亡びたること、なお漢が献帝に亡びずして桓帝・霊帝に亡びたるがごとくである」と（『三岡識略』巻一「崇禎亡国」）。

かなり同情的ではあるが、明の亡国は崇禎帝ではなく、その端は実に天啓帝にあったとは、ほぼ妥当な指摘ではなかろうか。ただし、崇禎帝が「雄略の君」であったという高い評価は、康熙帝などの証言から見ると、もっと下回るかもしれない。

魏忠賢生祠遺聞

生祠というのは、地方の長官などが民政に顕著な功績があったとされて、生存中にその徳を称《たた》え、神として祀った祠堂のことである。堂内にはその人の像や木主（位牌）が設けられるから、後世の銅像もしくは彰徳碑に類するものである。生祠建立の事例はすでに漢唐の時代からあったこと、『日知録』をはじめ『陔余《がいよ》叢考』など清代史家の考証にも見えるところである。

しかし、実際には、これほどいかがわしいものもあるまい。その人の死後に崇拝者や郷党人によって建てられるならばともかく、存命中にというのは虚礼の疑いがあり、とても誠心誠意から出た挙とは思われない。

そもそも、民に敬慕されるほどの人徳者が、生存中にそのような過分の扱いを恬然《てんぜん》と受け入れるほど高慢無恥であるはずはなく、謹んで辞退するのが当然である。それをあえて受け入れるとすれば、みずからその徳を瀆《けが》し廉恥の心を喪うことになる。もしそれが実行されたとすれば、それは申し出る者と申し出られる者とのどちらかに、いや、両者ともに権勢・利害・名誉などに関して黙契があったからに相違ない。

ところで、近世中国における生祠として最も著名な事例は、明末天啓年間に各地に紛々として建てられた時の太監魏忠賢《ぎちゆうけん》の生祠である。高徳の長官どころか、史上に悪名高い太監の生祠など、誰が本心から信じようか。これすべて阿附の内官およびその一党に連なる地方官が、みずからの保身と栄達とを期待して、遅れることを是れ畏《おそ》れるかのように争って建てたもので、人を欺き我を欺く意図は、すべてこの魏忠賢生祠の例に露骨に示されている。権力者の増上慢と、その徒党の嗤《わら》うべき醜行として、史を読む者にとり、これまた一顧に値するであろう。

＊

魏忠賢、もとの名は李進忠。北直隷（河北省）河間府粛寧《しゆくねい》県出身の無頼の子であった。家貧しく、妻も他に再嫁し、子もなかったので、自宮宦官《じきゆう》（自発的去勢者）となって宮中に入った。当時は万暦帝の時代で、後の光宗泰昌帝はまだ東宮にあったが、宮廷内の生活も不如意で日用足らず、皇孫であった後の熹《き》宗《そう》天啓帝もこれに苦しんでいた。宦官李進忠は食事などにも気を配り、将来を考えて各種の財物玩巧の類を進め、忠勤を励んでいた。光宗が即位すると、ようやく権勢を握るようになり、名も魏忠賢と改めた。魏は父方の姓を名のったものという。

光宗が即位直後に侍医の進めた金丹の薬毒によって急死し、万暦四十八年すなわち泰昌元年（一六二〇）九月六日、熹宗が歳十六で践祚した。未婚である。これを養育した乳母の客氏、年まだ三十で妖艶である。熹宗これを信任して奉聖夫人に封じた。奉聖とは皇帝扶育の乳母に贈られる称号で、客氏一人に限られた称号ではなかったが、史上に有名だから、奉聖夫人といえば客氏を指すようになった。これより后妃宮人などの廃止に関して客氏の専横が始まり、ついに忠賢と客氏とがあい結んで気脈を通じ、蹴毬や乗馬などの遊びにうつつを抜かす若い皇帝を操り、その信任を固めていった。内は内官を羽翼とし、外は朝臣を手なずけ、あるいはこれを獄に投じて権勢を揮った。忠賢が外出する時には、市民は各戸に香卓を設けて花を供え燭を挿し、路傍に跪いて迎え、行列の車塵は天を蔽うばかりであったという。天下の各地には忠賢の像をまつる生祠が続々と建てられた。

＊

生祠建立の始まりは天啓六年（一六二六）閏六月で、『明通鑑』巻八十によれば、「始めて魏忠賢の祠を建つ。浙江巡撫潘汝楨《はんじょてい》が倡議し、西湖に祀ることを奏請す。織造太監の李実が、杭州衛の百戸をして祠を守らしめんことを請う。詔して祠額を普徳と賜い、石に勒《ほ》りて功徳を記す。これより祠を建つることを請う者、踵《くびす》を接す」とある。談遷の『国榷』巻八十七またことを記す。

右の浙江巡撫潘汝楨（楨は禎にも作る）が奏請して建てた生祠のことは、明・包汝楫『南中紀聞』にやや詳しく伝えている。

「天啓六年、魏忠賢の生祠を張掖門内に建て、上、親《みずか》ら額を賜う。各省ただちに靡然《びぜん》として効《なら》い、尤も奢麗を競う。しかして我が浙は尤も甚だし」と書き出し、以下にその実状を記す。

それによれば、浙江の生祠は、宮廷の僭侈《せんし》なるはいうまでもなく、その忠賢の像というのも自在に動くような仕掛けで、一切が生きた人間のように造られていた。時おり盛大に宴会を開き、忠賢の像を迎えて音楽入りで料理を並べ酒杯を進め、悉く献酬の礼のごとくする。像の腹中には、錫製の肚腸を仕掛けてあり、酒を進めると、そのつど錫の腸中に流れ入る。酒が腸中に満ちた頃を計って像を庭に担ぎ出し、酒を貯めた錫腸の栓を抜いて、小便をするように別の磁器の瓶に酒を注ぎ入れる。そのあと、料理と酒とを随侍の者に下賜するという趣向で、「諂媚《てんび》の工、ここに至る」とある。酒とは言いながら、何のことはない、忠賢の小便を頂戴する形だ。これは筆者の包氏が湖南の沅陵《げんりょう》にいたころ旅行者から耳にしたもので、これを造らせたのは浙江巡撫の潘汝禎だと付記してある。

このほか、他地方の生祠の規模などについては、崇禎七年（一六三四）の自序をもつ鄭《てい》仲夔《ちゅうき》『耳新』巻七に次のように伝えている。

忠賢が威福をほしいままにするや、建祠のことがほとんど天下に遍《あまね》しという有様となった。祠堂は壮麗荘厳を極め、ただに朱戸雕梁のみならず、甚だしきは琉璃の黄瓦（皇宮のみ使用）を用いて、ほとんど宮殿に同じく、また朝衣朝冠のみならず、甚だしきは冕旒《べんりゅう》（王冠の前後に珠玉を貫いた糸縄）を垂れた金色の像で、ほとんど帝王に等しかった。像を迎えるときには九拝の礼を行ない、九千歳とか九千九百九十歳の呼称を用いた（皇帝を万歳と呼ぶのに次ぐ）。北京一地方だけでも数祠あり、あえて文廟（孔子廟）と並び峙《そばだ》つ。南直（南京）では皇陵（太祖の孝陵）の側に建てられ、有司も郷紳も、ひたすら忠賢に媚びた。往々にして他人の墓地を安価で買い入れ、甚だしきは旧祠を侵犯してこれを占める。たとえば周敦頤・程明道・澹台滅明の三先生の祠堂さえ、すべて毀されたほどで、一時は天下狂せしごとく、廉恥も節義も地を掃くに至った、と。

清・趙吉士『寄園寄所寄』勝国遺聞には南京でも天啓六年に後宰門の興善寺の傍に忠賢

の祠が建てられたことを記す。

その祠は三間（三室）で、忠賢の真容三幅を描く。正面の一幅は朝衣して端座し、両側に内侍が円扇牙笏を執って立つ図。また木刻の忠賢の像を正面におく。その左の一幅は、金盔《かぶと》と金甲《よろい》を着けて端座し、両傍はみな武将で鎗や剣を執って侍立する。その右の一室には太監の服装をして端座する図を描く。両傍はみな小内官が恭々しく侍するさま。

また階段の左に一大石碑を立て、忠賢の出身や入宮の始末を記す。階段の右にも一大石碑を立て、忠賢が幼主を扶けた功績などを述べる。その文は杭州の一黌生（国学生）の作り書したものである。天啓四年から造営を始めたが、六年に至ってもまだ完成に至らず、造営の費も万をもっては数えられないほどである云々。

同書またいう、忠賢が権を握ると、朝臣のこれに阿附するもの、忠賢をば「父」となし、忠賢もこれらを目して「乾児」（義子）といった。都人は『百子図演義』を作ってこれを嘲った。当時、媚を献ずるもの、争って祠を建てた。祠の名称も、永恩・懐仁・崇仁・隆仁・彰徳・顕徳・召徳・茂徳・戴徳・瞻徳・崇功・元功・旌功・崇勲・茂勲・表勲・感恩・祝恩・瞻恩・徳声・鴻恵・隆禧など。内にしては宦官から、外にしては地方の大官まで、丹朱金色の土木が寰宇に徧《あまね》しという有様であった。杭州に至っては、関帝と岳飛の両祠の間に建て、国子監生の陸万齢が太学の側に建てることを請うた。忠賢の像は沈《じん》や檀《だん》で塑したものもあり、眼耳・口鼻・手足ともに、あたかも生人のごとく、臓腑として金玉珠宝を納め、髻の上には穴をあけ、四時の花をもって簪《かざし》としたという（『両朝識小録』を引く）。これらの建祠を年月の順に記したのは『両朝従信録』で、その巻三十三〜三十五、天啓七年三月から七月に至る諸例である。

生祠の建立が始まってより、これを模倣するものが続出し、遅れて至るの罰を恐れるかのごとくであった。かくて漕運使の李監は通州の西関外に懐仁祠を建て、薊遼総督の閻鳴《えんめい》泰《たい》が通州・昌州の二州に崇仁と彰徳の二祠を建て、主事の何宗聖が長溝に顕徳を建て、閩省督撫の劉詔および巡按の倪文煥《げいぶんかん》が密雲に崇功を建て、それぞれ工作の巧をきわめた。甚だしきは民の田畑や墓地を奪い、他家の樹木を伐るも、文句をいうものがない。一に王公のごとく饗祀する。像は香木をもって製し、面貌は生人のごとく、内部には金玉珠宝をつけ、衣服の鮮麗なるはいうまでもなかった。

天啓七年四月には、山西巡撫の曹思誠が祠を五台山に建てることを請い、額名を報功といった。遼東では祠額を元功といい、茂徳といった。茂徳は李太監の請建したもの。太和山の祠額は昭徳、上林苑のは感恩で、庶吉士李某の請建。松江の額は徳馨で、里老の薛《せつ》世昌らの請建に係る。

七年五月、監生の陸万齢が祠を国学の傍らに建てることを請う。阿南では巡撫郭《かく》某が戴徳を、順天では通政司経歴の孫如洌が茂勲を、延綏では巡撫朱某が祝恩を建てた。

六月、承天では湖広守備の李監が鴻恵を、畿南では薊遼総督閻鳴泰が旌功を、山東では巡撫李某が隆禧を、江北では漕運内監崔《さい》文升が瞻徳を、済寧でも同じく崔が表勛を、湖広では巡撫姚某が隆仁を建てた。

七月、巡撫の許其孝が淮揚に瞻恩を建てた。

またこれらと重複するが、計六奇『明季北略』巻二「建生祠」の条にも奏請者と場所と祠額名とを列挙する。

江南巡撫毛一鷺が蘇州の虎丘《こきゅう》に建てたのは額は善恵といった。南京指揮の李之才が二祠を太祖の孝陵の前に建てて仁溥といった。総督蘇茂相が安徽鳳陽の皇陵のそばに建てて懐徳といった。以下、閻鳴泰が建てた崇仁と彰徳。主事何宗聖の建てた顕徳。巡撫劉詔の建てた崇功。まさしく紛々として建祠を請い、「真に酔うがごとく痴のごとし」という建祠ラッシュであった。もしそのままに進めば、関帝廟や土地祠や呂祖祠と同じく、忠賢祠が天下に充満したであろう。

＊

巡撫や総督のような地方の高官が競って建祠と賜額とを奏請したのは、いうまでもなく保身と献媚のためで、忠誠の証《あかし》としてその形を示したのである。しかし、それ以下の諸生のような無官のものの中にも、出世の手掛かりとして、このことに熱中するものがあった。清・曹家駒『説夢』（清人説薈本）巻二「紀媚魏璫諸人」にその数例が挙げられている。杭州の諸生で周弘璧というもの、富貴を望み立身を求めていたが、その手掛かりがない。おりしも杭州の生祠が落成したので、冬の末に一舟を操って西湖のほとりに至り、元日に祠に詣って紅燭を点じ香を焚き、祝文を用意して忠賢の像を拝した。時に忠賢の腹心で杭州織造司太監の李実が、これまた像を拝みにやってきた。そこで周弘璧が自分の意見を述べると、李は大いに喜んで、これを巡撫にはかり、さらに郡県にも檄《げき》を廻し、かくて建祠の議が起こった。

また徐備之というもの、北京に赴いて別の方面から運動して経歴という官職名をもらい、工事監督にあたることになり、任命書を受けて意気揚々として帰る。祠の敷地を白龍潭に選んで着工する。時に中秋、稲もすでに実《みの》っていたが、収穫《とりいれ》を許さず、すぐさま建築にとりかかる。しかしその最中に熹宗が崩じ、魏党が一挙に没落したため、建祠についてお先走りを勤めていた連中も、とたんに戈《ほこ》を反《かえ》すことになった。

たとえば学院の陳保泰というもの、周弘璧を弾劾して、これを杖三十に処した。その後、徐備之もあいついで逮捕され、両名とも遣戍《けんじゅ》（流罪懲役）に擬せられた。のち周は戍所より章莪山《しょうがざん》という人の幕中に入って官に就いたが、章が山中で食を断って死ぬと、周もまた自尽したという。

同じころ諸生の陸万齢（前出）、上疏して国学に生祠を建て、忠賢をもって孔子に配しようとした。後に事敗れ、西郊で市において磔刑に処せられた。

こうして、建祠のことに奔走した連中は、ほんのわずかの差で忠賢の敗亡と同時に相ついで処刑されたり自殺したりするに至ったのである。

清・無名氏『蜨階外史《ちょうかいがいし》』巻四「魏奄生祠」は祠の末路を語る。これによると、魏の祠はその生地粛寧県のものが最も壮麗であったが、誅に伏したのち、その像は毀され、祠は仏寺に改められた。しかしその輪奐《りんかん》は旧のごとく立派であった。清の乾隆年間に、邑令が建築に必要な資材を得るために寺を毀したが、資材は多く腐朽していて役に立たなかった。故に寺の裏の三楹の堂はなお存し、蛇や狐の棲処《すみか》となること数十年。村氏が恐れてこれを焼き払った。今も寺の裏手には丈余の一巨石が地中に埋まっている。碧玉のような石で、あまり重いので掘り出せないため、今もそのままにして移せないでいるのだと。

＊

あれほど権勢を振るった忠賢も、天啓帝の崩御と崇禎帝の登極と同時に、天啓七年十一月、安徽鳳陽の太祖陵の番人として謫《たく》せられることに決まり（これは太監処分の常例）、兵部は千戸呉国安に魏を逮捕護送するよう命じた。時に忠賢は河北南部の阜城県を去る二十里の地で、腹心の李永貞からの急報により、逮捕の免れないことを知る。その日の暮れに県に着き、尤《ゆう》克簡というものの家に宿る。その夜、一党の李朝欽というものと共に自縊《じい》して果てた。

翌朝、同行の劉応選これを発見して大いに恐れ、腹心のものと共に忠賢の寝室に入り、金宝類をさらい集め、偽って「忠賢が逃亡したぞ。わしはこれから追いかけてゆく」と叫びながら南方に脱走した。さすが悪事に長じて嵐のように機敏であざとい連中であった。

同年十二月、法司では忠賢の罪を追論し、上命により、忠賢の屍を河間府において磔刑に処した（『明季北略』巻三「魏忠賢自縊」）。

忠賢自縊後の処分については、前引『耳新』巻七に次のような異聞が記されている。それは忠賢が阜城の宿で縊死した時に、とりあえず死骸を埋めた。のち三月経って墓を暴《あば》いて凌遅《りようち》（肢体分断）の刑に処したが、遺骸はまだ腐敗してはいなかった。処刑に臨み、なお微《かす》かな息《いき》があり、鮮血が流れて、あたかも遺骸を留めて天刑を待つかのごとくであった。しかし李朝欽も同時に縊死したのだが、暴いてみると、ただ一堆の骸骨に過ぎなかった云々。

これは忠賢を憎むあまりに、自縊という安楽な最期を遂げさせることを認めず、天刑を受けるために呼吸や血まであったかのように誇張された風説であったと思われる。

忠賢の墓は北京西山碧雲寺の裏に、すでに彼みずからの手で営まれてあった。二基の碑があり、それには次の四十八字があった。

欽差総督東廠官旗弁事・掌惜薪司・内府供用庫・尚膳監印務・司礼監秉筆・総督南海子・提督保和殿寺、完吾魏公忠賢之墓

完吾以前の四十字は忠賢の官職名すなわち肩書きであり、完吾とは忠賢の字《あざな》である。彼の死後に、その門下のものが遺体を収めて葬ったものである。しかし清の康熙四十一年(一七〇二)、江南道監察御史の張瑗が奏請して毀し、これを平地にしたという(鄧之誠『骨董瑣記』巻三「魏忠賢墓」)。

*

北京西山の碧雲寺は壮麗な金剛宝座塔のある観光名所となっているが、魏忠賢に縁《ゆかり》の深い寺であることを知る人は今では多くはあるまい。

清・趙吉士『寄園寄所寄』に『貞信編』という書を引いて明の太監三巨頭のことを論じている。

――中官にして政本を握り天下を乱したものは、王振・劉瑾・魏忠賢より甚だしきはない。その専権は甚だ相類する。王振の横悪は乙丑・丙寅（正統十・十一年、一四四五―四六）以後に至って極まり、己巳（十四年、一四四九）には土木堡《どぼくほ》で殺害された。劉瑾は丙寅（正徳元年、一五〇六）に流毒し、庚午（五年、一五一〇）に燕市で斬られ、家族もみな誅滅籍没せられた。忠賢が凶を肆《ほしいまま》にしたのも、また乙丑・丙寅（天啓五・六年、一六二五―二六）に極まり、誅に伏して丁卯（七年）に自縊、やはり戮屍籍没せられた。劉瑾と相去ること一甲子六十年、瑾より忠賢まで再甲子百二十年であったと。

干支や年数のことはさして意味はない。王振の専権により英宗は土木の変で蒙古オイラート族の也先《エセン》のために虜囚の憂き目に遭ったことを知りながら、武宗は劉瑾を信任して跋扈させた。さらにこの二例を知りながら、熹宗はまた忠賢の放恣を許し、やっと毅宗崇禎帝に至ってこれを粛清した。

太監の横恣は中国政治史の暗部のひとつであるが、とりわけ明代史ほどそれの甚だしいものはない。かつ東廠・西廠および錦衣衛の秘密警察を動かして無数の士大夫を殺したこと、その惨毒の状は近人丁易《ていえき》の『明代特務政治』（一九五一年、中外出版社刊）に詳しい。

まさにナチスにも比すべき恐怖の暗黒機構で、魏忠賢はその最後の巨魁ともいうべき存在であった。

崇禎三異図

一王朝の崩壊というような非常の際には、平和時の常識では考えられない奇怪な風説が行なわれるのも珍しいことではない。清・計六奇『明季北略』巻二十、崇禎十七年（一六四四）の条に「劉青田絵図」と題して次のような異聞が記されている。

むかし明の成祖永楽帝が都を燕都（北京）に遷した時から、禁城内に一密室があった。その中には誠意伯劉基《りゅうき》が遺した「秘記」（予言書）が蔵せられると言い伝え、戸には厳重に鍵が掛けられ、よほどの変事でもないかぎり、絶対にあけてはならないと固く戒められていた。

崇禎の十六年か十七年、北京の内外が流賊来襲の噂で騒然たるころ、崇禎帝がこの密室のことを聞き、ぜひ見たいと言い出した。係りの内官が叩頭して固く諫めたが、帝はどうしても聴き入れない。やむなく帝を案内して密室の鍵をあけた。室内にはただ一個の櫃《ひつ》が置かれてあるばかり。蓋《ふた》をあけると、中には三軸の絵図が入っていた。展《ひろ》げてみると、その第一軸には、文武百官数千人が、ともに朝服（参内用の礼服）や朝冠を手に提げ、髪をふりみだして逃げ走るさまが描かれてある。帝が、「これは何の図なるぞ」と問えば、内官答えて、「あるいは官人が多くて髪が乱れたのでござりましょう」と言上した。

第二軸には、将兵が武器を棄て、窮民どもが幼児を背負って逃げ走るさまが描かれてある。帝がまた問えば、「たぶん軍隊が叛乱を起こしたものと存ぜられます」と答える。帝は聞いて勃然として顔色を変えられた。内官が、もうこれ以上は御覧にならないようにと請うたが、帝はあくまでも見るという。

さて第三軸を開くと、描かれた一人物、その容貌は帝にそっくりである。身には白い背《そで》心《なし》を着し、右の足は跣足《はだし》で、左足だけに韈《くつした》と履《くつ》をはき、さんばら髪で宙にぶら下っているではないか……。

筆者計六奇の伝える他の一説では、一夕、帝が上奏の類を閲覧しているとき、ふと見ると麻の衣服（喪服）を着た者が前に立つ。怪しみて誰ぞと問う。禁裡の奥深くそんな人の現われるはずもないので、左右の者に命じて捕らえさせようとする。内侍が突進すると、その人はおもむろに歩み去る。人々がこれを追うと、その人は庫の門の中に入って姿を消した。内侍が門の扉を見ると、厳重に封鎖されたままである。驚き帰って帝に報ずる。帝みずからその場に赴いて、例の三軸の図を発見した云々とあって、喪服の人物の先導などと、やや怪異談めいてくる。

また同書の巻二十三補遺「絵図続記」にも、右の軸物を発見する話が、もっと潤飾を加えて再述されている。

禁中で、ふと若い一婦人の姿を見かけた。全身に服喪中の白装束を着け、あるときは黎明に、あるときは薄暮に姿を見せる。これを追ってゆくと、姿はかき消すように見えなくなる。人々はみな疑いかつ気味悪がった。

時に賊勢いよいよ猖獗のころ。大内に一秘室があり、劉誠意の封識が貼ってある。上には「凡《およ》そ国に大変あれば、はじめて開き視るべし。軽易《かるがる》しく洩《も》露して以って禍端を啓《ひら》くを得ず」と記してある。

帝みずから秘庫の前に赴いて見るに、封識も厳重で、陰風凄惨に空より吹き来り、悪霧は迷漫として地より起こる。担当の太監が叩首して、「こはすなわち先天の秘機にして、おそらくは軽々しく洩らすべきではござりませぬ」と言上したが、帝は承知しない。ついに小内侍二人に命じて戸を開かせた。

帝が内に歩み入るに、暗黒にして光なく、妖気が鼻をつき、ほとんど立っておれないほどである。内官たちもまた恐しくなった。やがて室内に微光がさす。見ると、朱紅色の一個の木製の櫃がある。早くあけよと命ずると、小内侍が斧で櫃を破る。内に三軸の画あり。第一軸・第二軸と見ていって、ついに第三軸に至るに、その像はさながら帝の聖容のごとし。見終わると、内官に慰められて宮に還ったが、帝は黙然として楽しまなかった云々。陰風迷霧の情景描写まで加わって、一段とぶきみな話になっている。

この三軸の絵図の話は、計六奇ばかりでなく、清・董含『三岡識略』巻一「劉誠意秘記」にも、また清・朱梅叔『埋憂続集』巻一「庫中画」にも、ほぼ大同小異の形で記述されている。殊に朱梅叔の記事では、それは小型の紅い木箱が一個、上には「崇禎某年某月日に開く」と書かれてあったと、昔から年号まで予知していたかのように、念のいった話まで添えられてある。

*

この庫中秘画の怪異談、そもそも、どこの誰から語り出された風説であったのか。計六奇の記す最初の所伝では、「内臣かつて国丈に言い、かつ洩らすなかれと嘱《たの》んだ」とある。然らば共に秘庫に入った内臣の口から伝わったのか。国丈とは名を記さないが、丈は丈人で、帝の皇后の父であった嘉定伯周奎《しゅうけい》と考えられる。同書巻二十二にも「国丈たるをもって嘉定伯に封ぜらる」と明記してあるからだ。

この周奎は帝の外戚でありながら、吝嗇のため、帝に求められても何の財政的援助もしようとせず、ついには李自成軍に降伏し、さらに入関した清軍に降伏したとされる人物である。三軸の図の話は内臣から国丈に語られたとあるが、あるいはこの周奎の周辺からわざと洩らした風説であったかもしれない。崇禎の亡国は、人力の及ぶ能わざる既定の運命であったかのごとく弁明しようとしたものか。ただし、これもあまり根拠のない憶測に過ぎないのであるが、風説の出所としては周奎あたりが最も怪しい。

許氏またいう、長洲県の官生（県学生）陳仁錫（字は明卿、号は芝台）の子の済生《さいせい》（字は皇士）という者、嘉定県で塾の教師をしていたが、これも確かに与《あずか》り聞いたということであったと。「与り聞いた」とは、内臣が国丈に告げるのを傍らで聞いたというのか、ただそんな風聞を耳にしたことがあるというだけなのか、文意が判然としないが、とにかく清初には秘かに行なわれていた説であろう。

*

秘庫の封識を記したといわれる劉基（一三一一―七五）は、太祖洪武帝に召されて開国の大業を輔《たす》けた功臣で、号は青田、誠意伯に封ぜられた。洪武四年（一三七一）に退官し、数年後に病死した。一説には政敵による毒殺ともいわれる。

ところで、この劉基が、明初すでに二百七十年も後の崇禎の亡国と自縊とを予知して三軸の図を描かせ、しかも後に南京から遷都した北京の秘庫に封蔵したというのも年代が合わず、あきらかに付会の説である。

この付会は、例の靖難《せいなん》の役で、建文帝が南京の宮中から出亡する際の話に類似するところがある。建文四年（一四〇二）六月十三日に金川門が燕王の軍に破られると、建文帝は火を放って宮殿を焼き、太祖の遺篋を開き見るに、楊応能という僧名の度牒（出家免許状）と剃刀と袈裟と僧衣とを得たので、ついに左善世の僧官溥洽《ふこう》の手によって剃髪し、御溝をつたって身を遁れ、僧応能《おうのう》になりすまして四方を雲遊したという。有名な建文出亡伝説の一節である。建文の敗を祖父の太祖がすでに予見し、出家に必要な物具を篋《はこ》の中に用意してあったというので、劉誠意の封識と似たような神秘めかした宿命説である。

＊

未来の予知などというもの、そううまいこと当たるものではない。科学的であるはずの天気予報や地震予知でさえ外れることがあるのだから、まして人事については、大抵は事の既遂の後に過去に溯って、さも予言であったかのように造られるものである。それは多くは詩歌や図画などを借りて語られる。

唐の術数家の李淳風が作ったと世に伝えられる『推背図』一巻、讖緯《しんい》予言の書である。また『旧唐書』巻五十四の王世充の伝に、隋の末年に世充が王位簒奪を企てる。道士の桓《かん》法嗣《ほうし》という者、みずから図讖を解すると称して『孔子閉房記』なる一書を奉る。その図は、丈夫が一竿を手にして羊を駆る図である。道士これを釈していう、羊《よう》は隋の楊《よう》姓であり、一干（竿）に一は「王」の字である。王が羊の後にあるは隋に代わって帝となるの兆であると。世充、大いに悦んで、「これ天命なり」とて道士を諫議大夫に任じたとある。この『孔子閉房記』も図をもつから『推背図』の類である（『梵天廬叢録』巻十八「推背図説」に関係資料をあげる）。

また北宋以来、占卜法の一種として軌《き》革《かく》卦《か》影《えい》の法というのがあった。蘇軾の『東坡手沢』（説郛巻二十九）または『東坡志林』巻下に記すように、蜀の成都の費《ひ》孝先《こうせん》という者が、一老人から学んだと伝えられる術で、それ以来、宋元人の筆記類に頻繁に出てくるもの。その詳細を述べる余裕はないが、技法としては画を描き、それに詩句の類を添えて、その人の未来を解説するものだったようである。つまり謎のような図を描いたうえ、これを易の卦象に替えて如実に指摘する新手法であった。これが後に変化し、童子を使って、白紙を貼った壁面や鏡や水面などに、ある形象の映るのを見させて判断する円光術に継承されたという。

とにかく、こんな要領で図画の中にある種の謎を隠し、それを解説してみせることは、中国の占卜者や術数家が、あたかも先天の秘法のように言い立て、知識階級のはずの士大夫まで、それを感心して聴く者もあったようだ。

してみると、崇禎亡国の象《しょう》を写した三軸の図というのも、おそらくはこの徒輩が、明室傾覆の後、崇禎自縊の惨史に託して、明宮秘史のごとく仮構して伝えた説ではなかったか。

それにしても、官民の離散より将兵の背反および帝の自縊に至る亡国の景象を、三幅の図に託して如実に物語る話になっているではないか。劉青田先生も、えらく遠目のきく大予言者に仕立てられたものだ。

＊

ついでに記すと、崇禎朝および南朝王朝に歴任した李清の『三垣筆記』（巻中、崇禎）によると、図画に関してまた別の一説が見える。

いうところによると、宮中に一秘室があり、久しく閉鎖したまま開かれることがなかった。帝が特に命じてこれを開かせると、篋《はこ》の中に元人筆の「朝会図」一冊があり、胡人と華人とがみな列を分けて坐する図。帝これを見て悦ばなかったと。これ銓曹《せんそう》（吏部の人事担当官）の呉昌時がみずからこれを内侍の口から聞き得た話であり、世間では三軸の画をあけたと伝えるのは誤りである。すでにして北兵（清軍）が燕都に入り、その言はじめて験ありしも、時に呉昌時は死して久しかりしと。

これによれば、元王朝時における華人・胡人分列の朝会図で、貴人の縊死などという不祥の図ではなかったが、異民族（満州族）に帝都を占められるの予兆ではあった。

同書（付識中）またいう、癸未（崇禎十六年、一六四三）に宗廟を祭ろうとして鹵簿がすでに設けられていた時、ふと見ると黒気が空より落下し、白衣を着た婦人らしきものが飛んで宮に入ると見た。軍人もみなこれを目撃したと。

右の白衣婦人の怪異は前引『明季北略』の「絵図続記」に伝える喪服姿の白衣婦人の出没とも吻合する。洶々たる人心惶惑の際、疑心暗鬼から種々の怪異が内外に取り沙汰されていたのである。

さらに明・応喜臣の『青燐屑』にも、画幅にまつわる次のような奇事が記されている。

毅宗が登極した崇禎元年のこと、五鳳楼の前で一個の袱《つつみ》を見つけた。内には小画一巻があり、それには「天啓七、崇禎十七、還有福王一」と題してあった。早朝に内侍がこれを拾って帝の前に奏上した。帝は皇城見廻りの係官に伝えて入手の径路を究明させた。時に巡察官の一人であった袁槐眉《えんかいび》という臣が奏した、――「この事件は甚だ不経である。どうして大内にまで入り得たのか。かつ臣等が巡視した時には誰にも発見されなかったのに、特に内侍だけがこれを奏したとは、奸人が禍心を包蔵し、帝の側近に潜んでこんなことをしたのではありますまいか。もしこれを追究すれば、将来かならず訛を造り異を立て、聖聴を惑わし奉る者があることでありましょう」と。帝、その奏を可とし、すぐさま画を焼却させた――。

ここにいう「天啓七、崇禎十七、還有福王一」は七・七・一に押韻した予言句である。天啓七年は既往のこととしても、崇禎登極の初年に十七年で終ること、まして南明の福王の在位年数まで指摘できるはずがない。あきらかに崇禎崩後、南明王朝以降の人による捏造の説である。

ただ証拠の品が同様に画幅であったということ――図柄の説明がないのも怪しむべき点――からみても、やはり崇禎異図伝説の一種であり、かつ内侍（側近の宦官）が見つけたという申し立てなどは、崇禎初年の魏忠賢一派の残党の存在を暗示し、かつ南明王朝でもその惧《おそ》れのあることを暗示した一部朝臣の流したデマではなかったか。これを記録した応喜臣も、またその同志か、もしくはそれを暗黙のうちに諒承していたシンパだったかもしれない。

いずれにしても、明室崩壊の直前には、画に関する奇怪な風説が多く行なわれたようだ。讖緯や予言といえば、従前は詩歌の形をとるのが通常だったのが、明末になると視覚的な画幅による予言伝説が流行した。『推背図』の影響かどうかは断定できないが、予言さえも聴覚から視覚にまで拡がったのであろうか。

彫青史談——中国における文身の種々相——

「花」の意味

身体髪膚《はつぷ》これを父母に受く、あえて毀傷せざるは孝のはじめなり——。肉体を大切にして、顔面と手のほかは、他人には滅多に膚も見せないことが紳士の心得とされる国では、刺青《いれずみ》のように、わが身体髪膚をあえて毀傷し、おまけにそれを人前にさらすような行為が容認されるはずがない。もし刺青などをするやつがあれば、それは未開人か無頼か罪人か、とにかく下賤のやからのすることで、到底「中華」の淳風美俗とは言えないということになっていた。

中国では肉体装飾としての刺青は、唐宋から元末までの一時期を除いては、あまり派手には行なわれなかったし、従って、これに関する文献資料もあまり多くはない。

ごく古い時代の文献に見える刺青は、いわゆる「被髪文身」で、漢民族以外の蛮夷――特に南方の沿海部住民の奇異な風習と考えられていた。これはもともと潜水漁撈を業とする者が、龍蛇や鮫《さめ》などの害を避ける厭勝《まじない》の意味をもち、主として顔面に施されていたので、中国ではこれを彫題《ちょうだい》とよんだ。題とは額《ひたい》のことである。この風習は後世でも海南島の黎《れい》族に顕著に遺っている。

その次に古くからあったのは、刑罰または所属標識としての刺青で、罪人や奴隷の顔または頸部・耳朶・腕などに墨を刺して記号とし、その逃亡を防ぎ、発見を容易ならしめる。牧畜の牛馬に焼印を押して所属を明示するのと同じである。「刺配」というのは刺青をして遠地に配流し、労役に従事させることである。古い文献に黥《げい》または涅《でつ》ということばが見えるのは、大抵は罪囚または奴婢の記号としての入墨《いれずみ》のことであった。

入墨をしていると前科者ということが分かるから、世間の人には忌み嫌われるかわりに、やくざ仲間では相応にハバがきく。どうせ堅気には戻れないので、浮浪者や刑余者の集団である軍隊に入る。というよりも、むかしの中国では「刺配充軍」といって、辺地の守備兵などの多くは流刑者をもって編成されていたから、刺青と軍隊とは、きわめて縁の深いものとなり、積極的に目だつような刺青を施す者も出てくるし、時には一軍団の統一的標識として、同じ文字などを刺青することも行なわれた。唐宋時代の軍隊や地方軍閥の手兵にはその例が少なくない。

たとえば『宋史』巻一八七の兵志によると、宋初の開宝七年（九七四）のころ、泰寧軍節度使であった李従善の部下および江南水軍およそ千三十九人は、みな面に黥《いれずみ》をしていたという。そのほか、兵志に散見するところでは、兵士の黥は顔面のほか、右の臂《ひじ》や手の甲などに施されていたらしい。手の甲に施したのは多くは地方軍または異民族出身の蕃兵で、これは弓手や弩手として使われたから、所属の標識としたほか、弓をよく射るようにとの呪的な意味もあったかもしれぬ。これは昔の沖縄婦人の手の甲に刺青をしたのは手仕事がよくできるように、またアイヌの老媼が口の周辺に刺青をしたのが、古代叙事詩としてのユーカラをよく語れるようにという意味だったのと同じではなかったか。また蕃兵は左の耳の前に「蕃兵」という字を刺していたという。いくら字を解さない兵士だといっても、随分と無神経なことをしたものだ。

罪人や兵士に施すのは、実用本位の簡単な線とか文字の類であるが、一方にはまた装飾化された渦巻文様か何かの図柄を彫ることもあったらしい。その名称も、文身・黥・涅のほかに、刺青・劄青・札青・点青・彫青・刺花・彫花・花繡などともよばれた。「青」の字がつくのは、墨を刺すと血管の関係で青い色に見えるからである。またこの場合の

「花」とは植物の花のことではなく、花様《ホアヤン》すなわち文様・意匠・図案・装飾の意味である。だから簡単な線だけの文様でも、やはり「花」であった。

おなじみの花和尚《かおしょう》魯智深、あれは五台山で出家する前の俗姓名魯達《ろたつ》のころから刺青をしていた。地位は部隊の下級将校か下士官クラスだから、刺青の部位は前額部か頬あたりだったろう。そこから花和尚とよばれたので、その図柄が草木の花であったわけではない。ところが、江戸時代に出た和訳の『水滸伝』の挿絵《さしえ》では、魯智深の刺青は背一面の海棠の花になっている。あれは花和尚という綽名《あだな》から、花の刺青をしていただろうと画家が早合点したもので、それも日本なら桜とくるところだが、あいにく中国には桜はなかったから、それに近い海棠の花で代用したわけだ。花和尚も日本にくると、画家の誤解または曲解のおかげで、遠山の金さんみたいに、みごとな彫物《ほりもの》を背負うことになったのである。

全身に白楽天の詩

唐の中期――八世紀から九世紀のはじめにかけて、段成式という博識の学者がいて、そのころ実際に見解した刺青のいくつかを、その随筆『酉陽雑俎《ゆうようざつそ》』の中に書きとめてある。

都長安の市中には、頭髪の一部を剃り、膚に刺青をしたやくざがいて、腕力を揮って良民を恐喝したり、飲屋に蛇を売りつけたり、羊の骨で人を殴ったり、という暴力沙汰が絶えない。長安市長は愚連隊狩りを命じ、約三千人を逮捕して悉く杖で叩き殺したうえ、死骸は市中にさらしものにするという思いきった措置をとったので、市民で刺青をもった連中は、あわてて灸で刺青を焼き消したという。灸で消せる程度の刺青なら、どうせたいしたものではなかっただろう。

そのころ長安の大寧坊という街に、張幹とよぶ豪の者があって、わざわざ左の腕に「生不怕京兆尹」、右の腕には「死不畏閻羅王」と刺青をした。娑婆じゃ警視総監もこわくない、死んでも閻魔を恐れないぞと、えらく強がったものである。しかし、やっぱり警視総監には勝てず、召し捕られてあえなく殺された。

また王力奴という男、銭五千を奮発して、刺物師《ほりものし》に胸から腹部へかけて一面に彫ってもらったのは、山だの家だの池だの草木鳥獣など、いろいろ。それに細かく色をさして仕上げたというから、さぞみごとな密画ふうの刺青だったであろうが、惜しいかな、これも前の張幹と同じく殺されて閻魔の庁に送られた。

趙武建という賊は、全身に百六ヶ処の刺青をしていたが、右の腕には次のような五言四句が彫ってあった。

野鴨灘頭宿　なぎさに宿る野鴨めが

朝朝被鶻掯　しょっちゅう鷹に掠《かす》められ
忽驚飛入水　びっくり水にとびこんで
留命到今朝　どうやら今日まで生き延びた

捕方《とりかた》に追われて逃げまわる身の上を野鴨に譬えて自嘲した歌で、賊にしてはなかなかユーモラスである。

これに似たのでは、高陵県で召し捕られた宋元素という男は、七十一ヶ処に刺青をしていたが、その左腕にはこんな歌が彫られてあった。

昔日已前家未貧　むかし羽振りよかった頃にゃ
苦将銭物結交親　仲間づきあいも、きれいにやったが
如今失路尋知己　今じゃ落ちぶれ股旅ぐらし
行尽関山無一人　渡る世間にゃ友もない

『酉陽雑俎』の別本では、この詩の第二句は「千金不惜結交親」となっているが、金も惜しまずだから意味は変わらない。第三句も「及至恓惶覓知己」となっている。「今じゃ追

われて隠れ家さがし」とでもいうのだろう。詩は拙いが、凶状持ちの旅鴉《たびがらす》らしい落魄の哀愁がないでもない。

なお、この男は右の腕には瓢箪から人間の生首《なまくび》が出ている図を彫り、とんと人形芝居の人形みたいだったので、取り調べにあたったお役人も、この判じ物が解けない。これは一体なんの意味だと訊くと、この男いわく、「なあに、瓢箪の化け物でさぁ」。

元和(八〇六—八二〇)の末年、蜀の成都に趙高という喧嘩ずきの暴れん坊があって、毎々お上《かみ》のご厄介になっていたが、こいつの背には一面に毘沙門天が彫ってあるので、さすがに勿体なくて、杖で叩こうにも叩けない。ついそのままに放免となる。そこでいよいよ図に乗って良民に迷惑をかけるばかり。

これが時の成都市長李夷簡《りいかん》氏の耳に入ったから、こやつ不埒千万とばかり、奉行所にしょっ曳いてくると、新しく作らせた尖端の直径が三寸もある棍棒で、容赦もなく毘沙門を叩きのめした。ところが、放免されて十日もすると、こいつ肌脱ぎになって街《まち》じゅうの家から家へ、「毘沙門さま再建につき、なにぶんのご寄進を……」と銭をゆすって歩いたというから呆れたもので、お礼廻りの新手であった。

同じく成都の韋少卿は、れっきとした身分の者だが、若い時分から学問ぎらいの刺青マニア。その叔父さんが着物を脱がしてみると、胸に一本の樹木が彫ってあり、その木の梢には数十羽の鳥が止まり、その下には鏡が懸かっていて、鏡の鈕《つまみ》のところからさがった紐《ひも》を、一人が傍に立って引っ張っているという図柄である。合点がいかないので、意味をきくと、少卿は笑って、「叔父さん、張燕公の詩に、鏡を引けば寒鴉あつまる、という詩があるのをご存じないんですか」と答えたという。叔父さんにさえ鏡と鴉の取り合わせは判じ物だったのだから、他人にその意味がわかるはずがない。せっかく痛さをこらえて刺青をするのだから、龍でも虎でも彫ればよいのに、つまらない謎々《なぞなぞ》を彫ったものだ。

湖北荆州の葛清《かっせい》という男、首から下は全身に白楽天の詩を彫ってあった。段成式は、荆州生まれの陳至《ちんし》と一緒に、よくこの男を呼んで刺青を見せてもらったが、この男は、ちゃんとその文句を彫った箇処を記憶していて、詩の文句を読みあげると、すぐにそれに該当する刺青を指さす。たとえば、「不是此花偏愛菊」（菊ばかりを愛《め》でるわけではない）という箇処になると、指されたところは盃を持った人が菊の花に対しているところ。また「黄夾纈林寒有葉」（紅葉の林に菊の花）というと、一本の樹を指さす。紅葉した樹木は細かいところまで入念に彫られてある。といったぐあいで、すべて三十余条、全身はまさしく完膚なしという有様で、感心した陳至は、これを「白舎人行詩図」と称した。白楽天一行詩句図の意味である。

段氏の屋敷に出入りする路神通という男は、力較べに出場する一種のプロレスラーだが、石段の六百斤もある巨石をさしあげ、粟数十石を食うという、まるでかつての力道山みたいな豪の者で、背にはこれも毘沙門天王像を彫ってある。「おれには神様がついているから、試合に出ても応援が多いほど力が出るんだ」と豪語して、いつも月の朔日《ついたち》と十五日にはお供物をあげ、香を焚き、肌脱ぎになって座り、背の天王像を妻子に拝ませていたという。毘沙門天すなわち多聞天は、仏法を守護する勇武の善神で、唐代には大いにその信仰が普及したものだが、力士の背の彫物にまで勧請《かんじょう》されるとは思わなかっただろう。

崔承寵《さいしょうちょう》という男、後には貴州の観察使という役人にもなった人物だが、若いころから全身に一匹の大蛇を彫っていた。右の手首から始まって腕から首を巻き、うねうねと腹部にきて、股をくぐって臀《しり》のところに蛇の尾が届いている。客と対面するときは、いつも服で手を隠しているが、酒でも廻ると、もうおとなしくはしていない。腕をまくって役者や芸者をつかまえ、「そら、蛇に嚙まれるぞ」とおどかす。「キャー、助けてぇ」と大騒ぎをするのを見ておもしろがったという。

わが江戸の刺青奉行こと遠山左衛門尉も、若い道楽者時代に彫った桜花の彫物で有名だが、奉行になってからは、つねにこれを袖口で隠して人には見せなかったそうで、蛇と桜の図柄の相違もさることながら、役者や芸者をいやがらせて喜ぶ崔《さい》某などとは、いささかお人柄が違っていたらしい。

市井の力自慢の男が、威勢をつけるために刺青をしていた例はまだある。楊虞《ようぐ》卿《けい》氏が都の警察部長であった当時に、三王子と名のる男、大石をさしあげるほどの力持ちで、全身に刺青をしており、再三死罪に相当する悪事を犯したが、そのつど軍隊に逃げこんでは罪を免れていた。ある時、事件を起こしたので、楊部長は五百人の捕方《とりかた》を派して三王子を召し捕らせ、役所の門を閉めきって、これを杖で叩き殺した。その時の判決文には、「全身に刺青を施して、王子などと称するとは、取り調べをなすまでもなく、罪に該当すべきものなり」とあった。

これでみると、唐中期の刺青は、原始的な厭勝や刑罰の入墨から、すでに威嚇と装飾の美術的なものに進化していたことが分かる。力士の毘沙門天像などは、その上にさらに勇武を誇示するとともに、護符《おまもり》の意味まで兼ねていたのである。詩歌を彫るに至っては、趣味道楽から出たものであろう。

宋・陶穀『清異録』（説郛六十二）に、「唐末より無頼の男子、剳刺をもって相高しとし、或は輞川《もうせん》図（王維の図）一本を鋪《し》き、或は白楽天・羅隠の詩百首を竊《ぬす》む」とある。中には旅行したことのある郡県から飲酒・蒲博《ばくち》のこと、交わった婦人の姓名・年齢・輩行・坊巷（住所）・形貌の詳細まで、いちいち刺青で記録したものまであって、時人これを名づけて「針史」といったという。針史とは、いわば刺青による当人の履歴書である。己が肌を覚《メ》書《モ》がわりにして持ち歩いたのだ。これなら忘れることはあるまい。

女の刺青

当時は女性にも刺青を施した者があった。もっとも、これは男が全身に施す図案の刺青とはちがって、額《ひたい》などのごく一部に化粧の一種として入墨するか、もしくは罪によって入墨された迹に手を加えて美化したものであったようだ。つまり奴婢の記号として入墨し、その逃亡を防いだり、主人の怒りにふれて刺青されたのが、女性の場合は窮余の一策で、化粧法の一種として加工したのである。

唐代の上流婦人は一般に嫉妬ぶかくて、腰元などに少しでも美しいのがいると、何かの失策を口実にして顔に入墨してしまう。これを隠すために入墨の上に月型や銭型の紅《べに》をつけた。これを花子とよんで、唐の宮女の昭容上官氏から始まったといわれているが、実はもっと古くからあったものらしい。

三国・呉の孫和《そんわ》は夫人の鄧《とう》氏を愛していた。あるとき、酒に酔ったまぎれに如意《にょい》を振り廻し、誤って夫人の頰を傷つけ、血が止まらない。医者をよんで手当てをする。医者の意見では、白い獺《かわうそ》の髄《ずい》を手に入れ、それに玉《ぎょく》と琥珀《こはく》の屑をまぜたものを塗りつければ傷痕が消えるだろうという。そこで孫和は大金を出して白獺を買い求め、多量の琥珀の屑を膏で練ってつけさせたが、傷痕はやはり消えない。左の頬は赤く如意で打たれた形がついていて、よく見ると、それが何ともいえない美しさであった。それからは、腰元たちも寵愛を得ようとして、頬に絵具でホクロ状に入墨をするようになった。これが唐代の女子化粧法で黄蕊《おうずい》とか黄星靨《おうせいよう》とかよばれるものの始まりとされている。

もっとも、これは描きホクロで、真の刺青ではないだろうから、さきの上官氏のように刺青の迹を隠すための化粧から始まったというのが、動機としては本来のものかもしれない。

唐の房孺復《ぼうじゅふく》の夫人崔《さい》氏、ひどく嫉妬ぶかくて、腰元たちにも厚化粧や高髻《たかまげ》を許さない。一ヶ月に臙脂《べに》を一皿、白粉を一銭―四グラム足らずだから茶匙一杯ほどしか支給してやらないという警戒ぶりであった。

新しく一人の腰元を雇い入れたが、これが少し化粧をしすぎる。奥方立腹して、「そなた、お化粧が好きなのかえ。それなら、わらわが化粧をしてとらせよう」とて、その腰元の眉を剃り落とすと、そのあとに墨を塗り、鑠梁―どんな道具か未詳、コテのようなものか―を焼いて両方の目尻に押しあてると、皮膚が剝けて指についてくる。そこで朱を塗りつける。火ぶくれが痂《かさぶた》になり、それが取れると、火傷の迹がまるで化粧をしたようになったという。

随分と念の入った無惨なことをしたものだが、皮膚に墨や朱を塗りこめて半永久的に形を遺すのだから、これも広義の刺青であろうか。

宋・孔平仲『孔氏談苑』巻五「面花所起」には、「婦女の面飾に花子を用いることは、上官昭容（則天武后朝の上官婉児）が、その跡を掩い点じたことから起こった。大暦（七六六―七七九）以前には、士大夫の妻には妬悍なる者が多く、婢妾すこしく意にそわなければ、すぐ面に印した。故に月点・銭点があった」と。月点・銭点とはその形が月や銭の形をしていたというのだろう（『輟耕録《てっこうろく》』巻九「面花子」の条また同じ）。

宋・張斉賢『洛陽搢紳旧聞記』巻四「宋太師彦筠奉仏」の条にも、宋彦筠という人、各地の節度使・上将軍を兼任し、太子太師をもって致仕した。しかし性は残忍で、幸するところの婢妾、もし少しでも過があると、とことんまで鞭うち、黥面せられた者も多く、今も生きている云々。

女性の美貌を見ると、加虐的に入墨をして傷つけたくなるものだろうか。

刺青師とその技術

古代入墨刑の手法は、まず顔もしくは決められた部位に傷をつけ、それに墨を塗りこんで仕上げるという原始的な方法であったらしい。罪犯を扱う仕事だから、専属の刺青職人があったことは想像にかたくない。「涿鹿《たくろく》」とは、人の額に傷をつけることを職とする人、すなわち入墨の専門家で、「刀墨の民」ともよばれたというから、それを専業とする部曲もあったのではないか。すると、河北の涿鹿県は名称からしてその部曲に因縁のあった地名だったかもしれない。

これも段成式によると、唐代では成都の者が刺青に巧みで、まるで画いたようにみごとであった。墨の代わりに化粧用の黛《まゆずみ》を用いると、色がもっと鮮明になるというが、刺青師にきいてみると、やはり墨の上質なものを使用するだけだとのことであった。墨は黒い色であるが、血の紅とまじって青い色に見えるから、すべて入墨を「青」の字で表現したのである。

唐の貞元年間（七八五—八〇五）に湖北の荊州にいた刺青師の道具というのは、針を束《たば》にして、まるで蝎《さそり》の尾のようにしたものを使った。図柄は何でもお好み注文次第。針で刺すと、そのあとに墨を刷《は》く。腫《は》れがひいたあとで細かく仕上げをする……とあるから、日本の刺青の手順とあまり違わない程度のことが、唐代すでに行なわれていたわけである。

入墨刑の歴史が古いから、刺青の技術も早くから発達していたのである。この刺青師は後には道人などと称して諸国を遊行し、客をさがしていたらしい。地方の希望者の注文があれば、そのお屋敷に逗留して彫ったらしいことが、後の小説『水滸伝』などでも間接的ながら窺うことができる。

刺青皇帝郭雀児

唐末の前蜀の始祖王建、その侍従たちは「髡髪行膠、黥面札腕」にして、一部の鬼神のようであったという（『太平広記』巻二六六「王先主遭軽薄」）。髡髪《こんぱつ》とは髪の一部を剃ること。行膠《こうさん》は未詳ながら、膠は臊と同じだから獣のように羶《なまぐさ》いこと。黥面《げいめん》は顔の入墨。札腕《さつわん》は刳腕で、腕にも入墨をしていたことをいう。こんな鬼神部隊に護衛されていたのである。

大昌軍使の徐瑤《じょよう》という者、字は伯玉。王建に従って蜀に入る。勇猛にして格闘を善くした。やがて王建の幕下に入った。その兵はみな文身黧黒《れいこく》にして衣装詭異、衆みな称して鬼兵（お化け兵士）となし、徐瑤をば称して鬼魁（お化けの首領）としたという（宋・張唐英『蜀檮杌《とうこつ》』、説郛巻五十四）。

鬼神・鬼兵は、みな蒼黒い文身の異様な面相から名づけられたもので、唐末の軍隊の奇怪さを窺うに足る。これらの中には精悍な異種族出身の兵士もまじっていたかもしれない。

唐が亡びて宋の太祖趙匡胤《ちょうきょういん》が天下を統一するまでの約五十年間に、梁・唐・晋・漢・周という五代の王朝が次々に建てられてはまた消えていった。その最後の周朝を建てたのは郭威《かくい》という男で、周の太祖と称したから皇帝の一人であるが、その氏素姓をいえば無頼漢あがり。地方軍閥からのしあがったもので、その身には刺青があったといわれる。

宋・張舜民『画墁録《がばん》』によると、この郭威がまだ無名のころ、同郷の馮暉《ふうき》という男と朋輩で、二人でさんざん無頼のかぎりをつくしていた。ある日、一人の道士に遭った。何が本業かと問うと、刺青ができると道士がいう。そこで二人はそれぞれ刺青をしてもらった。郭は頸《くび》の右に雀を彫り、左に粟《あわ》を彫った。馮は臍《へそ》を甕《かめ》として中に数羽の雁を彫った。道士がいうには、「お前さんたちは頸と臍とを大切にしなされや。お前さんの雀が粟を啄《ついば》んだり、お前さんの雁が甕から飛び出すようになれば、それこそ立身出世の時節到来じゃ」と。郭威が後に軍隊に入って指揮をとるようになると、道士の予言どおり、雀が粟をくわえた。馮暉のほうも雁が甕から出てきた。世に郭威のことを郭雀児とよぶのは、その刺青から来たものである……。

刺青の位置の移動など、どうも疑わしい話で、無頼から皇帝への出世の神秘を説明するために、雀児という名と刺青とを結びつけた話であろう。これよりも、宋元時代の講史書の一種『新編五代史平話』の所伝は、案外に現実的な由来談になっている。

――郭威は山東路邢州唐山県の農家の生まれで、十一歳のころ母の兄にあたる常武安の家に雇われて、籾《もみ》乾しの鳥追い番をさせられていた。なにしろ雀は群をなして食いにくる。東を追えば西に集まる。郭威は竹の弓をつくり、石ころを拾って弾丸の代わりにして雀を狙って射った。ところが雀にはあたらず、隣家の顧瑞《こずい》の子の額に命中して即死。郭威は下手人として捕らわれたが、奉行は過失致死と判断し、それに彼が年少であることも酌量して死罪を免じてやった。ただし、その過失を忘れないようにと、彼の左の頬に一羽の雀を入墨させて放免した。入墨され面を汚された彼は、もはや堅気にはなれないと覚悟を決め、いっそやくざになってやれと、それからは武術の稽古をし、兵法を学んだという。

このほうがやや真実らしくみえるが、それでもやはり雀児という名に付会したところが感ぜられる。軍隊に入って入墨されたのを、後に雀の形に手を加えただけであったかもしれない。しかし彼が刺青をした無頼から軍人を経て帝王にのしあがったということは共通している。いかにも兵馬乱離の五代らしい話で、これを宋代では発跡変泰《はっせきへんたい》と称して講談でも語られた。入墨の兵士あがりとしては、おそらく最高の出世頭であろう。

銅仮面将軍狄青

五代の無法時代には、殺人というようなことも平然と行なわれ、民間でも主人がその家の奴僕婢妾を勝手に殺すこともできたが、宋太祖の建国以後、私刑が厳禁され、生殺の大権はすべて国家によって掌握されることになった。ただ主人が何かに立腹して、家の奴婢に入墨をして懲らしめるというようなことは密かに行なわれていた。

ところが、宋・王桱《えい》『宋朝燕翼貽謀録』巻三によると、真宗の咸平六年（一〇〇三）五月には禁令が出て、すべて士庶の家で奴僕に罪を犯した者があっても、面に入墨するを許さずということになった。人の肌を傷つけるからいけないという理由になっているが、それは表向きのことで、実際は入墨もまた国家権力によって執行さるべき刑法の一種だから、私刑は認められなかったのである。

しかし現実にはこの私刑は歴代やはり行なわれていたものらしく、ずっと後の南宋時代になってもその例が見られた。南宋・范成大『石湖居士詩集』巻十二に「清遠店」と題する七絶がある。その小序に、「定興県中の客邸（宿屋）の前に婢あり。両頰に逃走の二字を刺す。云うところでは、それは主家が勝手に黥涅《いれずみ》したもので、たとえこれを殺しても禁じられない」と。その詩というのは

女僮流汗逐氈軿　女僮は汗を流して氈軿（幌馬車）を逐う
云在淮郷有父兄　云う淮郷には父兄ありと
屠婢殺奴官不問　婢を屠《ころ》し奴を殺すも官は問わず
大書黥面罰猶軽　大書して面に黥するも罰なお軽しと

主家に売られてきた下婢が逃亡して郷里に帰ろうとしたのを連れ戻され、罰として「逃走」の二字を頬に入墨されたので、それくらいの罰は軽いものだというのが当時の風潮だったのである。

さて再び北宋建国の初年に話を戻す。宋・朱弁『曲洧旧聞』巻九に論じている――芸祖(太祖)が天下を平定するや、悉く四方の無頼不逞の徒を集め、刺青をして兵となし、軍営を連ねてこれに居らしめた。什伍(部隊)あい制し、束《そく》するに軍法を以ってし、厚くその隊長に禄し(高給を与え)、みずからをして愛重せしめ、付するに生殺の権を以ってし、威を階級の間に寓し、動かすを得ざらしめた。無頼不逞の人、すでに集まって兵となったからには、以ってこれを制するあって、あえて非をなさず。よってその力を取って以って良民を衛り養い、それぞれ田里に安んぜしめた。ゆえに太平の業が定まり、叛民がなくなったのである云々。

これは空論のようであるが、いうところは的確である。太祖が五代の紛乱に鑑み、兵制を定め、階級を分かち、兵士には悉く刺青を施して一般の庶民と区別したから、下級兵卒ばかりでなく、その部隊長などにもまた刺青をした者があった。

たとえば太祖・太宗両朝の勇将呼延賛《こえんさん》は、太宗に選ばれて鉄騎軍指揮使という軍司令官に任ぜられた。賛は胆勇あれども鷙悍《しかん》(凶猛)にして軽率。つねに「願わくは敵に死せん」といっていた。全身に「赤心殺賊」の字を刺青し、妻孥僕使にもみなそうさせていた。四人の子には耳のうしろに別に刺字して、「出門忘家為国、臨陣忘死為主」(門を出でては国のために家を忘れ、陣に臨みては主のために死を忘る)の十二字を刺させたという(『宋史』巻二七九本伝)。

この呼延将軍の場合は自発的に文字を刺青したので、「赤心殺賊」は後の岳飛《がくひ》の「尽忠報国」の先蹤であろう。

次の真宗朝の名将として知られた狄青《てきせい》は、山西汾《ふん》州の人で、騎射を得意とし、はじめは騎御馬直という近衛の騎兵将校から身を起こして指揮官となったが、戦陣に臨んでは甲冑姿に髪を振りみだし、顔には銅製の面具《マスク》をつけて敵中に突入すると、敵兵みな披靡《ひび》して、あえて当たるものがなかった。

戦陣生活五十年にして、馬軍副都指揮使という指令副長官の要職に陞《のぼ》ったが、兵士時代からの顔の入墨はそのままである。国軍の高官として、対外的にも体裁がよくないので、真宗は参政の王尭臣に命じて、暗に狄青にその入墨を薬品で消すように諭《さと》さしめた。

しかし将軍は命に応じない。その面の入墨を指して答えた、「陛下が門閥を問い給わず、本職を抜擢して今日の地位に陞らしめたるは、ひとえにこの二行の字あるがためでござる。本職はあえてこれを消さず、天下の将兵をして、国家にこの名誉と地位との待つあるを知らしめたいと存ずるまででござる」と。

このことは宋・邵伯温『河南邵氏聞見前録』巻八や、宋・呉曽『能改斎漫録』巻十二および『宋史』巻二九〇の本伝にも見えている。この頑張りと諦観は、いささかわが大久保彦左衛門が、旗本八万騎のため云々と称して意地を張ったあたりと似ていないでもない。

だが、戦陣に銅製の仮面をつけたというのは、わが頬当《ほほあて》のように装着して敵の矢玉を防ぐと同時に、敵を威嚇するためでもあるが、狄将軍の場合は、指揮官として、その顔の入墨を隠す意図もあったと考えられる。入墨のままでは、敵に下級の兵卒かと見られる恐れもあるからだ。こうなると、軍人の刺青そのものに、微妙な矛盾が現われてくる。

八字軍と旗児軍

宋の平和が破れて、北方の金軍が南侵した北宋の末年には、金に抵抗するために各地に義勇軍が起こったが、これには官軍の敗残兵を再編成した軍もあれば、新しく召募した応急の民兵もあった。

建炎元年（一一二七）六月二十八日、李綱《りこう》が公布した「募兵劄子」によれば、陝西河北路で兵各々三万人を募り、京東西路では各々二万人、合計十万人を募る。白身（前科なき平民）および諸色廂軍中より選抜し、あるいは潰散の兵卒を招き収めて、その中より改め刺青して軍兵を創置し、驍勝・壮捷・忠勇・義成・龍武・虎威・折衝・果毅・定難・靖辺など、およそ十号。毎号四軍、毎軍二千五百人とする云々（『三朝北盟会編』巻一〇九）。

これは計画だけの募兵で、とても皮算用どおり集まったとは思われない。元年九月、河北都統の王彦は金軍と河北の新郷で戦い、大敗して王彦は太行山に逃げこんだ。岳飛が単騎で、一丈八尺の鉄槍を揮って敵陣に突入し、金軍を退却させたというのもこの時である。

これよりさき、王彦が新郷に拠ったとき、檄《げき》を諸郡に飛ばして援兵を得ようとした。金軍これを察知して大軍が集結するものと考え、早くも数万の兵を率いて王彦の本営に迫り、これを包囲した。王彦の兵は少なく、武装も充分でなかったので、血路を開いて脱出する。金軍これを追撃。王彦は麾下の将兵わずか数十人とともに勇戦力闘し、矢も尽きんとしたとき、幸いにも日が暮れたので全滅を免れた。散った部下の兵を集めると七百余人になったので、共城県の西山に拠った。部下の将兵はその義に感じて、みな面に「赤心報国」の字を入墨した。やがてこれに呼応する義勇軍の首領の傅選《ふせん》・孟徳・劉沢・焦文通などが現われて王彦の配下についた（『続資治通鑑』巻一〇〇）。

翌建炎二年五月、時の首相兼参謀総長の宗沢は、王彦をば武功大夫・忠州防禦使に任じた。王彦が指揮する部隊の勇士一万余人は、みなその面に八字を入墨し、「八字軍」と号したという（同書巻一〇二）。

八字軍というのは「八」の字を刺したのではなく、漢字八字の意味であるが、「赤心報国」に対する四字は、『三朝北盟会編』巻一一三の建炎元年十月二十九日の条および同書巻一九八、紹興九年十月十九日の条では「誓殺金賊」とあるから、合計八字である。岳飛の「尽忠報国」も同じ動機から出たものであった。

正規の軍隊ではないが、盗賊集団にも入墨した旗児軍というのがあった。

宋・王明清『玉照新志』巻四によると、年月は明らかでないが、やはり北宋末らしいころ、黄進という者、若い時は金持ちの家の奴僕であったのが、後に盗賊となり、法によって入墨のうえ配流された。数年して天下が乱れると、黄進は徒党を糾合して、その面の入墨に手を加えて二本の旗とし、旗児軍と号して地方を荒らし廻ったところ、朝廷では兵を派してこれを囲む。黄進ついに部下と共に帰順して官位を授けられた。後に累戦して功を立て、防禦使にまで陞進したという。

これは文字ではなくて旗の徽章というところが変わっている。ただし本来の入墨の字に手を加えて図案としたもので、無筆の者にも分かりやすい。その改作で盗賊変じて官軍となったわけだ。

顔面に旗を入墨した例は、『夷堅志』支景巻四「王双旗」の条にも見える。

忠翊郎の王超という者、太原の人。壮勇にして力あり、騎射を善くした。面に双旗を刺青していたので、よってその名を得た。かつて劉武忠の軍に属して歩隊小将となった。後に兵籍を解かれ、湖南の巡検となったが、収賄の罪で罷免され、鼎州に編置せらる。ついに盗となって人を殺し貨を奪い、刺配せられるに至った。しかし悪習は改まらず、かつて道人に遇って修真黄白の術を授かり、乾道六・七年(一一七〇—七一)のころには、年八十になっていたという。

また宋・郭彖《かくたん》『睽車志《けいしゃし》』巻二に楊刺旗という漁民出身の富人の話がある。

委州海塩県の漁夫楊某、かつて漁舟中に寝る。夢に人に拉致され、その面に旗のしるしを刺青された。夢さめても頬がなおも痛む。夜があけると魚や蝦《えび》の類が水面に群れ集まり、網を打って悉く獲た。中に鼎のような一物がある。持ち帰って泥を洗い落とすと、それは純金であった。これより富を致した。委州の人は今に至るまで楊刺旗の家とよんでいる云々。

これは夢の中で刺青されたと伝えているけれども、前出の旗児軍や王奴旗などの例からみると、もと旗の刺青をした兵卒または盗賊であったのを、それでは困るので致富の由来として夢中のことに仮託したのではなかったか。

花腿と錦体社

宋・荘季裕『雞肋編』巻下に、南宋の軍隊について次のようなことが書いてある。

金軍の汴京占領により、高宗は長江を越えて杭州に行在を置いたころ、韓世忠や劉光世などの諸将軍の率いる軍隊は、みな前線に出動しており、ただ張浚《ちようしゆん》将軍の軍隊だけが杭州を守っていた。この軍隊では、兵卒の中から若くて背の高いのを選抜して、臀部から足までの刺青を施し、これを「花腿《かたい》」と称した。汴京のころには、浮浪の輩が刺青をして自慢をしていたものだが、今ではそのまねをして他の軍隊に逃亡しないよう証拠としている……。

北宋汴京のころの花腿のことは、『東京夢華録《とうけいむか》』巻七「駕回儀衛」の条に見えている。金明池の御苑から春の遊びをして帰る人々は街路に満ち溢れる。妓女たちも以前は驢馬に乗ったものだが、宣和・政和のころには馬に乗り、冠の上に被《かずき》をかけてゆく。年若い馴染み客が、やはり馬に乗って後につく。それだけではなく、「三五（数名）の文身の悪少年が馬を馭する。これを花褪（腿）馬といって、短い手綱で馬を促し、地を刺して（未詳）ゆく。これを鞅韁《おうきよう》といって、掛け声をかけながら馳せ廻り、競って駿逸を逞しくする」とある。

腿は大腿部だから、その部分に彫った文身を剝き出しにした数人のグループの若者が馬を乗り廻したので、今ならばナナハンで疾走する暴走族の示威《デモ》といったところ。

さて臨安市中を、花腿の強そうな兵士たちが、文身の臂を振って市中を行進するさまは、さぞや異様な光景で、市民も呆れて見ていたことだろうと想像される。しかし、この兵士が文身をしたのは、なにも汴京の浮浪の輩をまねたわけではなく、一軍の標識として無理にさせられたものであった。従って、この花腿はすでに標識の意味を越えて、かなり精強を誇る威力顕示の意図が加わっていたと思われる。臂から下の丸出しでは、あまり粋《いき》とは申しかねるが、強健と精悍とを誇示するのだから、「アラ、素敵な男性美じゃないの」と、これに魅力を感じた女性も無かったとはいえまい。

下半身だけでなく、おそらく全身にも刺青を施した連中があったのではないか。南宋・耐得翁《たいとくおう》『都城紀勝』の「社会」の条に錦体社というのが挙げられており、また『西湖老人繁勝録』にも同名の社がある。呉自牧『夢粱録《むりょう》』では巻十九「社会」の条、周密『武林旧事』では巻三「社会」の条に同じく錦体社があり、下に細字で「花繡《かしゅう》」と注する。

社とか社会というのは、結社・グループ・同好会の意味である。この錦体社は、文身自慢の連中が同行者を募り、神廟の祭礼などがあると、肌脱ぎになって各自の「花繡」つまり彫物を見物人に誇示しながら練り歩いたこと、あたかも阿波踊りの某々「連」のごときものだったと思われる。社の名称も、錦繍のような文身の肉体を誇るところからの命名だから、花腿に限らず全身に自慢の文身をもつ連中だったと思われる。わが江戸時代でいえば、深川木場《きば》の旦那衆の特別出動みたいなものだったと考えてよい。少なくとも南宋時代には、かなりの程度の刺青文化が見られたはずである。

水滸の刺青豪傑たち

小説『水滸伝』の時代は北宋のことになっているが、寄席の講釈でしきりに語られたのは南宋から元代にかけての杭州その他の地。あたかも刺青全盛の時代にあたっていたから、そこに登場する多数の豪傑中にも刺青をしていたのが少なくない。史進・魯智深・阮小五・楊雄・燕青・龔旺《きようおう》などは、小説にも、はっきり刺青をしていたと書いてある。

魯智深の刺青、その実物はどの程度のものか不明だが、むしろ花和尚の綽名《あだな》によって喧伝されている。史進も第二回によれば九本の龍を刺青していたので九紋龍の綽名がある。それは父親の史太公が、息子のために名人の刺青師に頼んで彫らせたもので、腕から胸や腹まで全身に花繍があり、全県の人々が、口々に九紋龍史進とよんだとある。また燕青も第六十一回によれば、やはり盧《ろ》の大旦那が名人の刺青師に頼んで息子の雪のように白い肌に全身の花繍をさせたものであった。

小説ではなく、『続資治通鑑』巻一〇三に見える史実であるが、高宗の建炎三年正月のころにいた山東の盗賊劉忠は、はじめは白氊笠と号して官軍を悩ませたが、彼はみずからその額に刺青をしていたので、時に花面獣ともよばれたという。顔面に花繍をして猛獣のように獰猛に見えたというのだろう。すると『水滸伝』の青面獣楊志、花も青も刺青の意味だから、あるいはこの花面獣にヒントを得た綽名ではなかったか。

そのほかにも、水滸豪傑の綽名には刺青の図案から来たと思われるものが少なくないようだ。その他の、罪によって刺字をされた刑余者の配下に至っては数えようもない。

わが江戸時代に『水滸伝』が翻訳されて大流行をし、文身の豪傑たちも挿絵で紹介されてカッコイイとなった。わが文身の盛行はそれからだといわれる。あるいはそうかもしれない。

刺青を消す薬

このほか無頼や盗賊などには刺青を施した者が少なくなかった。

洪邁『夷堅志』丁志巻三「謝花六」に、吉州太和の民で謝六という者、盗をもって家を成したが、全身に雕青をしていたので、人々は目して花六となし、自分では青獅子と称していた（花も青も刺青の意）。およそ数十件もの盗を働いたが、一度も発覚せず、指名手配を受けながら平然としていたという。

また同書の三志壬巻九「復州謝黥」によれば、湖北地方には大抵みな黥卒がいて、率《おおむ》ね凶盗にして刑死を免れたもの。一郡の士人中、十の七、八はそれであった。謝四という男も三度も盗を働いて発覚したが、幸いに死を免れ、ある役人の邸で門番をしていた。彼は満面に黥文があったという。

同書支癸巻八「閤山排軍」にも、江南饒《じょう》州の民で朱三という市井の無頼が、臂から胸や背にまでみな文繡を施していたとある。

軍隊に入って刺青をされた者が、軍籍と離れ民間人になると、いつまでもその刺青の痕迹がついて廻り、容易に堅気に戻れず、生活上まことに困る。そこで本心としては何とかしてそれを消したいと考える。刺青を消すには灸で焼き潰すか、劇薬を用いて皮膚を焼くしか方法がない。

『夷堅志』支庚巻四「金陵黥卒」に次のような話がある。

金陵に近年に黥卒があった。すでに軍籍を脱し、卜肆（売卜の店）を大通りに構え、よく当たるので知られていた。一道人、高冠にして広い袖、風儀の甚だ整ったのが訪れて卜を問う。易者は型のごとく吉凶を判じたあと、立って道人の衣をとらえていう、「わたしの立てた易の卦では、あなたは神仙であると出ています。なにとぞお救いください」と。

道人すこぶる困惑し、立ち去ろうにも去れない。そこで料亭で酒を飲む約束をする。易者はやはり道人の衣服をとらえて放さない。しばらく並んで坐し、杯が重なるうち、道人が酒を含んで易者の顔に噴《ふ》きつけた。驚いて手を放すと、途端に道人の姿は消えていた。顔面を拭こうとすると、異常に艶がでてきたように覚えた。番頭によくよく見てもらうと、刺青はすっかり消えていたと。

また同書三志巳巻八「浴肆角筩」にも刺青を消す劇薬の話がある。

京師（開封）の風呂屋に雇われていた下男、夜になって道具を片づける。一客が忘れていった黒い角《つの》製の筩《つつ》、わずか指ほどの物を得た。あけてみると中には薬があり、膏薬みたいである。きっと眼病を治すのに用いる薬だろうと思った。その母が久しく青翳障《あおそこひ》に苦しみ、すでに十年も全く物が見えない。そこで何気なくその薬をつけると、母は夜が明けるまで唸りつづけ、痛みがひどい。倅がそれを見ると、翳障は小刀で裂き開かれたごとく、昔のように澄んでいる。これぞ神の賜物と思って秘蔵していた。

それより数月後、その女房が赤目を患う。そこで今度もその薬をつけると、その痛みは母と同様で、かつ我慢ならないほどである。夜が明けると、両眼は共につぶれていた。また一年して、かの浴客が来て、「去年置き忘れていった薬の筒は、どこに落としたのだろう」という。下男が仔細を物語ると、客は驚いて、「あの薬は刺青の墨を消すことができるもので、ひどい劇薬だ。どうしてそれを眼につけられようぞ」といったという。今の硫酸のような薬品だったのであろう。

また宋・鄭克『折獄亀鑑』巻五「薛顔」の条に、唐の薛元賞が京兆尹となるや、都中の悪少年が黛墨で膚に刺青をして自慢にし、近隣を強掠していた。元賞が着任して三日めに悪少年を召し捕り杖三十にして殺した。余党恐れ、悉く火をもってその文を滅したという(このこと『新唐書』巻一九七の本伝に見える)。すると、通常は灸の方法で焼き消していたのである。消すといっても痕跡を焼き潰して文字が読めないようにするだけの姑息な方法に過ぎなかったのだが……。今なら整形外科で皮膚の張り替えもできるはずだ。

軟派刺青

宋の兵士にしても、水滸の豪傑にしても、その刺青はみな勇ましく、あるいはグロテスクで、硬派中の硬派であったらしいが、中には士人のくせに、いかがわしい軟派な刺青をしていたのもあった。

『三朝北盟会編』巻二三六、紹興三十一年十月二十四日の条によると、韓之純という男は実に軽薄で、士人の風上にもおけないやつであった。いつも浪子《あそびにん》をもってみずから任じ、女郎屋に入りびたって猥談ばかりして喜んでいる。おまけに、その肌には男女秘戯の図が彫ってあった。酒が回るとこれを人に見せつける。見せられるほうが赧《あか》くなっても、本人は平気な顔だったという。

こんなのは例外であろうが、南宋の早くも頽廃した士風が察せられる。

また宋・無名氏『宋季三朝政要』巻四に、南宋度宗の咸淳七年（一二七一）の科挙に、李《り》鈁孫《ほうそん》という男、若い時に戯れに股間に摩睺羅《モホロ》を彫った。受験の際、見つかることを恐れて紙をその上に貼りつけて隠した。だが監督官がこれを見つけて驚き、「これは文身だ」と騒いだので、事件は表沙汰になって不合格にされたという。

摩睺羅とは七夕に飾られた小児姿の人形で、泥塑製のほか象牙などでも造られた精巧なものもあったという。これは秘戯図のような淫猥なものではないが、身体検査で発見され、刺青をした者が受験するとは不埒だとて処罰されたのである。

いくら刺青公認の時代といっても、それは武人・兵士のあいだでのことで、知識階級にまで容認されるものではなかったようである。南宋士風の衰敗は、やはり覆うべくもなかった。

神像にも文身

宋代の部将や兵士は各地の娼婦となじみ、中にはこれを女房にして、立身の後には「夫人」に昇格することもあったから、勇ましい文身の兵士に惚れこんだ商売女もあったはずである。

生きた人間の実例は伝わっていないが、この時代には廟《おみや》の土偶などの神像さえも刺青をしていた。といっても、土偶に彩色して文身に見せかけたものだ。『夷堅志』甲志巻十七「永康倡女」に次のような話がある。

——浙江の永康に一人の売笑婦があった。霊顕王の廟にお詣りしたところ、門外に立つ馬丁の像が、逞しい肉体美で、容貌も男性的、おまけに両股には刺青があって(いわゆる花腿)、躍動せんばかりである。彼女はつくづく見とれて、どうしてもその場を去ることができないほどに惚れこんでいた。日暮れになったので、家人が無理に連れて帰ったが、さてそれからというものは、寝ては夢、起きては現《うつつ》……。翌晩、一人の客が投宿した。見ると自分が惚れこんだ廟の馬丁とそっくりである。彼女は大喜びでサーヴィスをしたが、その客は夜明けになると帰っていった。ところが、その夕方にはまたやってきて、今度は四、五晩も留連《いつづけ》をした。と、急に泣き出していった、「おれは実は人間ではなくて、廟の馬丁なんだ。おめえさんがおれに惚れたというもんだから、禁を犯して通い、幾度も当直をさぼっちまった。それで旦那が立腹なさって、おれは罪になった。明日は杖でひっぱたかれて流し者にされるはずだ。その時にゃ、おめえさんの家の前を通るから、どうか線香の一本もあげちゃくれめえか」。

聴いた彼女も泣いて承知した。翌日になると、はたしてこの馬丁は鉄の枷《かせ》を負い、全身は血まみれで、面には「某処に配流す」と入墨されている。兵卒二人が後からついてくる。彼女は紙銭を焚いて泣きながらこれを見送った。あとでその廟にいってみると、馬丁の像は地面に倒れていた……という怪談めいた奇妙な哀話。

神像が股にみごとな花腿をしていたから彼女が惚れこんだわけではないにしても、少なくとも男性美の一要素になっていたことは確かで、江戸の鉄火な町娘が、文身の若者を亭主に持ちたがったのも同じ心理であろう。

土偶像の文身については、明・陸容『菽園雑記』巻十にも次のように見えている。

「わたしは子供のころに神祠《おみや》にいったところ、造られた従者の神像に裸体の者があって、臂《ひじ》や股にはみな墨でもって花鳥雲龍の状を画いてあるのを見て、はじめのうちはそのわけが分からなかった。最近、浙江の温州や台州などの地方で、明《みん》の初年に雕青《ほりもの》のことで兵隊にされた人に逢ったので、どうして雕青というのかと質問をしてみた。一人の老人がいうには、あれは刺花繡といって、むかしの文身というもんだ。元《げん》の時代には、やくざの親分などがみなこれをやっていて、両臂や股にはみな龍だの花だの草だのを入墨し、にぎやかで細かいほど自慢になったもんだが、洪武年中に厳重な禁令が出てからは、わざわざする者もなくなったよ、と」。

これでみると、唐から宋を経て元の末年に至るまで、刺青の風習は軍隊だけでなく民間にも盛んだったことが分かる。強そうで立派だというので、それが廟の神像——ただし従者か馬丁のような下級の神——にまで施されたのである。永康の娼婦の話も、少なくともその発端だけは事実に基づいたものだったのである。

文身を失った花関索

前引『菽園雑記』にもあったように、刺青の流行は元末までで、明代に入ると急に退潮した。それは太祖洪武帝の風紀粛正政策によるもので、民間ではほとんど跡を絶つに至った。

太祖の刺青禁制は、まだその明文を検出できないが、その字句はなくても、およそは知ることができる。たとえば洪武元年（一三六八）二月には胡俗を変えて衣冠をば唐制に復すべしとの詔勅が発せられ、頭髪・服飾・胡姓・胡語など、一切の胡俗を改めて中国の旧習に復するよう詳細な指定がなされている（『太祖洪武実録』巻二十六）。

こうした微細にわたる風俗規制令が出ているくらいだから、主として兵士ややくざ連中が彫る刺青の風習が見逭されるはずはない。風俗粛正に名を借り、別件逮捕で無法者を検挙し、例の太祖流の厳刑主義でもって、この輩の一掃を図ったに相違ない。明・沈徳符は、「本朝は極めて黥刺《いれずみ》を重んじ、太祖は厲禁して嗣聖（帝王の後継者）の濫用を許さざりき」と証言している（『万暦野獲編』補遺巻三「刺軍」）。「重んじ」とは、許すべからざる問題として重視したという意味である。

明・田芸蘅『留青日札』巻十「文身」の条に、元末明初の状況の聞き書きを記しているが、田氏の始祖の聞《ぶん》氏が元末に方山の東夾塘湾に住していたころ、無頼の若者三千人を養成して兵士とし、郷土の自警に当たらせた。その内で家丁の健児五百余人には悉く拳《こぶし》や大腿に刺青を施し、龍鳳蛇虫《だき》の図柄でもってその身分の貴賤を区別した。太祖がこれを悉く捕らえて花拳繍腿軍に充当したということ『田氏本支譜』中に載せられている云々。刺青を有する者は、たとえ無辜の民間人といえども容赦しなかったのである。

また田氏の幼時に会城に住む客で孫禄という者、父子兄弟とも、それぞれ両臂や背や足に花卉・葫蘆《ふくべ》・鳥獣の形を刺青していたが、国法の禁がきびしいため、みな身を潜めて住み、人には見せなかった。田氏が命じて衣服を脱がせると、歴々として見るべし。中には五彩で塡《うず》めたのもあって、分明にしておもしろい。その故を問うに、「海に潜って魚介を採ることを業とする者は、どうしても身体に刺青をして、蛟龍鯨鯢の害を避ける必要があるからです」と答えた。はじめて「揃髪文身」も古い由来があることを知った云々。

これらは漁民が職業上から厭勝の意味で文身をしていたもので、犯罪にわたることではないが、明代ではそれさえも世を憚って隠したのである。

これ以外の明代の例としては、たまたま武人が岳飛などをまねて文字を彫ったのがあった程度である。たとえば『万暦野獲編』補遺巻三「刺軍」によれば、景泰年中（一四五〇—五六）に武清侯石亭《せきこう》が総兵となって賊軍征討を請うや、まず軍人が一勝二勝した者は家産を保全し、四勝五勝した者は左右の臂に「赤心報国」の四字を刺青したいと。景帝は、「軍を率いて虜に勝った者に刺字するとは、それは刑罰で、罪なき者に加えるとは情に近からず」とて許さなかったという。つまり軍人にとっては刺青は誇らしい勲章のようなものと想いこんでいたのであろう。

また同書同巻「武臣刺背」の条にも似たような例の二、三を挙げている。正徳年間に錦衣衛の刁宣《ちようせん》なる者、みずからいうには、背には「尽忠報国」（一作「精忠報国」）の四字を刺してあると。武宗は怒って錦衣衛に命じて杖三十を打たせたうえ嶺南に流刑に処したと。

また嘉靖の初年に、南京礼部右侍郎の黄綰《こうわん》が白簡《はくかん》という者に攻められ、御史の弾劾を受けたとき、みずから上疏弁明して、背には「尽忠報国」の字があると称した。嘉靖帝はこれを罪にはしなかったが、天下の物笑いになったと（馮夢龍『古今譚概』第十八「背刺尽忠字」にも見える）。

さらに嘉靖の末年に、もとの将軍楊照を遼東総兵官に起用した。楊は帝の知遇に感激し、背に「尽忠報国」の四字を彫ったという。

およそこれらは迂闊な武将などが、禁に触れることにも気づかず、岳飛将軍をまねて忠誠の証《あかし》としようとしたものであるが、時勢はすっかり変わって、世人の称賛を博するどころか、逆に嗤いものにされたというので、刺青に対する観念は明初を界《さかい》にしてその評価が逆転してしまったのである。

宋代以来、民間には伝説的人物として花《か》関索《かんさく》とよばれる豪勇無双の武人があった。三国志講釈の余熱から創作された烏有人物らしいが、関羽の一子で、名は索《さく》。武芸に達し、文身をしていたから、花和尚と同じく「花」の字が冠せられた。民間にいかに人気があったかは、南宋時代の杭州のプロレスラーにも関索を名のる力士がいたことでも分かる。周密『武林旧事』巻六「諸色伎芸人」の条に角觝《かくてい》（相撲）の芸人四十四名の醜名《しこな》を挙げた中に、張関索・賽関索・厳関索・小関索の四名が入っている。二番めの「賽」は姓ではなく、較《くら》べる・匹敵する・負けない、の意味で、花関索もはだしというほど強いぞと気負って命名したのである。当然その全身には文身が施されていたはずである。

ところが、明の成化年間（一四六五—八七）に北京で刊行されたとみられる『新編全相説唱足本花関索出身伝』前集・後集・続集・別集の四種の説唱話本に登場する花関索は、その看板のはずの文身のことがどこにも出てこない。それどころか、関索はその少年時代に花という姓の師匠について道を学んだので、関姓の上にさらに花姓を加えて花関索と名のったというように説明してある。

これは作者の無知からきた付会のようにみえるが、実はそうではない。「花」が刺青のことであるくらいは承知のうえであるが、尊敬すべき関公の子息が刺青をしていたと書いたのでは不敬にあたり、かつは明朝の刺青禁令を憚る必要もあるところから、こんな苦しまぎれのこじつけをして形をつけたのである。そのせいか主人公の行動も、まじめすぎて精彩に欠ける。関索はやはり文身をしていないとおもしろくない。

かくて、刺青＝強い男というイメージは消滅した。「文」の文化は「武」の文化を圧倒し、武は無学にして粗野なものだという価値観が定着して後世にまで及ぶことになったのである。

科挙カンニング用の刺青

清代になると、さすがに民間で公然と刺青をして人に見せるような者は現われなくなった。ただ犯罪者に施す刺青だけは継承されていた。

嘉慶年間の白蓮教の大乱では、教徒を捕らえると、面に白蓮教の三字を刺した例があったこと、『仁宗実録』巻一三四の嘉慶九年九月の条に見える。これらは大抵は刺配といって遠地に流刑にされるから、一般市民の目にとまる機会は少なかったであろう。

光緒十二年（一八八六）四月に北京で刊行された『刺字集』という刻本がある（京大人文研蔵）。犯罪者に施す刺字の各種の例を集めたものである。同年三月の薛允升《せついんしょう》の序と同年一月の沈《しん》家本の序とがある。沈家本は清末の法律改正に最も功労のあった学者で、旧刑律の参考資料として編纂したものと思われる。

民国・張廷驤『不遠復斎見聞雑志』（民国四年排印）巻七「停止刺字」の条に、古来の刺字刑を略述したあと、「後世は法令が漸く繁となり、尋常の人命および闘殴傷などは刺字しないのを除けば、その余の雑犯類は、多く分別して刺字し、かつ刺軍遣改発などの字があって識別に資したのは、濫というに近い」と述べる。

やがて光緒二十九年のころから治外法権回収などの必要から法律改正の準備が進められ、ついに光緒三十一年（一九〇五）には凌遅・戮屍・梟示などの重刑の撤廃ならびに刺字・刑訊（拷問）などの停止が発令されたとある。肉体刑としての刺字はこれで刑法から消滅したわけで、二十年前の『刺字集』も使命を果したわけである。

この前後の刺青については、柴蕚《さいがく》『梵天廬叢録』巻十七「刺花」の条に、やはり古来の刺青のことを略叙したあと、清末民初の事例若干をあげている。

清末の太平天国の戦乱では、つねに捕虜の額に太平天国の四字を大きく刺して逃亡を防いだ。

また宣府は（河北宣化県）や大同など一帯の人は、子が生まれると、その腕や臂に文字または模様などを刺して藍靛で入墨をした。けだし迷い子になった場合の認識票としたのである。

もっとも奇抜だったのは、光緒二十九年の江南の郷試で、一受験生が何も怪しい物は携えてもいないのに、そわそわして落ちつかない。監督官が不審に思ってその全身を調べたが、カンニング用の紙も文字もない。そこで、むりやりそのズボンを引きおろしてみると、なんと腹部や股間に藍色の字が無数に見えた。近づいてよく見ると、まさしく科題の文で、首尾全篇が悉くその上に入墨されていた。長官に報告して投獄した。けだしこの受験生、あらかじめ関節（情実や贈収賄による闇取り引き）で題を知ったのだが、性愚鈍であったから、先に誰かに頼んで解答の文章を作ってもらい、それを腹に刺字し、試験場に入るとズボンを脱いで書き写そうとしたのだが、挙動不審でやっぱり見つかってしまったのだと。

これはまことに滑稽にして気の毒な受験奇談のひとつである。白い肌襦袢をカンニングペーパー代わりに使って文章を書いた例はあって、かつてその実物を紅楼夢関係の展覧会で展示されているのを見たことはあるが、己が腹の皮を使ってのカンニングとは未曽有の珍事件である。「満腹の文章」とはまさにこのことだろう。科挙の試験場はハーモニカ長屋式に仕切った個室だったから、一人になれば成功と考えたのが、それ以前にあえなく発覚したのである。

柴氏がまた民国五年の夏、一無頼の男を見たが、この男、性は愚にして悪。所有の物品を盗まれてはと恐れ、住居の間かずから門の向う方角および一切の家中の器具、たとえば机卓・馬子《おまる》・塵取・帚の類まで幾本と記し、それを左右の臂に入墨して並べた。もし家産を問われた場合は、ただ袖をまくりさえすれば即座に知れるというわけであったと。

刺青による資産目録とは念の入ったことで、これまさしく古人の「針史」と好一対になる話であった。

また一人の田舎の人が柴氏に語ったことであるが、先年、上海である阿片宿の妓と寝たが、この妓はほとんど全身に文身をしていた。胸の前の左右には各一条の龍を刺青し、龍が爪を伸ばして乳頭に向け、双龍が珠を奪い合うさまにしていた。また両の大腿および臀部には各様の秘戯を彫ってあったという。

乳頭を利用しての「双龍搶珠」はおもしろい趣向だが、太股に彫った秘戯図は娼婦としてお客を喜ばせるための営業用だったのであろうか。とにかく、かの南宋の韓之純に配して、秘戯図刺青の男女一対がそろったわけである。

藍より青へ――筆のついでに――

文身にかけては中国は日本の先進国だったはずだが、こうして変遷史をたどってみると、唐・五代・宋・元の数百年間でその最盛期を終えたことがわかる。明代以降になると、寥々としてその例に乏しい。

ただ刑法上の刺字だけは上古より清末まで一貫して継承されたので、中国の刺青史は、この刺字刑と不可分の関係にあり、記号・標識および装飾としての文身とも相互に出入錯綜しているのが特徴である。それも刺字刑と軍隊とが直結されるようになってからが著しい。宋太祖や明太祖の本格的な措置がそれで、刺青は犯罪と刑罰と国軍とを不可分の関係にさせてしまったのに、その忌まわしい関連を打ち切ろうとしなかったのは矛盾というよりほかはない。犯罪集団の後身と見られた軍隊を、誰が国軍として誇りにできるだろうか。

いまひとつの特徴は、刺字をやや修補して文様や旗などの単純なものに図案化したほか、直接に「尽忠報国」などの文字を彫るなど、とにかく文字との関係が続いている。名勝地にやたらに字を彫り詩を題する癖とも関連がある。白楽天の一行詩図だの、刺字による記録の「針史」だの自家の家産目録だの、せっかくのわが膚をこんなことに使うとは不可解だが、刺字の原点から考えると、亀甲獣骨文字以来の中国人の根強い記録癖の現われともみられる。日本では全身に百人一首や、吉原で買った女郎の名を克明に刺青にした男があったということを聞かない。

図柄などにしても、意味不明のものを雑多に次々に彫り加えて、まるで雑記帳みたいで一貫性がない。全身を提供して、統一的な構図による緋牡丹だの自来也だの瀧夜叉姫だの、とにかく客も彫物師と時間と根気と苦痛と費用のかかる大制作に熱中するとは、もはや日本だけの「国粋文化」になってしまったのであろうか。

文身は欧米にもあることはあるらしいが、それも鷲やライオンを図案化した徽章みたいな半チクなのを、旅行先で記念にチョイと彫るくらいで、全肉体をキャンバスにした壮大な美術作品ではない。

今でも下町の銭湯にでも行けば、みごとな倶利迦羅紋々が拝観できる日本の文身芸術こそ、いわゆる青《せい》は藍《らん》より出でて藍よりも青しで、まさしく出藍の誉《ほまれ》ありというべきか。表現の自由は憲法の保証するところだから、身をもってする果敢な美の表現精神は、将来は知らず、今のところ、これを妨げる理由はないようだ。

惨刑

戦乱時または旱魃・饑饉などの際に、人間が人間に対する加害の行為が、常軌を逸した惨虐にはしりやすいことは、古今の喪乱史あるいは災異史に常見するところである。

しかし、戦乱または災異が終わった後にまで、ある年月のあいだ継続してみられたとすれば、それはかなり異様な状態で、単なる災害の後遺症とは思われず、政治の上になんらかの人為的なものが加わっていたのではないかと疑わざるを得ない。明太祖朱元璋による天下一統の成った洪武初年における用刑の非道ぶりは、そのことを考えさせる事例のひとつである。

＊

明の嘉靖年間の姜南《きよう》『半村野人閑談』（古今説部叢書第五集）「用刑」の条に次のようにいっている。

「高皇（太祖）が初めて天下を定むるや、元《げん》の大乱の後を承けて、五教の大いに壊れたるを痛《いた》み、四維（礼義廉恥）の張らざるを疾《にく》む。ここにおいて重典（重刑）を用いてもってこれを治む。すなわち刖膝《げつしつ》・断趾《だんし》・鉤背《こうはい》・剝皮《はくひ》・腰斬《ようざん》・坑醢《こうかい》の刑あり。けだし、かくのごとくせざれば、すなわち弊俗の人に染むことの深きに相沿い、これを礼義教化の中に駆りやすからず。また聖人が偏を救い弊を拯《すく》うの権にして、衆人のよく識るところのものにあらず」。

ここに列挙せられた極刑のうち、刖膝は膝の筋を断ち切る刑。断趾も足部切断。鉤背は背に鉤《かぎ》を打ち込んで吊り下げる刑。剝皮は皮膚を剝ぐ刑。腰斬は胴切り。坑醢は生埋《いきう》めおよび切り刻みの刑であろう。

姜南によれば、これら数々の不法の刑罰すなわち非刑が用いられたのは、人民に深く浸みこんだ元末喪乱以来の弊風を改め、礼義教化の中に導くため、聖人（太祖）が特に大権を揮って実施したもので、庶民には窺い知れない深い意図があったのだという見解らしい。どうも分かったようで分からぬ論理で、どうやら太祖に代わってこの時期の惨刑を弁明し、それを正当化しようとした口吻が感ぜられる。

右にあげられた六種の極刑のほかに、明・祝允明『野記』には別の名目のもの数種をあげている。

——国初の重辟（重刑）としては、凌遅処死のほかに次のようなものがあった。刷洗というのがあって、罪人を裸にして鉄牀に置き、熱湯を浴びせかけ、鉄製の刷子《ブラシ》で皮肉を刷き取る。梟というのがあって、脊に鉤を打ち込んでこれを懸ける（鉤背に同じか）。竿縛とよばれるものがあって、竿の先に罪人を縛りつけ、これに釣り合うように一方に石を吊り下げる。抽腸というのがあって、やはり罪人を架上に掛け、鉤をば穀道（肛門）に差し込んで腸を抜き出す。架の一端に縛りつけた石を放すと、死体が立ち上って腸が出る。剝皮というのがあって、収賄をした貪官酷吏の皮を剝ぎ、それを公座（長官の椅子）に置く。後任者に坐らせて戒めとする。数枚も重ねるものがある。そのほか、挑膝蓋（膝がしらを叩き壊す?）とか錫蛇遊（未詳）などがあった。およそ以上は大悪の刑である。しかし祖訓（「大誥」のこと）が作られるに及んで、その禁を厳にした……。

これらの極端な惨刑は、方法としては従来からあったものもあろうが、その執行にあたっては、太祖がそれを命じたか、もしくはその処刑を黙認したかのどちらかであろう。ただ同じく『野記』に見える鏟頭会の集団処刑に至っては、どうやら太祖の好悪から出た特別な処刑法であったらしい。

祝允明いう――高皇（太祖）は無頼の頑民が緇流（僧団）に逃げこむのを憎み、集団で罪を犯したもの数十人をば、穴を掘って土に埋め、それぞれ十五人を並列させて頭だけを露出させる。大きな斧でそれを薙《な》ぎ払うと、一回で数個の頭を削り取る。これを鏟頭会《さんとうえ》とよんだと。

鏟とは鉋《かんな》で木を削ることをいうが、ここでは巨大な斧で一挙に数名分の首をはねて処刑したのである。わが国の百姓一揆の首謀者たちを土に埋め、竹製の鋸《のこぎり》で頸部をひかせたというのこぎりびきの惨刑をも連想させる。これは多数の罪人を簡便に始末するためでもあるが、特に僧を極度に憎んだ太祖の意向が強く働いた前代未聞の処刑法だったようである。たとえ絶後のものであったにせよ、この惨刑は太祖の発明として史上に遺るであろう。

また明・沈徳符『万暦野獲編』巻十八「国初用法厳」によると、洪武九年に南京に謹身殿を造営するにあたり、中等の匠《だいく》を上等の匠だと誤り奏したのを怒って、太祖は悉く棄市（市中での斬首刑）を命じ、覆奏を許さなかった。時に工部尚書の薛祥《せつしょう》が極諫したので、太祖は改めて腐刑《ふけい》（陽物を切る、去勢）を命じた。祥また奏して、「かくのごとくならば千人みな廃人とならん。杖刑に処してこれを復せしむるにしかず」と懇請したので、やっとその請を許したという。

これはまだ平民の工匠にすぎないが、洪武十五年には、通政使の曽秉政《そうへいせい》が四歳の幼女を売った廉《かど》で、人の親としてあるまじきことと、命じて曽を去勢の刑に処したというから、極刑が高官にも及んだ例である云々。

前の工匠事件は、せいぜい大工たちの資格が二級建築士であるのを詐って一級建築士と申告し、工賃をよくしようと図った程度のことらしく、宮殿造営についての実害があったとも思われないのに、悉く死罪を命じたとは、あまりにも酷に過ぎる処断である。これを腐刑から杖刑にまで引き下げたのは、建設大臣たる工部尚書の必死の諫奏によったものである。この事件は、さいわいにも杖刑という処罰で終わったから、公式の記録には載っていない。

ところが、この年の閏九月、災異があって詔して臣下の直言を求めたのに応じ、平遥県の訓導（県学の教官）の葉《しょう》伯巨という者が上言した。弊政として指摘するところ三項である。

「当今の事、太《はなは》だ過ぐるもの三あり。分封すること太だ侈なり。刑を用うること太だ繁なり。治を求むること太だ速なり」と冒頭し、その第二項の用刑の繁については、「それ刑罰は中を貴ぶ。過と不及とは、みな天討にあらず。すでに仮貸せざれば、すなわち一に大公に付すれば可なり。しかるに刑を定むる際には、みな聖衷《みこころ》より出で、治獄の吏をして趨《はし》りて上の意を求め、深き者は多く功を獲、恕《ゆる》す者は多く罪を獲《え》しむるに至る」と。すなわち、当時の刑罰は法司がすべて太祖の意向を窺い、その意に沿って量刑を少しでも重くして功を得ようとしたことを鋭く指摘しているのである。

葉伯巨のこの上言は、特に第一項の「分封太侈」が太祖の逆鱗に触れ、伯巨は捕られて獄中で瘐死せしめられたという。これでは「直言を求める」と称しても、実際は言論断圧の端緒と口実とを求めたのと変わりはない。そんな矛盾にも頓着しない太祖の横恣と欺瞞と、要するに太祖の酷薄な非人間性が、この時の処置にもよく現われている。「瘐死」とは、おそらく獄吏が太祖の意を迎えて、ひそかに獄中で始末したものであろう。

さらに『万暦野獲編』補遺巻三「賭博厲禁」の条に、洪武二十二年の聖旨というのを引く。いう、「唱《うた》を学ぶものは舌頭《した》を割《さ》く。碁をうち双陸《すごろく》をうつものは手を断つ。円《まり》(毬)を蹴るものは脚を卸す(切断する)。犯すものは必ず法のごとく施行せよ」と。民間の遊芸や競技にまで干渉して、犯す者には肉体刑を科するという。実際にこの刑に遭ったものがあったかどうかは不明ながら、風俗粛正も刑を掲げて恫喝すれば可能だとした、あまりにも単純な威嚇政治であった。葉伯巨のいう「用刑太繁」とはまさにこれであった。

漢人に対する差別のモンゴル王朝の去ったあとに迎えた明王朝が、こんな強圧政治をもって臨もうとは、人民としても逃げどころのない絶望的な思いであったであろう。「求治太速」もまた指摘のとおりであった。

＊

犯罪者に対する当面の刑罰が「繁」にして「酷」であったばかりでなく、刑余者に対する処遇もまた当人の人格の復権を認めない無情なものであった。明・徐復祚『花当閣叢談』巻一「娼盗」に次のように伝えている。

——律にいう、「すべて盗賊にして、かつて刺字《いれずみ》を経た者は、ともに原籍に発《おく》って収充警跡《けいせき》せしめる」と。警跡とは、その人をして狗皮帽を戴かせ、毎月の朔望（一日と十五日）には所司に出頭して査点を受けさせる。夜間には地方の火の番が毎夜のようにその人の存否を問いただす。その門には高さ三尺ばかりの立札を立て、それには「窃盗之家《せっとう》」と書いてある。出入りには匍匐して中に入らしめる。およそ儒学の先生が郷飲酒の礼を行なう時には、その人をして階下に長く跪かせ、宴が終わってはじめて釈放して帰宅させる。「別慝之典《べっとく》」、厳なりというべし云々。

警跡とは刑余者に対する念の入った見廻り監察制度で、入墨者は原籍の地に送り還して謹慎させるだけでなく、服装なども別にして犬の皮の帽子などをかぶらせる。かつ監察司に出向いて点検を受けるほか、門戸に差別の札を立て、郷村の行事には長跪させるという徹底的な監視制度をとったのである。今ならば刑余者に対する過剰な監察行政として、人権問題にもなるところだが、当時はこの制度を「別慝之典」として励行させたのである。「慝」とは奸悪の意。これを常人とは別扱いにするの意である。いわば「要注意人物特別監視措置法」でもあろうか。

これほどの差別的な取り扱いはしないまでも、往時の危険人物に対する特高警察の張り込み、および今の出獄者または執行猶予中の者に対する警察の留意など、これまた明太祖の「警跡」の遺制というべきか。

＊

太祖は皇覚寺の遊行乞食の貧僧より身を起こし、兵伍に入って元末の大乱に乗じて群雄を斬り靡《なび》け、ついに大明の天下を樹立した一代の英傑とされる。しかしその出身の卑賤を終生自覚し、みずから意識するがために、それがコンプレックスとなって事ごとに発露した。一方では陰険な猜疑心となって、常人には理解を絶する形で暴発した。特に皇帝となって以後、法に超越する絶対専制君主となってからは、この陰と陽、賤と貴との両極端が衝突すると、時には非常識ともいうべき着想および勅命となって口を衝《つ》き、ほとんど迅雷の勢いをもって処理せられた。それは常人にはまるで予想もできないような理由からくるものが多かった。

太祖が僧の出身であったがために、特に「僧」とか「禿」とか「光頭」とかの僧を意味する語を忌避した。たとえば明・黄溥《こうふ》『閑中今古録』によれば、杭州の教授徐一夔《じょいっき》が賀表を撰したが、その中に「光天之下、天生聖人、為世作則」の語があった。太祖これを見て大いに怒る。「生とは僧であり、我がかつて僧であったからだ。光とは薙髪である。則は字音が賊に近い」とて、ついにこれを斬に処した。礼部の臣たち大いに恐れ、よりて表文の程式を降さんことを請う。帝みずから文をつくって天下に播告したと。この種のいわゆる文字獄については、顧頡剛「明代文字禍考略」（『東方雑誌』第三十二巻第十四号）に多数の例が挙げられている。

生《ション》が僧《ソン》に通じ、光が光頭から僧の意味となり、則は賊と音が近いなど、まるで語呂合わせか謎あてのような方法で字句のアラ探しをされては、いかなる名文家といえども、不測の災難を避けることはできなかったであろう。

洪武の厳刑主義は、姜南の解釈によれば、元末以来の混乱した風紀を粛正するに厳罰をもって臨み、然る後に礼義教化に入らしめるのだというが、これ実は王朝の祖に対する当たり障りのない表現というよりも、むしろ曲筆した阿諛の言であった。

思うに、帝王としての深慮遠謀というより、太祖の出自からきた猜疑と反撥と威圧、惨虐に対する感覚の鈍麻、絶対専制君主としての超絶的な思いあがりなど、すべて乱世によって形成された太祖の性格や感情生活に起因するところもまた大きい。それは刑罰・量刑が太祖の一時の「怒り」によって咄嗟に決められ、あとで諫奏によって譲歩している例があることでも分かる。

＊

こんな無法にして無類の嗜虐症的皇帝を初代太祖とした明朝の臣民も不幸なことであった。太祖流の猜疑と酷虐は一代を経て永楽帝に受け継がれ、さらに各代皇帝の暗愚による宦官の横恣となって三百年の血肉横飛の刑罰史を綴った。明朝は太祖の惨刑より始まり、王振・劉瑾・魏忠賢の恐怖政治を経て、ついに最後の崇禎帝による亡国の惨を招いたのである。

明朝は中国史においては漢民族による自前《じまえ》の王朝であったが、それで人民が完全に安堵できたわけではなく、歴史についてみると、さまざまの辛酸を嘗めさせられている。ところが、同民族であるという感情から、その記憶も融和され、その分だけ元や清などの異民族王朝の支配に対する悪感情として加算されたことがなかったとは言えない。

明太祖の惨刑の事迹などを読んでいると、明朝は果たして漢民族にとって模範的で幸福な王朝だったかという疑問さえ湧いてくる。

皮を剝ぐ話

中国語で剝削《ボウシユエ》といえば租税などを搾取することである。他人の物を剝ぎ取り奪うからだ。そこでまた剝地皮《ボウティピイ》という表現もあった。これは貪慾非道な地方官などが、苛酷な税を課して人民から搾りあげること、あたかも地面を掘り剝がすように容赦なく徹底的だという意味。転じては、そんな悪徳役人につける綽号《あだな》ともなり、上に張とか李とかの姓をつけて某剝皮《ボウピィ》などとよんだ。

ところが、譬喩どころではなく、実際にも拷問や刑罰に、生きた人間の皮膚を剝ぎ取る剝皮刑というのがあった。もとより刑律に規定された公式の刑ではなくて、恣意による不法の非刑で、一応は禁じられてはいたが、個人的な私刑《リンチ》に属するものに至っては、史上その例にも乏しくない。おそらく各種の拷問や刑罰の中でも、人に激痛を与え、ついには死に至らしめるという点では、火炙りや釜ゆでにも劣らない惨虐なものだろう。それは我々が傷や腫物《はれもの》に絆創膏の小片を貼って、それをあとで剥がすときの跳び上がるような痛さを考えれば分かることである。

剥皮といっても、これには死後と生前との二つの場合があった。すでに死んだ人間の皮を剝いで保存したり、加工して他の道具に使用したりする場合と、生きながら皮を剝ぐ場合とである。前者は刺青をした皮膚を剝いで標本として保存したり、書籍の装幀に使った、いわゆる人革本などがあるが、問題は後者の惨虐行為としての生きた人間の皮を剝がすことであろう。

これらの惨刑については、民国・柴萼《さいがく》『梵天廬叢録』巻十七「剝皮」の条に古今の事例を挙げること十二則に及び、ほぼ他書に見えるところを網羅している。いま同書によって中国剝皮史の概略を窺うことにする。

*

古いところでは、三国・呉の孫皓《そんこう》、性残酷で、人の面の皮を剝いだことがある。賈充《かじゆう》が皓に「なぜ人の面皮を剝いだのか」と問うと、「その顔の厚いのが憎かったからだ」と答えたという。いわゆる「面《つら》の皮をひんむいてやる」とはこれであるが、顔の部分だけで、まだ後世のように全身の皮を剝いだものではなかった。

元の世祖が阿合馬《アホマ》の家産を没収したとき、人皮一枚があった。後に阿合馬の子の阿散《アサン》を誅したときにも、その皮を剝いだという。遊牧の蒙古人なら牛馬の皮を剝ぎ慣れているから、これを刑罰にも応用したのだろう。

明の太祖朱元璋は官吏の取り締まりに厳格で、およそ地方官に貪酷な者があるときは、その人民が京に赴いて上訴することを許した。六千両以上の収賄をした者は梟首の刑に処し、さらに皮を剝いで中に草を塞《つ》め、府州県衛の付近に特に一廟を建てて土地の神を祀り、剝皮の場として名づけて皮場廟といった（この条、『草木子』を引く）。このあとに柴氏は皮場廟について考証を加える。皮場廟とは本来は普通の神祠に過ぎなかったが、明初にはここで皮を剝いだから剝皮の場とされ、この刑が廃せられた後にも廟は遺った。同名の廟は今も各地にあって、俗に瘡疥《そうかい》菩薩とよばれ、瘡《かさ》などの病に禱《いの》れば効験があるという。けだし皮から人間の皮膚を連想し、さらに皮膚病に効くと付会したので、わが江戸時代に笠守《かさもり》稲荷を瘡守《かさもり》稲荷として拝んだのと同趣向の俗信仰であろう。

明の成祖永楽帝に復讐しようとした景清《けいせい》の皮を剝ぎ草をつめて長安門に掛けた。翌朝、成祖の駕《くるま》が通りかかると、縄が断《き》れて駕に落ちかかったので、命じて庫中に蔵せしめたという。この条は『野史』を引くが、すでに清・朱梅叔『埋憂続集』巻二「剝皮」の条にも見えている。

武宗正徳帝の時に兵部尚書劉宇《りゆうう》が内官劉瑾《りゆうきん》に取り入って要路に就いたが、性残忍であった。膳夫（料理人）の王蕃という者、魚を煮るのに蜜を用いなかったのを劉宇が見咎め、ただちに立ってその頬を打ち、かつ家法を命ずる。家法とは紅繡鞋《ホンシユウシエ》といって火熱した鉄製の鞋《くつ》を裸足で履かせる惨刑である。王蕃は足が焼け爛れて歩くこともできないが、それでも不遜の語を吐くのをやめない。怒った劉宇、左右の者を振り返ると、左右心得て王蕃を一空屋内にかかえ入れ、衣服を脱がせて、まず心臓を刺して殺し、ついでその皮を剝ぐ。時に劉宇に面会にきていた客があった。そこへ左右の者が人皮一枚を捧げてきた。客がいぶかると、劉宇は「たまたま膳夫が無礼を働いたので、ちょっと懲らしめてやったまで」といった。客は暫く駭《おどろ》きあきれていたという（この条、出所不記）。

武宗の時、流賊趙瓆《ちようすい》らを市に磔刑に処し、おもだったもの六名の皮を剝がせた。法司が「祖制では禁止されている」と奏したが、武宗は聴き入れず、ついでその皮で馬の鞍や鐙《あぶみ》を製し、武宗はこれに乗って雄武を誇ったという。武宗の剝皮のことは、すでに明・沈徳符『万暦野獲編』巻十八「復辟酷刑」の条に付記されている。

同じく武宗の正徳年間、蘇州の楊能仁という者、その父を殺し死体を焼いて証拠を湮滅した。取り調べにも頑として自供しない。ついに大理寺（最高裁）に送られて、そこで犯行を認めた。裁判官の某が上奏して、能仁の皮を剝ぐことを許可せられたしと請う。裁可されると刑場に護送し、縛を解く。刑手がまず匕首でもって背の皮を尻まで縦に割くと、刑手両名がそれぞれ皮の破れ目から引き割く。皮は糊で貼った紙を剝がすように取れた。半分も剝がないうちに罪人はすでに絶命した。剝ぎ終わったのち大道で陽にさらす。はじめのうちは血が垂れていたが、やがてカサカサに乾き、日にあてると透《す》けて見える。棒で叩くと音がする。十日ばかり陽にさらしてから取り込んだという。これは牛や羊の皮剝ぎと同じ要領で、その惨烈の状を記すこと極めて具体的である。

錦衣衛（明の特務警察）百戸の将校梁次攄《りょうじちょ》という者、富家の楊端《ようたん》と民の田地について争う。楊端が田の持主を殺害するや、梁は楊家のもの二百余人を皆殺しにする。楊端の叔父、すでに老人であるのが井戸に身を潜めた。翌日これを捕らえると、梁が唆《そそのか》してその皮を剝がさせ、それを大通りに張り出させた。人あえて正視する者がなかったと。このあとに続いて『朝野異聞録』から惨刑の例を引くが、剝皮の話ではないから略する。

明の崇禎の末年に一術士が語ったことであるが、熹《き》宗《そう》天啓年間に北京に旅をした。宿屋で五人の者が集まって酒を飲む。中の一人が魏忠賢の悪事を語って、やがては没落するだろうと大言する。他の四人は、あるものは沈黙し、あるものは驚いて、言葉を慎むよう忠告した。しかしその男は豪語していうには、「忠賢いかに横暴でも、このおれの皮を剝ぐことはできまい。おれは奴《やつ》なんか畏れないぞ」と。夜半に至って熟睡する。と、門をあける者がある。燈火で顔を照らし見て、すぐ逮捕していった。ついで他の四人も連れて行かれた。見ると、逮捕された男は門の戸板に手足を釘で打ちつけられている。緋の衣服を着た人が現われた。魏忠賢その人らしい。四人の者に告げる、「この男は、わしがその皮を剝ぐことはできまいとぬかしおった。今それを試《ため》してみよう」とて、すぐ命じて瀝青《れきせい》を全身に注ぎ、槌でそれを叩く。すると間もなく全身がみな脱げ落ちた。その皮はまるで蛇の抜けがらのごとく、依然として一皮人である。四人は大いに驚き、叩首して助命を乞う。忠賢は、彼等をびっくりさせた代わりの虫押えとして、各人にそれぞれ五両を与えて放免したと。

この奇談はすでに『埋憂続集』巻二に『幸存録』を引く。柴氏の引用もこれと同文である。ただし瀝青を塗って叩けば皮がそっくり剝げるものかどうか、その実否は明らかでない。

明末の流寇張献忠は、よく人の皮を剝いだ。その法は、項《うなじ》から尻まで切れ目を入れて裂き、これを前方に剝いで張ると、鳥が翼を展《ひろ》げたようになる。その人はほぼ一日を経て絶命する。即死することがあると、刑を行なった者が罪に座して殺される。行刑者がかつて人に語った、「わしは先後六十余人の皮を剝いだが、最も剝ぎやすいのは痩せた人で、皮膚に脂肪も筋肉もないから簡単に剝げる。最も剝ぎにくいのは脂肪肥りの婦女で、小刀で裂きながら剝がないと、皮と肉がくっついて作業が終われない。そして両方の乳房が一番苦労するところだ」と。

清代では二例をあげる。

権相和珅《わしん》が誅せられ、家屋が没収された時、屋内から人皮一枚が発見された。中には草をつめ、外面は漆が塗られ、朝服（礼装）を着け、蜜蠟の珠一串（いわゆる朝珠《ちょうしゅ》のネックレス）を掛け、手には金一錠を持つ。没収に立ち合った慶桂《けいけい》が家人に何の像かと問う。家人は跪いて答えた、「実は和閣下がご存命のころ、若君が狩猟に出られた先で、ある人から侮辱を受け、帰ってこれを父君に訴えた。総管の劉全《りゅうぜん》どのが申し上げて、即刻その人を捕らえてきて皮を剝がないと閣下のご威光にかかわるという。閣下も頷いて、その人を捕らえてきて数千も鞭うったのち、その皮を剝いだ。閣下は人皮こそは希世の珍として保存を命ぜられた。そこで劉全はこれを乾して腊《ほしにく》とし、中には草をつめた。初めのうち皮は倉庫内に納めておいたが、夜になると鼠が嚙ってガサガサと音がする。人々は人皮が祟《たた》るのだと思って閣下に申し上げると、閣下も亡霊を恐れ、これに衣冠を着けさせて室内に供《まつ》り、閣下は参内のたびに必ずまず人皮像の前で一揖し、香を焚いてブツブツと何事かを唱える。声が低いので聴きとれなかったが、おそらく怨みを忘れてくれるよう黙禱していたのであろうと。慶桂がこれを密奏すると、嘉慶帝これを聞いて大いに怒った。しかし人皮像がどんなものか見たことがなかったので、命じてひそかに運びこませた。一見して駭然。こんな不祥の物を世間に留めてはおけないとて、内侍に命じてすぐさま焼却させたという。

最後の一例は、四川総督琦侯《きこう》の随員張某のこと。張が某地の長官として赴任したとき、一遊民が蝦蟇を殺しているのを見て大いに怒る。時に三伏の暑い日で、その男を裸体にさせ、厚い皮に糊を塗ったものを全身に貼りつけ、烈日に暴《さ》らさせる。下役に命じて次々にそれを剝がさせると、男は全身の皮が剝がれて死んだ。よって人よんで張剝皮といったと。

*

以上は柴氏のあげた諸例であるが、ここにあげられていない宋代にも実はあったらしいことは、たとえば『三朝北盟会編』巻二三二、紹興三十一年（一一六一）九月二十九日付の「招諭榜」に、金人の来襲を防ぐために兵を招募する前に、除去すべき弊事として「淫酷之刑」をあげる。それは滅族・剝皮・油煎・鋸解・鈎眷の類とあって、剝皮の刑が見える。やはりどこかで行なわれていたのだ。宋金抗争の戦時中だから殺伐だったのである。

また『夷堅志』支乙巻八「楊政姫妾」の条は一将軍の淫虐に関する話である。

楊政《ようせい》は紹興年間の秦中（陝西）の名将で、官は大尉に至ったが、資性慘忍で殺人を嗜んだ。陝西興元府に駐屯したとき、幕僚を招待して宴会を開いた。李叔永という人、席半ばに立って厠《かわや》にゆく。従兵が燭を手にして案内する。曲折してあたかも長い小路のようである。両側の壁を見ると、隠々として人の影らしいものが見える。画かと思って近寄ってみたが筆跡らしいものは見えず、また面目相貌もない。およそ二、三十体、どうにも合点がいかない。従兵に問うと、兵は前後を見廻して人のいないのを確かめてから、そっと告げた、「楊閣下の姫妾は数十人、みな音曲に達した者ばかりです。ただ少しでも気に入らないことがあると、必ずこれを杖殺し、顔面はその皮を剝ぎ、手から足までこの壁に釘で打ちつけ、乾いて硬くなるのを待って、はじめて外してこれを水に投げこむ。これはその皮の痕跡です」と。聞いた李叔永は悚然《ぞっ》となって出たという。

これ、いささかは怪談じみてはいるが、造り話とも思われず、かなりリアルな迫真性がある。面皮だけを剝いだのは美女だったからか。これも武人の惨忍性からきた剝皮の私刑の例であった。

清末・李伯元の刑獄小説『活地獄』第四十回にも大紅袍と称する剝皮の拷問が描かれている。その手順は、牛皮をドロドロになるまで煮つめたものを罪人の全身に塗り、その上に麻織りの布片を貼りつける。乾いて密着したところを絆創膏剝がしの要領で、一枚一枚と剝ぎながら訊問する。皮膚が一緒に剝がされて赤裸《あかはだか》になるという。

これは小説だから実例にはできないかも知れぬが、その順序は前の張剝皮とほぼ同じである。これを大紅袍と称したのは、皮が剝がれて赤裸になったさまが、真紅の袍《うわぎ》を着た姿に見立てられたものである。熱鉄の沓《くつ》を履かせる紅繡鞋と一対になる命名であった。

人皮で製した太鼓のことは明・朱国禎『湧幢小品』巻四「人皮鼓」に見える。北固山(江蘇鎮江)の仏院に人皮鼓がある。嘉靖年代に、都督の湯沂《とうき》東《とう》、名は克寛《こくかん》という人が、海賊の王艮《おうこん》を誅してその皮を剝いでなめしたもの。その音は他の太鼓よりもやや響きがよくない。けだし人皮は厚い牛皮に比べると永持ちがしないからであろうと。

また流賊張献忠の造らせた人皮鼓のことが『梵天廬叢録』巻三十五に見えている。四川万県の東郭にある一小寺に太鼓一面がある。叩くとあまり強い音は出ない。しかし透きとおっていて、光を映すとその内部は燈籠に火を入れたように見える。寺僧の話によると、それは張献忠の軍中で用いた人皮鼓で、叩く撥《ばち》は巨大な手骨で造ってあるという。献忠は人を殺すたびに、図体の大きなやつ二人を選んで、皮を剝いで燈籠や太鼓につくり、歯は骰子《さいころ》につくり、足の小脛骨は太鼓を載せる支柱とした。のちにはその生ぐさい臭気を嫌って、悉く棄てた。寺ではその一個を手に入れ、寺宝として保存しているのだと。

*

まことに人間性の凶猛酷烈なること、この剝皮の惨刑において端的に示されている。生きながら剝ぐに至っては、その系列は後のいわゆる生体解剖にも連なる。これを「悪魔の飽食」といわんよりは、その狂気の淫虐症を伴うところ、むしろ「悪魔の哄笑」ともいうべきか。畏るべきかな。

活埋のこと

周作人先生の『苦竹雑記』に「関於活埋」の一篇がある。人を土中に活埋《いきうめ》にして殺した例を、古くは秦風「黄鳥」の詩や、いわゆる焚書坑儒の故事以下、内外にその事例を求めているが、日本や英国での例を除くと、中国での実例としては、やっと民国二十四年九月十九日付「大公報」に載った河北玉田県にあった二例をあげるだけである。

すでに別の手段で殺害した死体を始末するために土中に埋めるのは通常のことであるが、活埋は事後の処置ではなく、殺害方法そのものであり、同時に死体処理をも兼ねる点が異常である。

民国十二年序の汪大俠『奇聞怪見録』に「活埋親兄」の一篇があり、弟二人がその実兄を活埋にして殺したという事件である。

安徽省は石埭県の北郷の村に項《こう》天来という一応の資産家があった。その弟の天才と天貴の両名、賭博に耽って金遣いが荒く、借金の返済に困っていた。長兄の天来が家計を管理し、計算も厳密で、弟たちも手が出せなかった。弟の天才はこれを怨み、末弟の天貴と密謀して兄に掛け合い、財産分けをして自由にしたいと騒ぎ立てていた。しかし兄の天来は弟たちが身持ちが悪いので、断乎として許さず、やがて口論となり撲り合いとなった。天来は独りでは勝てず、ついに撲られて負傷し、虫の息となった。弟たちはそれでも足りずに、深夜に乗じて瀕死の兄を深山に担いでゆき、これを土中に埋めた。埋めるとき兄はまだ言語を発して助命を哀願したが、弟らはこれを無視して、ついに活埋にした。翌日、村人がこれを知って官に訴え出る。しかし弟らは数百金の贈賄をして事を内密に処理しようとしたが、県知事が弟らの無残な犯行を調べあげて係官を派遣し、犯人二人を逮捕して審理の上で死罪に処したという。

これは族人間の利害や怨恨からの活埋事件で、まだ生きているのも構わず埋めたのだから凄まじい。

盗賊による戯楽のための活埋事件が古く宋代にあった。宋・孫升『孫公談圃《だんほ》』巻下に見える。蒲恭敏、名は宗孟という人が山東鄆州《うんしゅう》に知州となったとき、黄麻胡とよばれる盗賊があり、良民を脅かして自分で地を掘らせ、これを逆さに埋め、その足の動くのを見て戯楽とした。蒲知州はその党を捕獲するや、まずその足筋を剔去し、しかる後に法に処したという。

梁山泊で知られた山東の盗賊団のことであるから、無辜の良民を殺すことはあっただろうが、単なる戯楽のために生きながら頭から土中に埋めたとは、最も残虐無道の事例ということができる。

これとは逆に、役人が盗賊を捕らえて活埋にした話が、清・呉陳琰『曠園《こうえん》雑志』巻上「活埋大盗」の条に見える。永寧の総制于《う》成龍が黄州同知の官であったころ、大盗賊が野廟を巣窟にしていた。于成龍は敝衣《ぼろ》を着け、姓名を楊二とかえて賊の仲間入りをし、十日ばかりの間にその凶状を調べあげ、ひそかに捕方《とりかた》を呼んでこれを捕縛させた。賊は、おれたちを捕らえたのは誰かと下役に問う。それは于公だと答えたが、進見するにそれは仲間の楊二だったので、賊はすぐ罪に服した。于公は堂より下りて酒を酌み、遍く賊に飲ませた。曰く、廟中一日の交わりを思い、いささか一樽をもって訣別する。特に汝らを刑戮より免れしめん、とて棺を舁《か》いて来させ、悉くこれを活埋にした。後に両江の総制となったが、強暴みな跡を斂《おさ》め、一時神と称せられたという。

斬首の刑だけは免じてやるとて、生きながら納棺して埋めたとは穏便に以て実は痛烈。所詮は法定の刑罰ではなく、いわゆる見せしめのための非刑であった。

また『遼史』巻十四の聖宗本紀によれば、統和二十四年夏五月壬寅に炭山に幸して清暑し、皇太妃の胡輦《これん》を懐州に幽し、夫人の夷懶《いらん》を南京に囚え、余党はみなこれを生瘞《いきうめ》にしたと。殺伐な北方氏族だけに殺人方法も尋常ではなかった。他にも種々の酷刑が用いられたこと、清・蔣超伯『南漘楛語《なんしんこ》』巻五「遼刑最酷」の条に刑法志を引いて述べている。

圧縮ミイラ

南米アマゾンの奥地に住むヒバロ族は、かなり獰猛《どうもう》な種族らしいが、敵の部落を襲って首狩りをしたあとで、それを乾首とか圧縮首とかよばれるものに製作する不思議な風習と技術を持っていることで探険家や人類学者のあいだに知られている。探険記や旅行記などにも、よくその写真が掲げられているが、現《げん》に天理参考館にも、ほぼ完全に保存されたもの二体が所蔵されていて、見物人はみな気味悪そうにケースの中を覗きこんで、どうしてこんなものを作ったのだろうと、半信半疑で見て通りすぎるのである。

人間の頭を頸部のところで切断し、その切り口から中の頭蓋骨などを除去し、ある種の薬剤で乾し固めて、直径二、三寸の嬰児の首ほどの小ささに圧縮する。頭髪も長くさんばらに垂れ、首の色は暗褐色。見るからにグロテスクなしろものである。製作工程はその種族だけに伝わる秘法で、使用する薬品も不明だそうである。もっとも、黒沼健氏の読み物『秘境物語』に収めた「人間の首の乾物」によると、ルイ・コットローというアメリカ人が実際に見聞したこの乾首——現地語でツァンツァというらしい——の製作工程が詳しく紹介されている。

＊

東洋では仇敵の髑髏を細工して盃に用いたり、またはラマ教のように法器として使ったような例はあるが、こんな用途不明の乾首を造ったという例は聞かない。

しかし元・陶宗儀『輟耕録《てつこうろく》』巻十四に「人腊《じんせき》」（人間の乾物）と題する一条があって、乾首どころか、一歩を進めて全体の乾人形、もしくは圧縮ミイラのあったことが記録されている。

元の末年、至正二十五年（一三六五）の春に、金国宝という者が「人腊」を持って売りにきた。見ると、その形は六寸（約二〇センチ）ばかりで、口・耳・目・鼻とも普通の人と変わりはなく、おまけに髭《ひげ》まである。頭髪は臀部のあたりまで垂れさがり、髪の色はみな黄色、その中には一本の白髪がまじっていた。全身には二分ばかりの黄色の毛が生えている。臍の下の陰物を見ると、それは男性であった云々。

これに続けて陶宗儀は次のように記す――「伝えるところでは、元の世祖フビライの至元年間（一二六四―九四）に外国から献上されてきたもので、それを国公の阿爾哥《オルコ》に賜わった。死人の背のところから断ち割り、内臓を除去したあとへ他物を詰め、縫合して乾燥させたもので、今日まで異状なく遺っているのだそうである」。

これによると、「人腊」の製法はミイラに似ているが、ミイラと異なるところは、少なくとも五尺以上はあったはずの成年男子を、わずか六寸程度に縮小する点である。これはよほど精妙な化学的処理を加えなければできることではない。まして軟骨から成る陽物までそのままに縮小するのは、まさしく秘法中の秘法であろう。

実物が遺っているわけではないから、真の人間の乾燥人形なのか、それとも巧妙な贋作なのか鑑定するよしもないが、外国からの献上品だったということを信用するかぎりでは、中国産ではなかったらしい。中央アジア産かアフリカ産か南米産か来歴不明であるが、とにかく人首・人体の圧縮乾燥処理の技術は、南米アマゾン地域だけの特技だったともいえないようである。

＊

清・劉献廷『広陽雑記』巻二に、一友人が北京で一篋を見たるが、中には烏思蔵《チベット》の歓喜仏二躯を蔵し、男女交媾の状をなし、金属でも石でも木でもない、さながら血肉で、鬚髪ともにみな真《ほんもの》、その何物であるかを知らなかったとある。実見した人が判別できなかったのだから、今となっては、どうにも判定のしようもない。等身大ならば男女のミイラに手を加えたものということにもなるが、寸法を記さないからそれも不明である。

肉身の交媾によって天地交歓の法悦を表現する抱擁歓喜仏ならば、泥塑よりも金銅製よりも、少しでも肉身に近づけることに製作者は腐心したのではあるまいか。

筆禍

清代のいわゆる文字獄もしくは筆禍事件は、その規模の大なると処分の苛酷なることでは歴代その比を見ない。

前王朝の明代にもこれがあったが、それはただ明太祖が僧の出身であったのを譏《そし》るのを嫌ったという類の帝王の個人的な好悪の情から出たものが多かったが、異民族出身の満州王朝の場合は、そんな個人感情から発したものではなく、実に華（漢民族）と夷（異種族）という大きな民族感情の衝突によるものだったから、その対応は重大な政治問題とならざるを得なかった。

李自成軍の帝都占領と、呉三桂の手引きとにより、やすやすと濡れ手で粟の入関（山海関入り）を果たして紫禁城の主となった愛新覚羅氏は、当然のように漢民族の排外感情に囲まれ、いずれは思いきった強引な手を打って、この民族主義《ナショナリズム》の相剋を、無理を承知でも処理しなければならなかった。雍正時代に起こった呂留良一門の粛清は、その学説そのものが朱子学流の華夷の別を強調するものであったとはいえ、門弟まで悉く処分され、すでに葬られていた呂留良の遺骸も掘り出されて凌辱を加えられるという大規模で異常な事件にまで発展した。

呂留良の場合は、その思想・学説そのものに清朝としては棄て置けないところがあったからだが、これをきっかけとして反満反清の不穏な字句をもつ書籍の総点検が始まり、いわゆる「違礙書籍」の大捜索が行なわれて、禁毀書・抽禁書という処分に進み、ついに転じて四庫全書の編纂という表面的には輝かしい文化事業にもなったのだから、「文化」という名目ほど怪しげな裏のあるものはない。「文化」はいつの世でも政治を先導してその露払いを務めるか、もしくは後続して後衛宣撫班の役を受け持つのである。

＊

ところで、呂留良事件のような場合は、その学説および学派の勢力からして清朝としては座視できなかったにしても、他の禁書類に見られる筆禍は、ただその執筆の時期が明末清初にあたり、偶然に民族感情を漏らしたに過ぎないという程度のものが多かったが、筆禍さがしも種が尽きかけると、地方官はそれこそ宝探しをするように、筆禍にかけられそうな書物を捜査し、さも驚天動地の大事件であるかのように誇大に報告して功を争うようになる。それも明らかに清朝を誹謗したり不敬の言辞を弄したりするものならばともかく、詩歌のようなとりとめもない作品にまで目を光らせ、その辞句を強引に曲解すること、あたかも猜謎《なぞあて》に類する付会をして無理に事件に仕立てることもあった。

諺にいう「毛を吹いて疵《きず》を求める」とは、もともと疵が隠されている場合であるが、この類の筆禍さがしは、疵のないところにも疵があるかのごとく一方的に断定するもので、これは中国古来の文人詞客が好んだ「隠語」や「字謎」と同じく、望文生義、むりやりに辞句を反満に付会し、これを不敬事件らしく捏造して点数を稼ごうとするもので、そんなことは、地方官と配下の胥吏《しょり》との暗黙の合意があれば不可能ではなかった。

その一例として、『清実録』巻一一五六、乾隆四十七年（一七八二）五月の乾隆帝の上諭をあげる。本文のままの訓訳ではなく、その大意をとって訳述する。

諭して曰く――譚《たん》尚忠の奏によれば、安徽歙《きゅう》県のすでに物故せる貢生の方芬《ほうふん》という者、その著の『濤浣亭《とうかんてい》詩』が、狂悖《きょうはい》の語が多く、その玄孫の方国泰が隠し蔵して自首しなかったという事件で、物故した方芬の墓を暴いて屍を戮《りく》し（斬刑）、その詩集を隠匿した方国泰は「大逆知情容隠律」（叛逆を知りながら秘匿した罪）に照らして斬罪に処したい旨の要請であるが、その処理は殊に当を失する。

　称するところによれば、方芬の詩集の内に、「征衣涙積燕南恨、林泉不共鳥啼新」（征衣に涙は積む燕《し》南の恨、林泉は共にせず鳥の啼くことあらたなり）とか、「乱剰有身随俗隠、問誰壮志足澄清」（乱のなごりに身はあり俗に随いて隠る、誰にか問わん壮志の澄清するに足るを）とか、または「蒹葭欲白露華清、夢裏哀鴻聴転明」（蒹葭は白まんと欲して露華清し、夢裏の哀鴻　聴くことうたた明らかなり）などの句には、その表現は隠約で、清を厭い明を思うの意があって、もとより狂悖に属するけれども（これは強弁。清だの明だのという字は押韻しただけで王朝のことではない）、ただ書生が兵火に遭遇し、各地に逃げ廻って不平を鳴らしたのは、公然と本朝（清朝）を誹謗するものと較べることはできない。

　方芬は貢生のままに年老い、貧にして無聊、抑鬱して志を得なかったため、詩意の牢騒（不平と嗟嘆）はあるはずだし、ましてその人はすでに死している。朕としてはこれ以上ひどいことはしたくない。もしかくのごとく大逆の罪に坐せしめるならば、たとえば杜甫の集中などにも窮愁の語が最も多く、孟浩然にさえもまた「不才明主棄」の句がある。それをしも悖逆《はいぎゃく》ということができようか。これら失意の人々が、民間にあって、ひそかに嘯詠《しょうえい》する者は甚だ多いはず。もし必ずいちいち追求し、法律で縛るとすれば、「詩は以って志を言う」は、かえって人々をしてみずから危うくさせることになり、どこにも身を安んずるところはなくなるではないか。

以前にも河南の祝万清の家祠の扁対（柱に掛ける対聯）、および湖南の高治清が刻した『滄浪郷志』について字句の疵を求めたのは、処理が行き過ぎであったこと、しばしば旨を降して各督撫に通諭し、文義に拘泥して、わざと追求してはならないと伝えたことを、譚尚忠は知らなかったとでも申すのか。

この一件は刑部に交付し、この趣旨に沿って別に審理し具《つぶさ》に奏上せよ。もし方芬の詩集の中に、あるいは別に不法の字句があって、上奏中にあげるだけに止まらず、刑部がまだ指摘しないか、もしくは敢えて上奏しない語句があるならば、並びに刑部をして詳細に調査せしめ、再び審明して旨を請わしめよ。もし別に不法の字句がないならば、それ以上は審理する必要はない。

朕はおよそ何事につけても行き過ぎはしない。言語文字においてだけ過度の憶測をなそうや。各省の督撫は、よく朕の意を体し、この通諭をば中外に知らしめよ。

＊

さすが記録的に長く帝位に在って政務に熟達した乾隆帝だけあって、沈着冷静に事態を見て判断している。殊に戦乱と流離に苦しめられた市井の老書生の詠嘆など、それはありふれた身世の感慨に過ぎないといっているところは、人情と文芸とを解する知識人の言として素直に肯定することができる。

それに反して譚尚忠輩のごとき俗物が、大逆を言いたてて、あわよくば文字獄を演出し、それによって耳目を聳動《しょうどう》し功を立て名を揚げようと、「吹求」すなわち毛を吹いて疵を求めるどころか、文字面だけの一方的な曲解をして、さも大事件であるかのように騒ぎたてる。おまけに、すでに物故した本人の墓を暴くだの、その子孫を斬に処するだの大袈裟に捏《でっ》ちあげるとは笑止千万で、察するに、これで地方官としての点数を稼ぐほか、関係者を脅《おど》して私腹を肥やそうとの下心もあったのだ。乾隆帝はその辺まで見通して、その行き過ぎを叱責したのではないか。

文字獄だの筆禍事件だのと騒いでも、大抵はこの程度の他愛もないもので、地方官に秕《ひ》政《せい》の口実を与えるだけのものであったようだ。奴隷はその仕える主人の威を借りて主人よりも残酷なものだといわれる。清代の官吏も、多くはその例に漏れない。他の王朝とちがって、異民族出身の王室を戴く王朝であったことが、かれら奴隷たちにもう一種の人民弾圧の口実を与えたのである。

駙馬小史

昔話や弾詞《だんし》小説など、中国の通俗読み物には、時おり次のような場面が出ることがある。——ある国の王女さまが齢ごろになったので、婿どのを選ぶことになり、王宮前の広場に綵楼《さいろう》とよばれる五色の布で飾った高いやぐらを建てる。楼の上に登った王女さまが、手に持った五色の糸でかがった毬《まり》を投げ落とす。楼下の広場には無数の若者が集まって犇《ひし》めいている。王女の投げた毬が首尾よく命中した者が、王女の婿どのに決まるという公約になっている。その群衆の中に、飄然と現われた一人の若者、それはそんな催しのあることも知らず、旅の途中で立ち寄ったか、または乞食のような貧しい風来坊だったとしてもよい。とにかくその若者に王女の投げた毬があたり、若者は公約どおり王女の婿に取り立てられ、官も駙馬都尉《ふばとい》に任ぜられたというのである。

まるでシンデレラ姫を裏返しにしたようなお伽噺めいた物語であるが、配偶者を決めるのに果実や花や毬を投げて相手にあてるというのは、中国の古風俗や西南異民族の婚俗にも見られたことで、この趣向はお伽噺にふさわしく、またロマンティックでもある。ただし、王女の婿どのに決まった若者が駙馬都尉という特別の官職名を授かるというのは、物語作者のでまかせの着想ではなく、中国では現実にもそれが歴代の慣例になっていた。

＊

皇女は日本の古称ではヒメミコ、今の称では内親王である。中国では公主《こうしゅ》というのが通称であった。これに準じて、帝の姉妹は長公主、帝の伯叔母にあたる女性は大長公主とよばれた。

ところが、宋・徽宗の政和三年（一一一三）には古来の公主の称を廃して帝姫《ていき》とよぶように定められた。この改称は当時からすこぶる不評で、北宋末年の北方女真《ジュルチン》軍の侵入からくる世情不安のせいもあって、「主」がなくなるというような予言めいた流言も行なわれた。やがてそれが適中し、靖康《せいこう》の変（一一二七）で徽宗・欽宗の二帝をはじめ皇族の大半が金軍の人質として東北辺陬《へんすう》の地に拉致されていった。一時的にせよ宋王朝の「主」がなくなったのである。

帝姫改称より十数年を経て、事変後の建炎元年（一一二七）六月八日、臣僚の建議により、再び公主の旧称に復するよう改められた。その理由は、古代の婦人はその姓を称したから、周では王姫とよび、他に宋子・斉姜などみなそれである。本朝は姫姓ではないから帝姫と称することはできないというのである（宋・呉曽『能改斎漫録』巻十二）。理由づけはともかく、実際は帝姫の称に対する不評を考慮して、呼びなれた旧称に復したのであろう。だから南宋の初年では混乱したまま公主と帝姫との両方が用いられていた。

ところで、公主が適齢に達した際の婚姻についてはどうだったかというと、臣籍降下というような身分変更をすれば問題は少ないのであるが、中国では帝王の権威を保つために、公主の地位をもそのままとし、逆に臣下中より適当な若者を選び、これを名目上の格式だけを引き上げて公主の配偶者と定めた。この下位者が上位者を妻とする婚姻方式を「尚《しよう》」とよんだ。尚は配の意。その際の礼遇措置として配偶者に駙馬都尉の官職名を授けたのである。

駙馬都尉の由来については『陳書』巻十七の袁枢《えんすう》の伝に詳しい。袁枢は梁の呉郡の太守袁君正の子で、梁の紹泰年間（五五五―五五六）に尚書となったが、博聞強識で歴代の故実に明るかった。

初め陳の武帝の長女永世公主が、さきに陳留の太守銭《せん》氏に嫁して一子を生んだが、公主も一子もすでに梁代に卒していた。武帝即位するに及んで公主に追封したほか、銭氏にも駙馬都尉の官を贈ろうとした。時に袁枢が議していう、「むかし王姫が下嫁するや、必ず諸侯に嫁した。漢代に入ると列侯が主を尚し、それより以後は嬪を素族（門閥なき者）にも降した。駙馬都尉の称は漢武帝の時から置かれた」。またいう、「およそ公主を尚する場合には、必ず駙馬都尉に拝したこと、魏晋以来、瞻準《せんじゅん》（明白な規準）となっている。けだし王姫の重きと庶姓の軽きとをもって、もしその等級を加えざれば合巹《がっきん》の礼は挙げられない。故に駙馬の位をかりて皇女を崇《たか》くするのである」と。つまり現存する皇女の社会的地位を保つために配偶者にも職位を与える。されば永世公主がすでに薨《こう》じ、伉儷《こうれい》も絶えているからには、改めて駙馬を授ける必要もないとて、銭氏に対する駙馬追贈の議は沙汰やみになったという。

駙馬とは天子乗用の御馬《ぎょば》の副すなわち予備の替え馬のことで、都尉とはそれを主管する侍従官の名称である。ただし実際の職務がそれだったというわけではなく、公主の尊貴に釣り合いをとるため、慣例としてその職名を授けたので、いつしか駙馬とは公主の婿の称に限定されるようになったのである。その人の才幹によっては、都尉のほか承信郎（印璽保管の職）その他の別の官職に任ぜられることもあった。

ついでにいうと、宋代では公主に準じて宗族の王女には郡主・県主の称が与えられ、その配偶者を俗に郡馬・県馬とよんだという。馬の字がつくのは駙馬からの連想であろうが、品位のない名称で、なんとなくわが俗語のタネツケ馬やアテ馬が想い合わされて滑稽である。俗間あるいはそのような存在として成り上がりの婿を蔑視する気分があったかもしれない。

*

駙馬制度の沿革や故実の詮議は、さして興味のあることではない。それよりも、この制度による婚姻が、はたして栄光に包まれた祝福すべきものとして行なわれたかどうかである。

なにしろ、皇女に対する無名の臣下という身分差の歴然とした組み合わせである。上段と下段と、まるで二段ベッドのように上下に分けたままで、しかも一対の夫婦になれというのだから、その無理は初めから承知の上であろうが、婿に選ばれる男性にとっては、やはり相当の屈辱を覚悟しなければならぬことであった。

南唐・尉遅偓《いちあく》『中朝故事』（南陵徐氏随弇叢書第四）によれば、唐代では搢紳《しんしん》の子弟はみな公主を尚することを怯《おそ》れたという。その理由は、帝の戚《みうち》という威勢が強いため、公主はみずから群僚を置き、邸宅や倉庫や乗り物も多い。邸内にはそれぞれの建物が分かれていて、集会もそれぞれ異なる。公主は親戚とともに宴に集まり、あるいは外に出て遊ぶ。しかるに駙馬はこれに預かることができない。公主はすき勝手な振る舞いをして、往々にして数朝も顔を合わせることがないほどである……。

ただ于琮《うそう》相国が尚した広徳公主すなわち懿宗《いそう》皇帝の妹だけは違って賢夫人であった。于琮が韋保衡《いほこう》に謀られて韶《しょう》州の刺史に貶《おと》され、薬酒を与えられたとき、公主はこれを罵り、薬酒を奪ってこれを擲《なげう》った。つねに于公の手を執り、公の腰帯を握って坐す。およそ経歴するところの州郡の官吏もあえて参迎せず、途中は肩輿に乗り相対して行った。後、はたして詔により京師に喚び返され、太子少傅を授けられ、ついで右僕射《うぼくや》に除せられたのは、公主の力によったものといわれた。

于琮の伝は『旧唐書』巻一四九および『新唐書』巻一〇四に見える。礼部尚書于休烈の第四子。進士出身ながら格別の地位も与えられないでいた。宣宗の時に公主を尚する士人を選ぶ旨の詔が下った。時に駙馬都尉の鄭顥《ていこう》が于の人物を認め、応募することを勧めた。初めは永福公主を尚するはずであったが、まだ降嫁しないうちに話は立ち消えになった。丞相が宣宗の意中を伺うと、永福公主が宣宗と会食をした際、何に機嫌を損ねたのか、公主は帝の前で箸を折ったことがある。そのような驕慢な性情では士大夫の妻とするには適《ふさ》わしからずとて、改めて第二皇女の広徳公主の婿として駙馬都尉に拝せられた。唐末の黄巣の長安占拠で、于公に丞相となることを強要せられたが、唐室の親姻たるの故をもって義として命を受けずと拒否し、ついに黄巣に害せられた。公主も于公と運命を共にしたいと請うたが許されず、ついに室に入り自縊して果てたという。広徳公主の賢夫人ぶりは咸通・乾符すなわち懿宗・僖宗の両代に評判であったと『旧唐書』に特記してある。この公主などは、閨訓を遵守して夫君を立てたもので、むしろ例外といってもよいほどであった。

＊

駙馬に関する考証は、宋人の随筆類にも多く見える。欧陽修『帰田録』をはじめ、失或『萍洲可談』巻一、葉夢得『石林燕語』巻五、王闢之『澠水燕談録』第五、呉曽『能改斎漫録』巻五・巻十二、馬永卿『嬾真子録』巻五、洪邁『容斎随筆』第十四・第十六など。ただし故実の考証にもっぱらで、宋代駙馬の実情については、これらの随筆書からは詳細を知ることができない。

下って明代になると、かなり詳しい記述が見られる。特に駙馬の受難と屈辱の実例が、沈徳符『万暦野獲編』巻五「駙馬再選」「駙馬受制」の条、同書補遺巻一「主婿遭辱」、劉若愚『酌中志』巻二十二、謝在杭『五雑俎』巻十五などに見えている。

明代では内廷にはつねに宦官が跋扈したから、駙馬の選出にも多くは太監の収賄による醜い裏工作が行なわれた。沈徳符の記すところによれば、たとえば孝宗の弘治八年（一四九五）、太監の李広が富民袁相《えんそう》なる者の重賄を受け、これを徳清公主の駙馬に選んだ。婚儀の日も近づいたとき、御史に告発されたため、勅旨により袁相を廃して別に候補者を選ばせることにした。太監蕭敬《しょうけい》らは選婚を謹まなかったとて責任を問われたが、李広の収賄については不問に付されたという。どうせ内廷の奥ふかく立ち罩《こ》めた「黒い霧」に隠されてしまったのであろう。

世宗の嘉靖六年（一五二七）には、永淳公主を降嫁させることになり、礼部において婿選びにあたる。時に永清衛軍の余陳釗《よちんしょう》が候補者の第三位に挙げられていたのを、帝がみずから選んで駙馬と定めた。しかるに選婚官の余徳敏が、余陳釗の一家に悪疾の遺伝があり、かつその母も再婚の側妾であるから、公主を尚するには不適格だと奏した。これに対して礼部郎中の李浙《りせき》が余徳敏のいうところは妄言であると反駁した。そこで改めて謝詔という者を選んだ。成婚二十日の後、礼部儀制司主事の金克厚を師として謝詔に経書を学ばしめた。この謝詔は若禿で髪が少なく、ほとんど髻《もとどり》に結えないほどであったが、それでも嘉靖の末年に至って卒するまで四十年の富貴を享けることができたという。

神宗の万暦十年（一五八二）、帝と同母妹の永寧公主が降嫁するにあたり、京師の富家の子の梁邦瑞という者が選ばれた。この男は結核を患い、ひどく痩せているので、人々は危惧したが、実は太監の馮保《ふうほ》が数万両の贈賄を受け、かつ宰相張居正の支持と慈聖太后の同意とを得ていたので、ついに駙馬に決定した。やがて合巹《がっきん》の礼を挙げたが、梁は鼻血が両孔から垂れて止まらず、礼服を汚すという醜態で、ほとんど婚礼の体をなさなかったが、それでも太監どもは鮮血をば掛紅《おめでた》（吉事に垂らす紅い絹布）の吉布だなどと阿諛してお祝いを述べた。成婚の後、一箇月もしないうちに梁は再起できず、公主は寡婦となること数年にして卒した。ついに夫婦房中の事も知らず、なお処女のままのごとくであったという。数万両の献金と引き替えに、瀕死の病駙馬を選んだ結果がこれであった。

また『酌中志』によれば、神宗の第七女寿陽公主は鄭貴妃から生まれた皇女で、駙馬を選ぶにあたって顧《こ》姓のもの二名、冉《ぜん》姓のもの一名が候補者にあげられていた。冉は固安県の出身、顧は両名とも京師の人である。時に夏の盛りで、御前親選の当日、顧姓の両名は上から下まで瀟洒な服装で臨んだが、冉姓だけは衣装も新しいわけではなく、円い帽を戴いたままで兢々として叩拝するばかり、あえて仰ぎ視ることもしなかった。ところが神宗は指さして鄭貴妃に合図をし、ついに冉氏の子の興譲《こうじょう》という者を選んだ。実はその老成ぶりを好しとしたからであるが、成婚後数年して逃げ帰り、勅旨により罰を受けたという。

この冉駙馬に関する事件というのは、沈徳符によれば管家婆《コアンチアポウ》とよばれる公主付きの老女の横暴と凌虐とが直接の原因であった。

沈徳符いう、「公主が降嫁する際には、慣例として老宮人を遣わし、閤中の事を掌らせる。これを管家婆と名づけて、駙馬を奴隷のごとく蔑視するはいうまでもなく、公主の行動さえ毎々制約を受ける。駙馬に選ばれてから王府に住むようになるまでには、必ず数万金を徧《あまね》く内外に贈って、はじめて夫婦生活に入ることができる」と。

寿陽公主は冉興譲を夫として数年間は夫婦仲もよかった。たまたま仲秋の晩、公主が駙馬を召された。しかるに管家婆の梁盈女《えいじょ》という老女、これがたまたま情夫である宦官の趙進朝と酒を飲んでいたので（内官と宮女と夫婦同様のカップルがあり、これを「菜戸」とよんだ）、盈女に告げることもせずに奥に入った。慣例違犯だといって盈女は大いに怒り、酔いにまかせて駙馬をさんざんに殴打した上に追い出した。公主がとりなしたが、それでもまだ罵りつづけていた。公主は口惜しく思い、翌朝すぐさま参内して生母の鄭貴妃に訴え出た。ところが盈女は先廻りして虚実とりまぜ増飾して告げ口をしていたので、貴妃は怒って公主の拝謁を許さない。冉駙馬が上奏文を用意して入朝すると、前夜、盈女と酒を飲んでいた趙進朝が、すでにその徒党数十名を集めて駙馬を内廷で殴りつけ、衣冠は破れ血肉狼藉という有様で長安門から走り出たが、すでにその従者も追い払われ乗り物も打ち壊されていた。彼は髪を振りみだし跣足《はだし》で屋敷に逃げ帰り、再び上奏文を草しかけたとき、早くも厳旨が下ってきびしく詰責され、国子監に送って礼を習わせるという一種の謹慎処分三箇月を言い渡された。公主もまた無念のままに、ひとり帰府した。管家婆の梁盈女はただ配置替えになっただけでお咎めなし。駙馬を殴打した内官どももみな不問に付されたという。

右の冉駙馬受難の一件は『五雑俎』にも顛末が述べられており、やはり管家婆の諒解なしに中門内に入ったことが発端となっている。

また万暦十六年（一五八八）の冬、駙馬の万煒《ばんい》が、老女の沈銀蟾《しんぎんせん》と内使の李忠とが金銀などを盗み、しかも反って駙馬を罵り辱めたと奏したのに対し、母后の誕生日に面倒なことを申し出たと怒って万を罰し、やはり国子監に送って習礼三箇月の謹慎を命じた。しかも老女や内使の窃盗などについては、すべて不問に付された。

この管家婆の制度は次の清代にも踏襲されていたようである。徐珂『清稗類鈔』宮闈類「皇子皇女之起居」に、特に皇女の生活について次のように述べている。

「皇女のその母におけるや、皇子に較べてずっと疎《うと》かった。出生より降嫁に至るまで、生母と対面する機会はせいぜい数十回程度である。その降嫁するや、別に府第《やしき》を賜わって舅姑（夫の父母）とは同居せず、舅や姑さえも皇帝に謁見する礼をもってその嫁女に拝謁する。駙馬は邸内の別の建物に居住し、公主からのお召しがないかぎりは枕席を共にすることはできない。一回お召しがあるたびに、公主および駙馬は必ず費《チップ》を出して、やっと夫婦が一緒になれる。その権限はすべて保母にある。これが管家婆とよばれるものである。そうしないかぎり、きっと手段をつくして邪魔をされ、恥知らずだと責め罵られる。たとえ宮中に入って生母に謁見しても、あえて訴えず、また訴えても聴かれることはない。故に清朝の公主には子を生んだ者がなく、あったとしても、それは駙馬の側室から生まれたものである。もし公主が先に薨ずれば、駙馬は屋敷から出なければならず、房屋も衣飾も悉く官に没収される」。

＊

この管家婆とよばれる憎まれ役の存在、唐宋の時代は知らず、少なくとも明清両代ともにこの制があったこと、すこぶる異様である。それは皇帝の特旨によって配属されたとはいえ、実は公主・駙馬夫妻の日常を監視し制約を加えるための特命全権老女で、いわば奥向き取り締まりの目付役である。殊に公主夫妻の閨房生活まで掣肘《せいちゅう》し、ベッドを共にするためには入室税を夫妻双方から徴収するというに至っては、まさしく娼家の女将や鴇母《やりて》の所為と同じである。それが平然と行なわれたというのだから驚く。その日頃の振る舞いが権威をかさにきて横恣暴虐を極め、駙馬に対してどんな侮辱や折檻を加えても咎められず、大抵の暴行や犯罪も不問に付されたというのも一段と奇怪である。

これを管家婆として特派された老女個人の驕慢と貪慾とに帰することは容易であろうが、それならば一方には温和で親切な管家婆もあったはずである。そもそも、どんな事件があっても皇帝や生母は公主および駙馬の訴えを受け付けず、弁疏《べんそ》の余地を与えず、すべてを駙馬の失態として一方的に処罰し、管家婆以下の加害者はつねに罪を免れている。これは取り調べ不充分や不公平というようなものではなく、当初より一方的な処断によって公主側を抑圧する意図があったのではないかと疑われる。

想うに、皇子ならば成長の後に皇位を継ぐことがないまでも、なんらかの方面に役立てる可能性はある。だが皇女となれば皇室財政に負担をかけるだけの厄介者で、成長後の始末に困るのが歴代王朝の実情であった。出家して尼姑となり、皇姑寺（尼僧の門跡寺）を継ぐ皇女は別として、通常の皇女は、皇帝の威信にかけて、ともかくも配偶者は選んでやるが、これが無制限に子女をつくられては、いよいよもって事後の処理に窮する。そこで管家婆という目付役を派遣して、意地悪く夫妻閨房のことにまで制約を加えさせたのは、公主夫妻には厳しく産児制限をさせよとの内意が含められていたのではないか。これは今の中国が人口増に苦しみ、一夫婦一子主義を奨励（実は強制）している現実を想い合わせればよい。徐珂のいう清朝の皇女には子を生んだものがないというのも、その辺のことを裏書きする微妙にして強力な証言である。つまり受胎調節の薬も器具もなかった前代では、公主に間引きの嬰児殺しをさせることもできないので、せめて懐妊の機会を少なくさせようとして、管家婆に意を含めて公主夫妻の伉儷を妨げさせたのだ。欲求不満の駙馬はやむなく王府内の侍女などに手をつける。しかし側妾に生ませた子女ならば皇帝の血筋ではないから、その後の処置もさほど困難ではないからである。

このように推理すると、明代の皇帝・皇妃が、その皇女の婿選びの杜撰さや、成婚後の処遇の非人間的な苛酷さも、すべて奥向きの秘められた意図によったものではないかと思われてくる。

誇り高き知識人たる士大夫階級の若者が、駙馬の選に応ずることを嫌忌した心情も理解できるが、一方また成金の富家が、多額の贈賄や献金により、その子弟を駙馬にしたてて皇室と縁続きになることを画策したのも、子女を後宮に納《い》れて皇族の外戚となることを期待したのと同様で、ともにその子女を犠牲にして権勢と富貴とを得ようとしたのである。

降嫁の公主もその配偶者も、共に尊貴にして、しかも現実には不幸な境涯にあった。むしろ尊貴を保つためには、子女の人権は初めから無視されていたのである。巷間の匹夫匹婦が、互いに口喧嘩しながらも生活を共にして、子孫に囲まれつつ白髪の老いを迎えるのと、はたしてどちらが幸福であったか。今ではもう答えずして明らかであろう。

流言

明の太祖朱元璋が、天下を一統して皇城を南京に定めたころ、後宮制度の整備について、『太祖洪武実録』巻五十二、洪武三年（一三七〇）五月の条に次のように見えている。

「上（太祖）は、元末の君が、宮闈《きゆうこん》の政を厳にすることができず、宮嬪女謁が私《ひそ》かに外臣と通じてその賄賂を納《い》れ、あるいは金帛をば僧道あるいは番僧（ラマ僧）に施して宮中に入れ、摂持受戒したこと、そうして大臣・命婦（位階をもつ貴婦人）もまた禁掖に往来して淫瀆褻乱し、礼法は蕩然として以って滅亡するに至ったことをもって、ついに深く前代の失を戒め、令典をつくらしめて世々これを守らせることとした」。

以下、その具体的な規定として、たとえ皇后といえども、ただ宮中嬪婦のことを治めるだけで、宮門外のことについては毫髪も預かってはならぬと戒める。后妃以下の女官や内監の所管事項についても厳しく制約を加える。特に外部の者と呼応することを厳禁し、「群臣・命婦は慶節・朔望に宮中に朝見するだけで、故なくして宮中に入ることはできない」とし、「人君もまた外の命婦に見《あ》う礼はない」と規定する。

また后妃の選出については、「天子および親王の后妃宮嬪等は、必ず慎んで良家の子を択んでこれを聘する。大臣の進めた者を受けることを戒める。その寅縁《いんねん》によって奸をなし、国に不利となることを恐れるからである」と。これらはすべて元末内廷の風紀紊乱に鑑みて、内外の区別を厳にして、その陰険な接触を絶とうとしたものだった。

元代および明初には、后妃や宮女に高麗またはモンゴル出身の美女を選ぶ慣例があったこと、沈徳符の『万暦野獲編』巻三「帝王娶外国女」をはじめ、兪曲園『茶香室三鈔』巻七「高麗美女」および瞿兌之『杶廬《ちゅんろ》所聞録』甲集「高麗美人」の条などに見えている。これは元代では北方諸民族との関係が密であり、かつ南人（漢民族）を蔑視したことの遺風であろう。

ところが明代になると、漢人、特に江南の女を物色した例が『万暦野獲編』補遺巻一「選江南女子」にあげられている。

その一は洪武五年（一三七二）で、蘇州府・杭州府の婦女で宮中入りを志望するもの四十四人を選んで内職（後宮の役職）を授け、その一家に対しては徭役を免除した。そのうちの三十人で年二十に達しないものには、それぞれ白金を賜わって送り還し、自由に婚嫁するに任せたとある。この年のは嬪御の候補者よりも後宮の女官志願者を主としたものだったようである。

ところが、これより約十年後の洪武十四年（一三八一）には、蘇州・松江・嘉興・湖州および浙江・江西の有司に勅諭し、民間の女子で年十三歳以上、十九歳以下、婦人では年三十歳以上、四十歳以下で夫なきもの、宮仕えを希望するものには、それぞれ旅費を支給して京師《みやこ》に送り届けさせた。「けだし女子は以って後宮に備え、婦人は則ち六尚に充《あ》つるなり」とある。十九歳以下の処女は後宮嬪御の候補者であり、六尚とは、洪武二十八年（一三九五）に至って重定された宮中女官の職掌のことで、尚宮・尚儀・尚服・尚食・尚寝・尚功の六分局である（『万暦野獲編』補遺巻一「女官」）。

またいう、「時に孝慈皇后、まさに天下に母儀たり。その意を江南に注ぎしこと此《かく》のごとし。この後、天順の間、内臣に命じて南方の女婦を選ばしめしこと、すでにここに昉《はじ》まる」と。

「天順の間」云々は、後に英宗の天順三年（一四五九）に、鎮守浙江太監盧《ろ》永《えい》・江西太監葉達《しょうたつ》・福建少監馮譲《ふうじょう》に命じて女官を徴募したことをいう。「宮中にはもと六尚の女官を設けて内事を紀したが、識字の婦人を任に充《あ》てる必要がある。近年、家に放還し、および老疾にて事に任ぜざるものが多くて、任用の人が欠員となっている。勅至ればただちに良家の女子を密訪し、年十五以上、夫なき婦人は四十以下にして、読書写字を能くし、並びに算法に諳暁するもの四、五十人をば籍してこれを記し、明春を待って人を遣わして同《とも》に選に会せしめ、その親属をして送り来らしめよ」と。

これについて沈徳符いう、「この勅を観るに、禁中にて女官を必要とすることが甚だ急であった。従来、宮掖に充満していたのは、ともに北方の出身者で、文理を諳《そらん》じなかった。故に江南に命じて選ばしめたのだ。ただその美麗なるを取るのみならず、また慧黠《けいかつ》にして左右に給事するに堪えることを以ってしたのである。かつ、この時の孝荘銭《せん》后が、まさに中宮に位し、もと浙江仁和県(杭州)の人だったので、桑梓(郷土)を追念し、南人に留意したのは当然であった。ただ次年に選ばれたもの、はたして幾人が聖意にかなったかを知らない。江南の女子を選んで宮に入らしめたことは、洪武の時すでに二度見えている」と(同書補遺巻一「採女官」)。

北方出身の女子には教養の低いものが多くて内廷の任用に堪えないこと、および時の皇后や中宮が江南出身であった場合、懐郷の情もあって、伝統的に文化レベルの高い江南地方から物色するよう、太監どもに下命したのである。

＊

およそこれらの事例は、宮中の都合で、江南地方から宮女・女官の候補者を公募するという体裁はとっているものの、実際は一方的な徴募である。殊に地方駐在の太監に示達するのだから、権力をちらつかせての強制・威迫および贈収賄といった類の裏工作が伴うことは免れない。応募の意志の有無にかかわらず、太監に目をつけられた良家や富人の女子は、圧力によって選に応ぜざるを得なくなるだろう。結局は勅命により宦官を手先とする民間美女狩りということになってしまう。民間人にとっては、光栄どころか、天から降ってきた災厄である。はたせるかな、穆宗の隆慶初年にあった選女入御に関する流言の発生は、そのことを裏書きするような事件であった。

明・崔嘉祥『崔鳴吾紀事』（塩邑志林第四十八帙）によれば、隆慶二年（一五六八）春正月、民間には次のような風説が拡がった。すなわち、皇帝が内官の某を遣わして浙江や南直隷（江蘇）の美女を選んで入御せしめることになり、官吏軍民を問わず、あえて隠匿して選に赴かないものがあれば、隣里をも罪にし、知りて自首しないものも同罪とする云々と。

かくて女子をもつ家では大急ぎで嫁入りさせようとし、相手の年齢・資産・長幼および家柄の貴賤など、みな問うところではなかった。京口（鎮江）より蘇州・松江・嘉興・湖州の諸郡では、旬日の間に美醜を問わず婚配して殆ど尽きた。だが、この流言の出所は結局わからずじまいであったという。

筆者の崔氏によると、もと婚約のあった女は式を挙げる余裕もなく結婚したので、貧乏人にとっては好都合でもあったが、婚約のないものでも、往々にして相手かまわず結婚したので、一生後悔することもあった。「愚民の惑《まど》いやすきこと、これを記して以って一笑を発す」と崔氏は書いているが、大切な娘を宮中に召しあげられるという風説を聞いて、慌《あわ》てふためいて結婚を急いだ「愚民」たちにとっては、「一笑」に付してよいことではなかった。内命によって美女狩りの宦官がやってくると聞いては、民間には一大恐慌《パニック》が起こって、目前の大難を遁れようと、やみくもに婿探しに狂奔したのである。

似たような流言事件は天啓の初年にもあった。明・鄭光勳輯『媚幽閣文娯』に収める何偉然「淑女紀」という文によると、天啓帝が登極するや（一六二一）、詔を下して民間の淑女を選んで後宮に充《あ》てるという。その風聞は訛言《デマ》となって流布せられ、江南地方の娘をもつ家々では蒼くなり、市井無頼の輩は機に乗じて煽動する。鎮江あたりから浙江東部まで、みな早く婚礼を挙げようと急ぎ、特に杭州一帯が大騒ぎであった。適齢に達しない乳くさい小娘さえ童子と婚約し、あるいは嫁入りあるいは婿入りを議し、ために媒妁人は諸方から頼まれて「千門の命に応じ」、「市上ことごとく定婚店となる」という騒ぎであったという。

明・李日華の『紫藤軒雑綴』巻四にも、この時の流言事件についての一挿話を記している。

――今上が改元し、大婚の礼も近づいた時、民間では忽然として繡女(刺繡係の女官?)を選ぶという風説が発生した。娘をもつ親たち、昼夜大あわてで、一刻も早く嫁入りさせようと焦った。ある一家、すこぶる落ち着いたもので、娘のために仕立て屋を招いて婚礼の衣裳を縫わせる。仕立て職人は家が遠いというので、邸内の別の部屋に泊りこむ。やがて流言は一段と切迫し、以前から婚約していた婿が他家の娘と結婚してしまったので、一家は周章狼狽し、さっそくその仕立て職人を呼んで花燭の典を挙げたという。「聞くもの絶倒せざるなし」とある。つまり婚約者の婿が決まっているので、ゆっくり構えて支度をしていたのが、その婿を他家に取られて、やむなくありあわせの仕立て職人を婿に取ったのである。

妃嬪や宮女に選ばれるといえば無上の光栄のようであるが、首尾よく帝の目にとまり、寵を受けて上位の貴妃などになれるのは百人か千人に一人。大抵は後宮の奥深く閉じこめられた籠の鳥となって青春を空費し、その肉親とも滅多に対面することはできないのだから、選女の沙汰ともなれば、それこそ大難到来である。女の子をもつ親としては大恐慌で、形だけでもと嫁入り婿取りを急いで狂奔することになる。

こんな時こそ年頃の未婚の男は引く手あまたで早いもの勝ちだから、昨日までの婚約者から、より有利な条件の家に乗り替えて婿殿に納まる。なにしろ需給関係が一方的だから文句が言えない。婿に逃げられた家では、手近な職人でも何でも婿に仕立てて、当面の災厄を遁れたつもりで安堵する。そんな倉卒の婚姻が将来どうなるか、その段階では考える余裕もないのである。大旋風のように襲った流言蜚語は、人間のさまざまな狂気と愚行とを遺して吹き過ぎてゆく。女の子をもたない家のものだけが「聞くもの絶倒す」で気楽に腹を抱えていられたのである。

＊

およそこれらは来歴不明のデマに翻弄されたものであったにしても、その根ざすところは、嬪御や宮女を江南の地から物色するという明初以来の慣例が世人の記憶のうちにあったから、新皇帝の即位とか大婚の礼とかがあると、そのたびに先廻りした風説として流れ出たのではなかろうか。ましてや、その出先が史上に悪名高い宦官らしいとあっては、どんな陰険な手でくるかも知れぬという恐怖感が先に立って、その風説は一段と真実味を帯びる。

だが、こうした民間発生のデマではなく、実際にも宦官を派遣して美女探しをさせた漁色の主さえあった。

毅宗の崇禎甲申十七年（一六四四）三月、李自成軍の北京攻略と毅宗の煤山自縊とによって、三百年来の明王朝は実質的には滅亡した。しかし、その年の五月、福王由崧《ゆうしょう》が南京に遁れて倉卒のうちに即位し、弘光と改元した。

福王は、末代皇帝の典型の一人であった。清・董含『三岡識略』巻一「宏光改元」によれば、この王は質性闇弱で、蜀の後主や晋の恵帝の風があったが、ただ荒淫なることはそれ以上であったという。大臣のうち、平素より声望のある者、外面は崇礼するが、内実はこれを疎《うと》んじた。総督馬士英を相としたが、ただ私を挟み党を樹《た》て、売官鬻爵《いくしゃく》を事とした。もとの天啓の魏忠賢の残党である光禄卿阮大鋮《げんだいせい》を挙げて大司馬とし、その党は中外に環布した。すなわち、世に馬阮《ばげん》と称せられた奸臣横行の南朝朝廷であった。

また同書同巻「福王淫昏」の条に、この王が国家の大事よりも、ただその後宮に美女の足りないことしか念頭になかったことを伝えている。それによれば、時に清軍が破竹の勢いで南下する。福王、除夕に憮然として楽しまず、しばしば各官に伝えて入見させる。諸臣は、兵敗れ土地も狭まる状況から、ともに頓首して罪を謝する。しかるに王はやや久しくしていった、「朕いまだこれを慮《おも》うに暇あらず。憂うるところは後宮寥落たることなり。意、広く良家を選びて掖庭に充《あ》てんと欲す。ただ諸卿はやくこれを計れ」と。戦局についての協議ではなく、後宮の女をふやしてくれとの注文であった。諸臣のうちの一人が答えた、「臣は陛下が敵兵を憂え、あるいは先帝（毅宗）を思うとのみ以《おも》えり」と。諸臣それぞれ散じて退出したという。

このこと、また別の所伝では中官の韓賛周《かんさんしゅう》であったともいう。歳暮に兵報しきりに至る時、王は宮にありて愀然として楽しまない。韓賛周が故を問うと、「梨園には殊に佳なる者が少ないことじゃ」と答えた。賛周は泣いて、「てまえは陛下が皇考・先帝のことを思うとばかり考えておりましたが、そんなことを考えておられたのですか」と（『明通鑑』付編巻一下、清順治元年）。

また董含によれば、福王の内殿には次の一聯が懸けられてあった。

万事不如杯在手　万事は如かず杯の手に在るに
百年幾見月当頭　百年幾たびか月の当頭するを見ん

聯の傍には注して、「東閣大学士臣王鐸奉勅書」とあったという。亡国寸前の際に、君臣ともにこの底抜けの太平楽である。董氏評して、「また笑うべし」と。

孔尚任の名作『桃花扇』第二十五齣「選優」の一段は、これを乙酉正月のこととする。すなわち弘光元年（一六四五）である。戯曲では舞台の正中に「薫風殿」の匾額を懸ける。両傍に聯を懸けて「万事無如杯在手、百年幾見月当頭」と書し、落款には「東閣大学士臣王鐸奉勅書」とある。まさしく董含の伝えるとおりである。

王鐸《おうたく》は崇禎帝自縊の崇禎十七年三月には南京礼部尚書・東閣大学士となった。のち弘光元年三月、揚州を屠り長江を渡って南京を陥れた清軍に降《くだ》った。いわゆる「弐臣伝」中の人物であるが、今はもっぱら能書家として知られ、その生前の行為を追及されることもない。

ところで、この正月の上元燈節に上演する芝居の配役を決めるため、秦淮の名妓寇《こう》白門や鄭妥娘《ていだじょう》も召し出されている。光禄寺卿阮大鋮が登場し、新作の『燕子箋』を演ずる歌妓の李香君が紹介され、王の前で試みに『牡丹亭』中の一曲を唱う。これより香君は深宮に抑留され、情人侯方域《こうほういき》に再会するのは最後の第四十齣「入道」の場となるのである。

この年の二月には嘉興・紹興を督責して淑女を選ばしめる。太監の田成が浙江に入ると、民間ではほとんど嫁娶しつくし、久しく選女のことが完了しなかった。次いでまた礼部に命じて広く淑女を選ばしめる。やがて田成が淑女程《てい》氏を進めると、命じて再び二人を進めしめた（以上、『国権』巻一〇四による）。

弘光帝の念頭には時局のことなどは一切なく、ひたすら美女を選んで後宮に入れる逸楽のことばかりだったのだ。民間では急を知って、いちはやく「嫁娶しつくした」のも笑いごとではなかったのである。

＊

弘光帝ばかりでなく、南明君主の淫昏に由来する美女狩りの騒ぎは永明王の永暦十年（清の順治十三年、一六五六）にも発生した。これまた『三岡識略』巻三「訛伝点選」に見えている。

「八月、彩女を点選すと嘩伝せられ、人情惶駭す。大河（長江）の南北より以って両越に迄《いた》るまで、妍醜に論なく、ともに数日中に匹偶（結婚）し、鼓楽花燈、道路に喧闐《かまびす》し。一婿あれば数家がこれを争い、男子は往々にして中道にて迫られて婚を成す。また節を守ること頗る久しかりしものも已むを得ずしてまた婚するあり。また或はこれを借りて再適する者もあり」。

一人の婿が数家から引っ張りだこにされ、道ゆく男がだしぬけに拉致されて婿にされる。守節久しい寡婦でさえ、これを機会に已むを得ず、もしくはそれを口実にして再婚する。

「人情惶駭」の中に演ぜられた悲喜劇であった。

董氏これに付記していう、「按ずるに、元の順帝の時、かつてこの事あり。また晋の泰始中(二六五―二七四)、博く後宮を採るに、先ず天下の嫁娶を禁ず。みな敗衣瘁貌《すいぼう》にして以ってこれを避く。また隆慶二年、点選幷びに寡婦を採ると訛伝し、千里鼎沸するも、官司は禁ずる能わざりしが、これと絶《はなは》だ類す」と。やはり隆慶初年の例が引かれている。すべて無根の風説だったといってしまえばそれまでであるが、時おりこんな流言と紛擾が起こるのも、上に漁色の主と阿媚の臣とがあったからで、一身一家を護るのに必死の庶民が、この厄難を遁れるためには、どんな愚行でも狂態でも演ずることを辞せなかったのである。

痩馬を育てて

世間には奇妙な名称をもつ風俗関係の稼業もあった。

清・趙翼『陔余《がいよ》叢考』巻三十八「養痩馬」の条に、この謎めいた俗称について次のように述べている。

「揚州人は処女を養って人に売り、妾とさせること、俗にこれを養痩馬と謂う。その義は不詳。白香山の詩に云う――痩馬駒《やせこうま》を養うなかれ、小妓女に教うるなかれ。後事は目前に在り、信ぜざれば君看取せよ。馬肥ゆれば快《はや》く行走し、妓長ずれは能く歌舞す。三年五年の間、すでに聞く一主を換うるを――と。宋漫堂これを引き、似為《おもえ》らく、養痩馬の説はこれに本づくと」。

白楽天の詩の意味は、妓女を下地っ子から養成するのは、痩せた駒《こうま》を飼い育てるのと同じで、肥え太らせた揚句は、さっさと旦那を取って逃げてしまう、という意味らしい。清・金埴『不下帯編』巻五にも白氏の同じ詩（題は「有感詩」）の「莫養瘦馬駒」云々の全詩を引き、「今、揚州の女を養う者を称して養瘦馬というは、これに本づく」とて、金氏の叔父の金烺《きんろう》の「広陵竹枝詞」三十首中より、次の一首を引いている。

十三学画学囲碁　十三画を学び囲碁を学び
十四弾琴五賦詩　十四琴を弾き（十）五に詩を賦す
莫管人称養瘦馬　人の養瘦馬と称するに管《かま》うなく
祇誇家内有嬌児　ただ誇る家内に嬌児《うれつこ》ありと

揚州地方に養瘦馬の俗称をもつ人身売買の風習があったことは、清人以前、すでに明・沈徳符『万暦野獲編』巻二十三「広陵姫」の条にも、その実態について、かなり詳しく見聞を記している。その大要を口訳する。

――今の人が妾を買うのは、大抵は広陵（揚州）からするものが多きを占める。中にはそれが瘦馬とよばれるのを嫌《いや》がる向きもあるが、余（沈氏）は深く誤りだと思う。婦人は容色をもって生命とするとは、これ李文饒氏の至言である。世間の美女に閥閲（家柄、門閥）などというものがあろうか。揚州にはもともと美人は少なかった。ただその地では、それを稼業として、仕宦豪門（高官や富豪）には必ず数人を蓄《たくわ》えるから、そこで（業者は）手厚く食べ物を与え、多いときには数十人に及ぶこともある。幼時から立ち居振る舞いの作法を習わせ、応対・歩行にさえも決まりがある。かつ自ら卑賤に安んじ、主母（家の主婦）には従順に仕えるよう教えこむ。そういうわけで、お屋敷の嫉妬深い奥方で、他家よりもきつい人があっても、揚州出身の侍妾に対しては寛大な場合がある。士人もいよいよ安心というわけだ。予は久しくその地に寓していたので、鼓吹（楽隊）・花輿（花嫁の輿）を仕立てて運河を出発する者を日夜となく見かけたものだ。さらに、貴顕の旅客が、女の母の眷族《けんぞく》を尋ねて交渉することもあり、悲喜交々《こもごも》といった状《さま》も、しばしばあったものだ。

――また妾を買い入れるのは、多くはその技芸の腕前を見込んで買うとされているが、それは大いに違う。琴を能《よ》くするといっても、「顔回」とか「梅花」とかの一段が弾けるに過ぎない。画を能くするといっても、蘭か竹の数本が描けるに過ぎない。奕《えき》（囲碁などの勝負事）を能くするといっても、一局の先後数手に過ぎない。歌（俗謡）を能くするといっても、「玉抱肚」「集賢賓」などの一、二調が唱えるに過ぎない。お目見えのあと、二度三度と所望されると、すぐに行き詰まってしまう。また書を能くするといわれる者は一段とおかしい。もし官員様ならば吏部尚書大学士と書き、孝廉（科挙合格者）ならば第一甲第一名と書き、儒者ならば解元・会元などの字を書く。そこで互いに不思議がって感服し、すぐ納聘して疑わない。しかし屋敷に来てから筆を操《と》らせると、この数字のほかは、さっぱり書けない。けだし、容貌があまりパッとしないので、他の芸を仕込んで早く売りこもうと焦ったのである。聴きかじり連中は、ちょっと見には大いに羨しがるが、具眼者は必ず見破ることができるものだ。

——またこの俗は最も童女《きむすめ》を重んずる。もし一枚の白いハンカチを還した者（初夜に出血の証拠がなかった非処女）ならば、その原値（もとの聘金）を要求して必ずすぐに返金させる。だから下山者（出戻り）はいかに美貌でも、その相場は十分の三になる……。

沈徳符先生も揚州から妾を買った経験のある「具眼者」だったらしく、まことに下情に通じて真贋を見分けていらっしゃる。要するに養痩馬とは、その方面の家があって、貧家の少女を安く買い入れて養育し、かつこれに技芸を仕込んだ上、官員様や金持ちの侍妾として高く売りつける婦女売買の稼業を指したのである。素人娘を仕込んで一人前に育てるのは妓館の妓女も同様であるが、ただ妓女の場合は、その店で客をとらせて揺銭樹《かねのなるき》とするのに対し、養痩馬はこれを一挙に人家の侍妾に売って儲けるところが異なる。

また清・龔煒《きょうい》『巣林《そうりん》筆談』巻四「痩馬家和白螞蟻」も、同様にこの稼業の裏面を暴露したものである。

――婦女を収容して塗りたて飾りたて、人家に売って婢妾とさせるものあり、これを瘦馬家という。けだし嬌養（育てて売れっ子にする）をもって名を得たものである。その仲介業者を白螞蟻《しろあり》と称するのは、その「無縫不棲」――隙間さえあれば必ず潜りこむの意である。この徒輩は互いに表裏をなす。かくて妾を買いたい人があれば、そこへ行って選ぶ。気に入れば高価で買うが、気に入らなければ手間賃として小銭《チップ》を払う。これを看銭（観覧料）という。しまいには遊び人《にん》どもが、ただ看銭を用意するだけで、わざと選ぶふりをして、好きなように調《からか》って楽しむこともある。

――さて瘦馬の家では往々にしてこの白蟻どもを駆使して、さまざまに人を欺く。醜女を美女に扮装させ、年齢を偽るときは人妻をさして娘だと言いくるめる。甚だしきは、楽隊つきで舟に送りこむ。喜嬪（嫁送りの付き添い女）は新婦が羞ずかしがるから近寄るなと言い、また嫁入り道具を忘れて来たからと欺いて、岸に上って逃亡する。瞞された奴は好い気持ちで花嫁のベールを掲げてよく見ると、なんと、それは冠帯を着けた泥塑の女神像である。気がついて見廻すと、従者はみんな逃げ散っている。急ぎその家にいって談判しようとしても、隣家の人はみな「昨夜しばらく家賃を取って貸しただけで、どこへ引っ越したか知りませんよ」というばかり。役所に訴え出ようにも犯人の名も分からないのだから、やむなく隠忍して泣き寝入りとなる。悪俗の変幻かくのごとし……と。

売春営業に闇の仕掛け人があって業者の手先になることは、いつの世にもあることだ。

＊

さて話を元へ戻して、養瘦馬の家での仔馬《こうま》の育て方を窺うに、清・呉鄕斤《きようかん》『客窗《きやくそう》閑話』初集巻四「瘦馬」の条は、記すところ、いささか小説めいているが、その叙述は登場人物の対話入りで、すこぶる詳細である。

――金陵（南京）の悪徳業者にこんなのがある。諸方から幼女を買い集め、その上玉《じようだま》を選ぶ。次にその膚を念入りに手入れし、その衣裳類を飾る。師匠を招いて琴棋・管弦の類をよく仕込む。年頃になると、役人・商家・富豪に高く売りつけて妾にさせる。妓女として妓院に送りこむ場合もある。これに名づけて養瘦馬という。もし貧家に素質のよい娘があれば、手段をつくしてこれを誘う。これに瞞され、後悔しても及ばなかった者も、どれほどあったか分からぬほどである。

――時に雲南人の徐鄰《じよりん》という人、江蘇上元県の県令となったが、職務上の失態から神経衰弱に陥って死し、親友や召使も逃げ散ってしまった。ただ遺された妻と幼女との二人が各地を流浪する。どこでも家賃が払えず追いたてられるので、どこかに雇われて賃仕事に携わるよりほかはない。ある人に紹介されて養瘦馬の家に住み込む。ただしその家の職業が何であるかは、よく知らなかった。

——その家は一老媼《ろうう》が家政を執りしきっており、家人婢僕が数十人、みな老媼を老太太と敬称する。家庭教師が十余人もいて、娘たちはそれぞれ稽古事をする。老媼をば母《おっかさん》と呼ぶのもあり、祖母《おばあちゃま》と呼ぶのもあり、老老《おとしより》と呼ぶのもあり、それぞれみな美しく、挙措もしとやかである。

——その家の家法としては、たとえ幼少の童子といえども、呼ばれないかぎりは娘たちの起居する中門内には入れない。躾《しつけ》はきちんとして、さながら大家《たいけ》の風儀がある。雇われた徐夫人は、娘たちに刺繍を教えるだけであった。連れてきた娘を見ると、年はやっと十三、四。容貌才智ともに優れて、はるかに他の娘たちの上にある。主人の老媼これを可愛がり、母と娘とを一緒に生活させ、娘には季節ごとに衣服も与え、かつ他の娘たちと共に塾に入れて勉強させる。余暇には琴棋書画から吹弾歌舞の芸事まで稽古させるが、これまた抜群の上達ぶりであった。

——徐夫人が初めてこの家に来たとき、老媼にその家柄を問うと、老媼は、「夫や息子たちは地方に出て役人をしており、ただ娘たちだけ家に残っている」と偽り答えた。徐はこれを信じたまま、それより三年の歳月が経った。

——さて徐の娘が成人に達したので、老媼に婿を選んでもらうよう頼むと、媼は喜んで引き受けた。まもなく、某公子が娘たちを目ききしたいとのことで、まず他の娘たちに命じて順次に目通りさせたが、どれもお気に召さない。ついに徐の娘に着飾らせて出そうとする。徐はこれを止めて、「それは大家《たいけ》のすることではありませぬ」と抗議すると、老媼は「南京の風俗ではみなそうする。背《そむ》くことは成りませんぞ」というので、やむなく娘を出す。中堂に出ると、公子というのは髯《あごひげ》の生えた偉丈夫で、従者も大勢。指さして、肥えてるの痩せてるの、ブスだの別嬪だのと品評し合っている。母親が娘を連れて出ると、公子は傲然として目礼もせず、坐してこれを注視する。一従者が指さして、「この娘こそ骨相すぐれ、空前絶後の尤物《ゆうぶつ》ですな」という。公子もまた手を拍《う》って、「ゴミ溜《ため》に霊芝が生えるとは思わなんだぞ」と絶賛する。従者みな公子の意を知り、「千金の値も高くはない。この機会に決めませんと、佳人は再び得がたしですぞ」と脇から煽《あお》る。

――娘は母親の手を引いて老媼の部屋に入ると、俯《うつむ》いて申し出る、「あんなのは我慢できません。きっと正妻としてではないでしょう。あたしは嫌《いや》です」という。老媼笑って、「そなたの家はここまで落ちぶれているのだよ。誰と結婚するにせよ、妾からゆっくり計略を練り、寵を得た時に正妻の座を狙うことも難しくはあるまい。ましてあの公子の父は大層な高官で、家産も巨万にのぼる。もし母親も娘と一緒について行けば、終身食うには困らないし、わたしもまたおこぼれが頂戴できる。一挙両得というものではないかえ」と。

娘、聞いてワッと泣き、簪や衣服を脱いで媼に投げつけ、「あたしは、たとえ母と一緒に乞食をして死んでも、こんな辱めを受けながら生きたくはありません」と。母親も怒って、「お前さんの言うとおりなら、まるで瘦馬の家のすることじゃ」。老媼、本業を言いあてられてニヤリと笑い、「お前さん親子が、たとえ広大無辺の神通力を持とうとも、わたしの手からは跳び出せないよ。食わせて教えて、今に三年、数百金にも相当するのだよ。お前さんの娘はうちの下女も同然、わたしを主人として認めないというのかえ」。娘は益々泣き喚き、死にたいという。老媼は下女たちに命じて娘を空室の中に縛りつけて監禁させておき、母親はすぐさま家から追い出した。

――母親は怒りに堪えず、これを官に訴え出ようと県役所を尋ねる途中、一老婆に遇う。仔細を聞いた老婆は笑いながら、「あんたは貧乏後家さん、瘦馬を相手にしようとしても、恥をかくだけさ。あれはお金がたっぷりで、役所の連中と結託していないかぎり、公然とあんな稼業を続けられるはずがない」と。徐は聞いて、「あんたの言うとおりなら、死ぬよりほかに、生きる途《みち》はないのですね」。老婆、「まあ急《せ》きなさんな。あたしは官媒（官許の口入れ稼業）で、少なからず瘦馬の害を受けているから、お前さんとは同じ仇《かたき》さ。お前さんは針仕事ができるそうだから、どこかのお役人の家で働き、その奥方と別懇になって、機会をみて苦衷を訴えたら、あるいは成功するかもしれないね」。徐は思わず頷《うなず》き、「どうしたらお役人の屋敷に入れますか」と問う。老婆、「都堂（長官）の陳大人から刺繡の女師匠を探すよう頼まれているから、またとない好い折じゃ。すぐ行ってみなされ」。

――かくて徐は老婆の推薦によって陳大人の屋敷に就職し、そのお嬢さんに刺繡を教える。以下は繁冗を避けて匆々に略叙するが、お嬢さんはすっかり徐師匠と馴染み、師匠がその娘を思って夜半に泣くのを怪しみ、その仔細を聞いてこれを夫人に告げ、夫人はまたこれを陳大人に告げて援助を乞う。陳閣下、怒って府県官に厳命し、不意に痩馬の家を包囲して老媼以下を一網打尽に逮捕する（普通は吏役によってすぐ内報されるのだが）。厳重審問の末、老媼以下は流罪に処し、買われた娘たちはそれぞれの親元に返し、ついに徐の娘を救出して親子を対面させる。のち陳大人夫妻の尽力により、徐の娘は趙という貧しい書生と結婚し、痩馬の家から没収した資産の一部で家を構え、母親を引き取って一生を安楽に過ごしたという。

末段は筆者の物語的な潤色もあるらしく、結構づくめのハッピーエンドになっていて、いささか信用できないが、前半の養痩馬稼業の内幕は、少しは窺うことができるかと思う。貧家の娘を買ってきて仕込み、これを養い育てて富家の侍妾または妓女に売りとばす。元手をかけて営々と育てあげ磨きあげてから、一挙に儲けるのだから、多少は良心的な投資で、現代の、家出娘を引っかけて強姦したあと、麻薬《ヤク》で縛って強制売春させるよりも、いささかは正業に近いとも謂うべきか。

養痩馬稼業を伝える資料は清人の風俗詩にもある。『清詩鐸』（原名『国朝詩鐸』）巻二十五に載せる沈清瑞の「痩馬行」、その序に「呉下（蘇州）の奸媒、貧家の女《むすめ》を収養し、居《お》きて奇貨となす。これを養痩馬と謂う。詩を作りてこれを傷《いた》む」とある。その全詩をあげる。

*

養馬不要痩要肥。養女不怕妍怕媸。馬痩尚可騎。女媸不可医。一解

馬を飼えば痩せては困る、肥やしたい。娘を養えば美人は平気、ブスでは困る。馬は痩せてもまだ乗れる。娘ブスではどもならん。

奸媒前致言。吾有一術可以易媸為妍。爾女寄育吾家。傅脂粉、著綾羅。学管絃、一年二年。定然有好容顔。亭々裊々能得官人憐。珍珠十斛黄金千。未嫁噉我飯。既嫁償我銭。二解

腹黒仲人が申し入れる、ブスを小町に替える手あり。お宅の娘さんをお預け下されば、白粉つけて好いべべ着せて、三味の稽古も一年二年、きっと美人に仕立てあげ、旦那に可愛がられるようにする。値段は真珠か黄金か。嫁入り前はこちらで食わせ、

嫁入りすれば元手を貰う。
官人来買妾、車馬闐溢喧路衢。入門上坐、女出再拝起居。問年紀。十五不足、十三頗有余。奸媒誇説好姿首。村姫妝束也復神仙姝。奸媒一何詐、官人一何愚。無塩西施目不弁、千金揮擲軽斯須。三解
旦那が妾を買いにきて、通りは車で大賑わい。家に入れば娘が出てきてご挨拶。年はと問えば、十五にならねど十三あまり。仲人、こんな美人とほめあげる。田舎娘も化粧をすればみな小町。仲人の何たるウソぞ、旦那の間抜け。オカメも小町も見分けない。千両小判で、アッというまに身受けする。
父母前取金、奸媒突而前。未嫁啗我飯、既嫁償我銭。子母相権、盈々百且千。亟須償我、償我不得暫延。四解
父母が結納受け取りかける、仲人のやつ跳んで出て、嫁入り前はウチで育てたぞ、嫁入ったならわが銭《ぜに》返せ。元と利子とで、たっぷり千両。すぐ返せ、待ってはおれない、すぐ返せ。
奸媒取金去、父母血涙落。眼看鬻女銭、尽飽奸媒橐。五解
仲人、金をば持ってゆき、父母は悔しい血の涙。みすみす娘を売った銭、みんな奴らの懐《ふところ》に。

同書同巻また石韞玉《うんぎょく》の「痩馬行」を載せる。ついでにこれも引用する。

痩馬長苦痩、養女長苦醜。駿馬一匹千緡銭、富人金多易嬋娟。呉趨女児歳三五、剪趾修眉態楚々。千銭放客窺春妍、万銭行酒長筵前。爺嬢論財不論耦、嫁作邯鄲賈人婦。邯鄲賈人廝養材、鴉挾彩鳳鴆為媒。吁嗟兎絲心、願託高樹枝。引身付蓬麻、轇轕終奚為。

馬を飼うなら痩せては困る。娘育てりゃブスでは困る。駿馬は一頭、値は千金。金持ちは金で美人が買える。蘇州娘で年なら十五、纏足蛾眉で身はすらり。千両払って顔のぞき、万両出してお酌をさせる。父母は金だけ、相手は問わず。ついに商人《あきんど》の妻となる。鴉が鳳凰を手に入れて、毒ある鳥が仲に立つ。ああ、蔓《つる》となって高い樹に巻きつきたいと願ったに、野の雑草に身を寄せて、一生ウダツがあがらない。

こうした風俗詠は譬喩などを入れ過ぎると、形容ばかりになって実態をぼかしてしまう。それに較べると、前引『客窗閑話』の物語などは、作意も目につくが、ともかくこの稼業の裏面を窺わせるに足る風俗資料ではないだろうか。

〔付〕花嫁の替え玉として神像を送る話

前稿「痩馬を育てて」に引いた『巣林筆談』に、新婦の輿入れと称して、運河に停めた舟に花嫁と見せかけた泥塑の神像を運び入れ、付き添い女もみな口実を設けて逃亡したという話。実は同類の偽装新婦の詐欺奇談が他にも数例あり、『巣林筆談』の筆者は本文に興趣を添えるため、その類話を借りて挿入したのではないかと気がついた。以下にその四例をあげる。ただし、その本文はいずれも冗長なので、話を要約して述べる。

＊

その一は道光二十三年序の慵訥《ようとつ》居士『咫聞《しぶん》録』巻六「偸嫁観音」の話。

――浙江の人で一妻一妾をもつ男があった。妻は老い、妾は病身なので、もうひとり若くて美しい妾が欲しいと考えていた。里中に妾の斡旋を業とする婆さんで、背が低いから矮婆《わいば》とよばれる老婆があった。その男が妾を求めていると聞くと、詭計を設けて男を騙しにかかる。まず別の村に美しい娘があることを耳にし、その両親と共謀し、銀十両の礼金で娘を替え玉に仕立て、その男と見合いをさせる。男はすっかり気に入り、聘金千両というのを銀五百両に値切って妾に買う約束をする。契約書は村の尼寺でとり交わした。

——婚礼の三日前、娘は瘧《おこり》に罹ったので、少し日を延ばして欲しいと申し入れてきた。延期して当日になると、またもや病を口実にして日延べを要求する。矮婆が女の家に出かけて交渉したが埒《らち》があかないので、いっそ河岸に舟を用意して女を掠《さら》ってしまえと男にけしかける。男がその気になると、矮婆は屈強の男衆十余人を集めて、女を掠ってくるから、河岸に舟をつけて待機するように男に言いおく。夜三更、男衆は人を夜着にくるんで抱いてきて船艙に運びこんだ。矮婆は男に、「今ちょうど瘧が始まっている最中だから、驚かしてはいけないよ。瘧がやみ、眼が醒めたら、好きなように抱きなされ。わしらはあとから別の舟でついて行くよ」と男に言い遺す。男は言われたとおり舟の中で黙然として待つこと、かの売油郎が花魁《おいらん》の目醒めを待つがごとし。そろそろ家近くまで来たが、それでも女は寂然として動かず、また病人らしい気配も見えない。手で触《さわ》ると、顔も膚も冷たい。死んでいるのではないかと疑い、急ぎ燭を点《つ》けて見ると、それは白面木頭の観音像であった。

この後の結末について略叙すると、矮婆らはすでに銀を山分けにして姿をくらまし、十余日を経ても踪跡なし。男は已むなく観音像をこっそり寺に返すべく寺庵を物色すると、東村の師姑庵（尼寺のこと）の本尊が何者かに盗まれていることが判明。男は隠しようもなく、観音像を送りつけられた顛末を告げると、庵の尼僧から賠償金三十両を要求され、さらに庵の修理費のなんので、男は結局百元も払わされた。

その二。清・薛福成『庸盦《ようあん》筆記』巻四「娶妾得泥仏」も同じ結婚詐欺の話。

――某生、中年になっても子がないので、一妾を買うべく舟を雇って南通州一帯を探して廻る。ある人がきて告げた、「某村に、その娘を売りたいという者があり、娘は非常な美人だし、価も安い。ただし父親の体面もあるので、花轎（嫁入りの轎）を用意して迎えて欲しいとのこと」と伝えた。某生喜んで契約する。女の家から二人の老嫗が花嫁の轎に付き添ってきて、花嫁を扶《たす》けて舟に載せる。紅いベールで花嫁の顔を覆っている。二老嫗が付き添ってきて、花嫁の傍らにおるので、近づいてベールを取ることができない。さて彼が轎夫《かごかき》どもに祝儀をやって帰らせ、二嫗も辞去したので、やっと花嫁の寝所に近づく。見ると新婦は端座して動かない。これはきっと羞恥のためだろうと思い、手でそっと揺《ゆす》ったが、やはり動かない。急ぎベールを掲げると、それは端麗なる一泥塑像であった。

――そこへ村人数十名が騒がしく押しかけてきて、それは俺《おら》が村の観音庵の大士像だ、返せ、と喚《わめ》く。長老らしい一老翁のとりなしで、結局、罰として洋銀二百元を出して事を納めた。村の衆は観音像を担いで引き揚げていった。これは村を挙げての詐欺だったらしい。

その三。清・宣鼎『夜雨秋燈録』三集巻一「騙子」の一条も同趣向の話。

――某貴公子、妾を買うべく充分な資金を用意して蘇州に赴く。官許の仲介屋を通じて数十人と面接したが、どれも気に入らない。一老嫗がやってきて、すばらしい美人があるのだが、ただその価が高すぎるという。高くてもよろしいが、一緒に行って一見したいと公子がいう。数日も待たされた後、その老嫗がきて、「苦労して、どうにか対面にまで漕ぎつけましたよ」と報告する。そこでその家に行って女に会う。女は一礼してすぐに退いた。その秀麗の美貌に公子は魂を奪われた。老嫗と交渉するに、女を娶るには、聘金は千両、衣裳を飾りたて、彩輿をもって嫁迎えをするなどの条件を出す。公子はすっかり惚れ込んでいたので、言われるままに契約書を交わす。公子は舟を雇って、船室に洞房（新婚の部屋）を設けて待ち構える。当日になると、花嫁の輌が着く。花嫁を船室に扶《たす》け入れるといつのまにか老嫗は姿を消していた。公子が花嫁の顔のベールを掲げて見るに、神色煥然。ただ物も言わず身動きもしない。やがて公子がみずから扶《たす》けてベッドに運ぼうとすると、花嫁は物に跌いてガタリと倒れた、燈火で照らし見るに、なんと、それは廟中の一木偶像であった。

——すぐ人をやって女の家を尋ねさせると、門は閉ざされている。隣家に問うと、「あそこは娘を嫁にやるために借りた家で、もう嫁さんは送り出したはず。どこへ引っ越したかは知りませんよ」との返答。仲介した老媼というのも誰ひとり見識る者はなかった。結局、千両あまり空費して、がっかりして帰ってきた。

最後に民国年代の汪大俠『奇聞怪見録』の「騙術新奇」も同趣向の買妾に関する笑話。

——福建の某役人の女中、楚々たる美人である。某生その美貌に惚れ、媒人を介して申し込み、かつ多額の聘金を約束して縁談は成立した。彼は大喜びで、婚礼の日には舟を雇って迎えにゆく。新婦は慣例のごとく両親に別れを告げ、輿《こし》に乗って家を出た。輿が河辺に着くころ、仲人が急病で同行できないという。強《し》いてとも言えないので別れた。出航しようとした時、また一人の男が顔色を変えて駆けつけ、息子さんが急病で危篤だから、すぐ帰って下されと付き添いの女たちを促がす。これもやむなく許して帰らせた。さて舟が中流に出たころ、彼は花嫁が腹をへらしてはいないかと、召使に命じて食物を運ばせたが、声をかけても返事がない。おかしいと思って顔のベールを掲げてみると、それは土地廟に祀ってあった一木偶像であった。腰から下には機関《からくり》があって、坐ることも跪くこともできるようになっていたのだ。

——彼は急ぎ舟を返して探したが、仲人も付き添い女たちも杳として行方知れず。これを女のいた某役人に問い合わせたが、「もう数日前に暇《ひま》をやりましたよ」と答えるばかり。詐欺に遭ったことを知り、悶々として帰郷したという。

＊

どの話にも媒婆による買妾交渉と舟と神仏像とが出る。花嫁を舟で送るのは江南水郷の風習だから、これは江蘇から浙江・福建にかけての舟を利用する地方の話であろう。ところで『巣林筆談』に見える一節は、その筋や字句からみて、どうやら主として『夜雨秋燈録』あたりから借用したものらしいが、特にどの書によると決める必要はなく、すでに早くから買妾に関する詐欺事件が半ば笑話化して語られていたのを、『巣林筆談』も幸便に採り入れて話をおもしろくしたのであろう。

ただ、これらの替え玉事件は、契約が成立して以後の珍聞というだけで、それ以前の経過、特に養痩馬の家の営業とは直接の関係はない。しかし、奸智は奸智を呼ぶ。大枚の聘金さえ手中にすれば、これくらいのトリックで客を騙《だま》すのは、ほんの朝飯前だったのであろう。

替え玉にされた観音菩薩像、観音は俗に女身だと信じられているだけに、この話は成程《なるほど》と感心させられるが、結果としては菩薩の霊験で、妾にされるはずの一女性を救ったことになるのか、それとも菩薩みずから奸徒の犯罪に加担したことになるのか。その答えは誰にもできない。これは仏菩薩の世界のことではなく、譎詐《けっさ》百端の俗人世界のことだからである。

後庭花史談

共枕樹

潘章《はんしよう》というもの、世にも稀なる美少年だったので、当時の人々は競ってこれにあこがれた。時に楚国の王仲光というもの、その評判を耳にし、ぜひとも友になりたいと求めた。潘章これを承知し、共に勉学したいと願ったが、一目見るより相愛し、交情は夫婦のごとく、やがて衾《よぎ》を共にし枕を共にして、交好やむことなし。のち共に死んだので、家人これを憐れみ、よって羅浮山《らふざん》に合葬したところ、その墓の上に一樹を生じ、枝も葉も共に相抱かざるなし。時人これを異《ふしぎ》とし、名づけて共枕樹《きようちんじゆ》といったと。

この話は『太平広記』巻三八九の冢墓一の条に出ているが、何という書物に拠ったのか、原典は不明である。『太平広記』は宋初の太平興国年間に編纂されたから、唐・五代か、もしくはそれ以前の書物に拠ったものと思われるが、残念ながら出所の年代は未詳である。この潘章と王仲光のこと、また明・胡応麟『少室山房筆叢』巻三十五に、楊慎『芸苑巵言』を引くが、これも『太平広記』に基づいたものらしく、出典は依然として不明である。出典のことはさて措くとして、この潘・王の物語、さりげなく簡潔に叙してはいるが、いわゆる男色念友の物語であることは疑いない。共枕樹とは謎めいた名称だが、例の晋の韓朋《かんぽう》（韓馮・韓憑）夫婦の相離れて設けられた墓に生じた連理樹と同じく、両株の樹が空中で交叉して一本となる現象に名づけたもの、死しても両者が相擁するさまを象徴したものであろう。

死後に二人を葬ったという羅浮山は今の広東にある名山で、『抱朴子』を書いた晋の葛《かつ》洪《こう》が仙道修行をしたところと伝えるから、潘・王の二人の交情も、何となく神仙伝中の話のように覚えてくるから妙である。男色といえば、人によっては邪道・変態というように否定的に感じられる反面、これぞ純一無垢な性愛の極致というように絶対視される場合もある。羅浮山の共枕樹は、その至純な同性愛を簡潔に語った象徴的な物語であったかと思う。

広東に境を接する福建（閩）は、昔から男色をもって喧伝せられてきた地方である。こんなことを言うと、福建出身者は迷惑千万だといって機嫌を悪くするだろうが、その由来や理由などは後に考えるとして、ともかくその事例から挙げることにしよう。

清・施鴻保『閩《びん》雑記』巻七に「胡天保・胡天妹」の一条がある。いう——福建には以前に胡天保・胡天妹の廟があった。共に男女の淫祀である。まず胡天保だが、またの名を蝴蝶宝（胡天宝に似た発音）ともいって、その像は男が二人。一はやや蒼ざめ、一はやや若くて白皙《はくせき》、前後に相抱いて坐している。前後というから対面して抱擁しあっているのではないだろう。およそ男色の相手がある場合は、その神像に祈り、炉中の香の灰を取って、こっそりと好きな相手に振りかければ、事は叶うだろう。事が叶った後には豚の腸の油《ラード》および糖《あめ》を像の口のあたりに塗りつける。俗にその廟を呼んで小官廟ともいうよし（小官とは男色の相手の少年のこと）。

一方の胡天妹は一美婦の像を塑し、片手で衣服の紐を解き、片手は人を招くまねをしている。すべて惚れた女がある場合、その神像に祈り、これまた炉中の香の灰を取って惚れた女の身に振りかける。事が成功したあと、烟草や檳榔餅《びんろうへい》などをもってこれを祀るのである。

清の道光甲午の年（十四年、一八三四）、南海の地方長官の呉荷屋氏が、その神像のことを知り、悉くこれを焼却させて厳禁の意を示した。しかし民間ではやはり密かに祀るものがあるのは、けだしその廟の廟祝《かんぬし》が、これを金儲けの本《もと》にしているからであろう云々。

按ずるに、前者の男色の神の胡天保については異伝がある。それは清・袁枚『子不語《しふご》』巻十九「兎児神」の条に見える話である。

清初に御史（地方巡察官）の某氏、年若くして科挙に合格し、福建省の巡按として視察することになった。時に胡天宝という男、その巡按の美貌を愛し、輿《こし》に乗ったり堂に坐したりするたびに、必ずやってきて見つめている。巡按は心に疑いながらも、その理由については全く判らない。下役連中も敢えてそのわけを告げようとはしない。

いくばくもなくして巡按が他の地方に移ると、胡天宝もやはりそれについて行き、ひそかに厠《かわや》に身をひそめて巡按の臀部を覗き見る。巡按いよいよ疑って召し寄せて理由を訊くけれども、初めのうちは黙して答えない。再三質問するうちに、やっと答えたところによると、実は大人閣下の美貌を拝見してからというもの、心に忘れがたく、天上の桂の樹に凡《なみ》の鳥が止まれるはずはないとは知りながらも、やはり神魂漂蕩して、覚えず無礼を働きましたる次第……と自供した。聞いて巡按は大いに怒り、枯木の下に引き立てていって、これを殺させた。

さて翌月のこと、胡の霊がその里中の人の夢に託してこう言った――わしは非礼の心をもって貴人を犯したからには、殺されるのは当然である。けれども、それは一片の愛の心であり、一時の痴想だから、他人に危害を加える通常の犯罪とは違うのだ。されば冥途の役人は、みな私を笑い揶揄《からか》ったけれども、私を叱《しか》るものはなかった。いま冥途の役人は私を兎児神に封じ、もっぱら人間界の男が男を愛することを司ることにし、わがために廟を建て、香火を受けてもよろしいということになった云々と。

さて袁随園先生、このあとに語を添えていう――閩の風習では男子が男子を妻として契《けい》弟《てい》とする風習がある。里人が夢のお告げを語るを聞き、みな争って銭を醵出し廟を建てたところ、果たして霊験あらたかか。およそ日時を約束しながら思いを遂げることができなかった者、みな往きてこれに祈った云々。

随園先生が題して兎児神といったのは、兎は雄同士が交尾するとの俗説によって男色を暗示したものだが、胡天宝と称する淫祠の神の哀れにしてユーモラスな神の縁起としたものである。

男色の神の話については、随園先生には別に「双花廟」の話があり、『子不語』巻二十三に収める。

いう――清の雍正年間（一七二三―一七三五）に、広東桂林の秀才蔡《さい》氏、年若くして美貌であった。ある春の日に芝居見物をしていた。ふと気がつくと、傍らに人がいて、自分の臀《しり》を撫でる者がある。大いに腹を立て、罵って殴りつけてやろうと、振り向いてその人を見るに、なんと、その人もまた年若く、しかも容貌は自分よりも更に美少年ではないか。すっかり嬉しくなり、逆に手でその陰部を撫でてやると、その人もまた望外の喜びだというように、面前に廻って挨拶をなし、姓名を名のる。聞いてみると、同じく桂林在住の富人の息子で、勉学中ではあるが、まだ学校には入っていない若者であった。両人はついに某酒亭に赴き、杯を挙げて盟いあうのであった。その後は出入りにはつねに同車同席し、男女雌雄を知らずという熱い仲となった。

時に桂林城中の悪棍《やくざ》で王禿児という男、この二人に目をつけ、無人の場所を窺って二人を強姦しようとした。二人とも抵抗したので、ついに王禿児に殺され、屍骸は城の一隅に遺棄された。両家の父母が警察に報じて検視をする。逮捕された王禿児の衣服に血痕を発見し、訊問した結果、犯行を自供し、法に伏した。さて、蔡秀才およびその相手の少年ともに教養もある学生だったので、邑人これを憐れんで廟を立て、祀るには杏花一枝を供え、号して双花廟といった。もし祈れば効験あらたかで、因りて香火はすこぶる盛んであった。

数年後、邑の長官で劉姓の鬚面男《ひげづら》、この双花廟の由来を聞き知り、怒って、「これは淫祠だ。二人の悪少年なんか、祀る必要はないぞ」とて、村役人に命じてこれを壊させる。その夜、少年二人が夢に現われて劉を痛罵し、袖中より三尺あまりの一本の棒を取り出し、劉の弁髪の上を撃つ。劉は驚き醒めてから、廟を毀したことを後悔したが及ばず、間もなく収賄の罪で糾弾され、ついに絞首の刑に伏した。夢の中で棒で打たれたのは、その徴《しるし》であったことを知った、と。

先の胡天宝（兎児神）の廟の話でも、この双花廟の話でも、廟とはいえ、規模はごく小さいもので、路傍に設けられた祠《ほこら》程度のものであろうが、男色両少年の神というところが奇想天外で、そうした小祠淫祠があってもおかしくはないと思わせる閩粤《びんえつ》地方の風習——随園先生のいう閩の契兄・契弟について再説しておく必要がある。

契兄弟

明の万暦年代の人で沈徳符の『万暦野獲編』は、男色のことについて言及することが頗《すこぶ》る詳しい。その巻二十四「男色之靡」、同巻「小唱」、同補遺巻三「契兄弟」「周解元淳樸」などの諸条である。いまその「契兄弟」の項によって閩人男色の風習およびその来源についての考説を伺うことにしたい。

ほぼ沈先生の記すところに従って再述すると、閩人は酷《ひど》く男色を重んじ、貴賤妍媸《けんし》（容貌の美不美）に論なく、各〻その類をもって相結ぶ。年長者を契兄とし、若いものを契弟とする。その兄が弟の家に入ると、父母はこれを撫愛すること婿《むこ》の如し。弟の後日の生活および嫁取りなどの費用は、すべて契兄の方で調達する。その相思相愛の者になると、年齢が而立《じりつ》（三十歳）を過ぎていても、やはり寝処では夫婦伉儷《こうれい》の如し。密通して訴える者があると、これを要奸という。「要」の字は韻書には見えず、おそらくは閩人の作った男女二字の合成字であろう。（明・祝允明『猥談』によれば、要は音は少の去声とあるから、音はセフ（sep）となる）。また二人が仲好くなっても意を遂げることができない場合は、相抱いて投身情死を遂げることも時にはあるが、ただこれは年齢も容貌もほぼ同じ程度の場合だけである。近年には契児《けいじ》と称することもあるが、これは壮年の者が淫を好み、多くの資財をもって美貌の若者を多く集め、これと衾裯《きんちゅう》の好《よしみ》を講ずる場合、自分を父とみなし、諸少年を児とみなすから契児と称するのである云々。

さて閩人が男色を好むに至った原因理由についてであるが、沈徳符先生は次のような説をなしている――聞く、その事は海寇に肇《はじ》まると。云う、大海中にては婦人を禁じ、師中（軍隊内）にこれあらば、輒《すなわ》ち覆溺に遭う。故に男寵をもってこれに代えたので、酋豪（海賊の頭目）はついに契父と称せられたのだ。そこで考えるに、晋の孫恩が妓妾たちを連れて従軍したというが、してみると、海神の好尚も今古によって変改があったのかも知れない……。

この閩人の男色嗜好の由来を海寇（海賊）に求める沈先生の説は、案外に一面の真実を突いているのかも知れない。元明時代に猖獗した大陸沿岸の海賊（日本人の倭寇をも含む）は、本来は密貿易や他船の積み荷掠奪の荒仕事に従事した命知らずの徒輩であったが、つねに風濤の荒れすさぶ南海を往来したため、海の禁忌を守らない場合は海神の怒りに遭って覆没することを最も惧《おそ》れた。海寇に限らず、わが遣唐使の船などにも、往復ともに厳重な潔斎を守る一人を定めて海路の安穏を祈らせたという。さらに神話伝説の所伝ながら、わがヤマトタケルが妃の弟橘姫を伴って東征せられた際、海路で風濤の難に遭い、姫が海に身を投じて以って海神の怒りを鎮めたと伝える。これ実に女性を妃妾として海に伴うことを禁忌とするところ、沈先生の所説とも類似するところがあるではないか。

すべて人間の好尚は、その人の境遇によって支配もしくは局限される。性生活の嗜好も、単にその人の本来の性向によって、というより、環境・境遇の如何《いかん》に支配されることが多い。男女の比率が極端に一方に偏する世界――例えば牢獄・軍隊・寺院・学園・船員生活などで、女性を相手とする性生活が不可能か、もしくは困難な場合、どうしても変態的に同性によって渇を医《いや》し歓を得るよりほかはなく、止むを得ざるその行為が、転じては神聖なる性愛の極致であるかのごとく価値転換をするのである。このことは『万暦野獲編』巻二十四「男色之靡」の条にも論証せられている。閩人の場合は、格外の話題として筆にも口にもされただけで、人々がその好尚を異にするかぎり、どこでも見られた現象で、ひとり海洋に面する閩・粤の地だけとは限らなかったのである。明・謝肇淛《ちょうせつ》『五雑俎』巻八にいう、「いま天下の男色を言う者、ややもすれば閩・粤を以って口実となす。然れども、呉・越より燕雲（華北）に至るまで、いまだこの好みを知らざる者あらざるなり」と。

玉樹後庭花

江戸川柳に「吉原と芳町のあいだ蟻わたり」の句がある。アリワタリとは、人体で前陰と肛門のあいだの会陰部をいう。吉原は遊女が集まって前陰を売り、日本橋の芳町には蔭《かげ》間《ま》が集まって肛門で稼いだから、距離からいっても近いもんさ、という意味である。

これと同様に、娼婦が集まって女色を売る街のあるところ、いわゆるゲイが生計のために女性客にサービスすること現代に同じということになるが、少しばかり事情を異にするのは、昔の中国の男色は、有閑好色の女客を狙ったというよりも、もっぱら男色趣味の男性客を目標とした稼業だったことである。宋・周密『癸辛雑識』後集に男色のことを記していう、「聞く、東都（開封）の盛時には、無頼の男子もまたこれ（男色）を用いて衣食を図った。徽宗の政和年中（一一一一―一一一八）に初めて立法して告捕し、男子が娼となった者は杖一百、これを告発した者は賞銭五十貫と定めた。呉の俗はこの風習がもっとも盛んで、蘇州の新門外はその巣穴。みな脂粉をつけて盛装し、針仕事を善くし、女と同然であった云々」。明代では宣宗の宣徳（一四二六―三五）以後になると、顧佐の上奏により官妓の設置が厳禁され、役人も縉紳も娯楽がなくなったので、かくて「小唱」と称する男色が流行することになったとて、筆者の沈《しん》氏が目観《もくと》した小唱の呉秀・沈四明などの名を挙げている。

およそこの類の職業的男色に関する明清人の考証は、当時の情況よりも文献上の古い時代の考証の方が多いから、一挙に略して、清代も末に近い頃の筆記により、華北での男色業の状況を見ることにしたい。

清・張燾《とう》『津門《しんもん》雑記』巻中「下処」の条によると、これらの男色に関する天津地方での用語類が列挙されている。例えば役者を相公《シャンコン》とよぶのは像姑《シャンクウ》の意味、男にして女に像《に》ているからである。以前にはその寓所を下処とよび、主人を老板といったのは、大半はやはり梨園（演劇界）の出身者で、蓄財があったため雛伶（俳優見習い）を養成して堂名を立て、それぞれの役者に仕立てようとしたものである。すべて宴会を開いて客を招く場合、宴会を好まない客があると、小紅紙に書いて歌童を呼んで酒の酌をさせる、これを叫局という。歌童が招きにより局に赴くことを趕条子という。歌童が来ると酒壺を手にして酒を勧め、情致纏綿、翠袖殷勤の概《おもむき》あり。あるいは拇戦（拳を打つ）、あるいは高歌、談笑詼諧の趣あり。これに較べると、北京での俳優遊びは歌を所望し酒の酌をさせるだけで、風雅を傷つけるほどではないが、天津の場合は品格やや低く、客の所望に任せて後庭《おかま》の一曲を提供することもある云々。この最終段階の「後庭一曲」が漸次に最初からの目的に化していくわけである。

また『清稗類鈔』優伶類「像姑」の条によれば、伶人（俳優）の居所を「下処」と呼び、北京外城の韓家潭や桜桃斜街に集まっていた。門に「某々堂」の牌《なふだ》を懸け、また角燈をも懸ける。客が門内に入ると、門房の下男がやってきて侍立する。客が質問すると鄭重に返事をする。やがて客を案内して入ると、庭には花木池石あり、室内には鼎彝書画の類、みな整然と並ぶ。像姑が姿を現わすと、茶が出されて清談となる。門外には下僕たちが環立して静粛、私語の声も咳《せき》をする者もない……。

これは後に遠来の客を請じて北京前門外の八大胡同《パタホウトン》あたりの妓館に案内し、茶を喫するだけの清遊を試みた打茶囲《タアチヤウエイ》と同様で、ただ入口から暖簾《のれん》を払って姿を現わすのが姑娘《クウニヤン》ではなくて像姑《シャンクウ》だったという俗称一字だけの相違であろう。

しかし『中華全国風俗志』下篇巻一によると、中華民国以後には像姑の営業はついに禁止となったが、それでも陽奉陰違で、ひそかにこの業を続ける者も少なくなかった。この業に携わるもの、大多数は俳優で、今のいわゆる「伶界大王」だの「第一青衣」だの「汪派第一人物」だのと呼ばれる京劇の名優でも、その幼時にはみな像姑の中の錚々たる者ばかりであったのだ云々。

本邦でも男色を業とした輩は、僧侶を主なる顧客とした「岩本院の稚児《ちご》あがり」のほか、やはり歌舞伎の女形や子役あがりが多きを占めていたのと、和漢ともに軌を同じくし類を共にするものと言えようか。

娼妓史と男娼史

中国男色史を述べる場合、ただ古文献の各条を引いて、孌童《れんどう》・龍陽・分桃・断袖などの古い名称または雅語の故事来歴を記述するだけで事は済むものではない。いわゆる「漢文」を解する人のほか、現代中国文によるこの方面の詳細にして信用するに足る著述をも紹介しておく必要があるからだ。その意味で、筆者が推奨するに足る好著と考えた書物が二種ある。

その一は王書奴著『中国娼妓史』、上海・生活書店刊、民国二十三年十一月初版・二十四年三月再版、全三五八頁。全書を「引論」以下「巫娼時代」「奴隷娼及官娼発生時代」「家妓及奴隷娼妓駢進時代」「官妓鼎盛時代」「私人経営娼妓時代」の全六章に分けるが、

そのうち男色については各章に「古代之男色」「明代之男色」「清代之男色」というように各時代に挿入して詳説する。極めて良心的な学術書と称するに足るものである。ただ本書の初版は民国二十三年（一九三四）で、今よりすでに六十年も昔の刊行に係るから、今日に至っては図書館などで探しても寓目できるかどうか。どこか中国の出版社での重刊を期待したいところである。

その二は史楠の『中国男娼秘史』、北京・中国華僑出版社刊、一九九四年三月初版。まさにほやほやの最新刊だから、中国書籍の専門店に注文すれば容易に入手できるはずである。全書三九二頁。巻首に全十七ページ分の図版を掲げる。全書を上篇「面首奇観」全八章分と下篇「男風浩蕩」全六章分とに分けて説く。書名を「男娼」と特筆したように、例えば上篇では唐の則天武后と張昌宗・張易之など、いわゆる「控鶴監」の面々を女色に対する男娼であったと規定し、下っては明代の太監も大抵は皇帝に奉仕する男娼であったと説く。例えば、明の正徳帝武宗が銭寧・江彬《こうひん》など多数の内官を男色の相手として寵愛した例とか、宮廷の内官が、その多くは宮女を「対食」の相手として、性具を用いて殆ど夫婦同然の性生活を営んでいた例など、従来は単なる明代内廷の醜聞というだけで、男色・男娼の概念には含まれなかった事例をも特筆して取り扱ったのは、その認定には意見が分かれることがあるにせよ、新しい別の視点を開いたものということができよう。

これらの総説的な二書を併せ読むならば、中国歴代の玉樹後庭花の歴史も、実に多彩にして異香に満ちた妖花の秘苑であったということを理解することができるに違いない。正に是れ——

　商女は知らず亡国の恨を
　江を隔ててなお唱う後庭花

（一九九五年一月、岩波書店『文学』季刊第六巻第一号（一九九五年冬）、一九九九年、須永朝彦他編『同性愛』国書刊行会に収録）

誘拐

誘拐事件といえば犯罪小説や推理小説の好題目であるが、単に小説の中だけではなく、現実にもしばしば繰り返される事犯である。大半はサラ金返済に困った男が、身代金を奪うことを思いついての営利誘拐で、人質としては多くは裕福な家の幼児を狙う。幼児ならば瞞《だま》しやすく抵抗も少ないからである。その代わり、身代金奪取までの人質の取り扱いに困るのか、空屋や押入れの中に監禁しておく。卑劣凶悪なのになると、掠取と同時に人質を殺害してしまい、その父兄にはまだ人質が無事であるかのように嘘をつくのもある。こんな例は過去の事件にも幾つかあったものである。

中国にも幼児誘拐に属する犯罪は昔からあった。たとえば、誘拐した小児を僻遠の地に奴隷として売りとばすとか、または直接に幼児を殺してその肝臓を薬物として取るとかいうのもあり、これまた営利の一種には違いないが、人質を取ってその父兄に身代金を要求する通常の営利誘拐とは少しく違うようだ。

もっとも、本来の意味の誘拐に属するものもないではなかった。いわゆる公案小説の犯罪物を調べれば幾つかは出てくるだろうが、ここでは雑記や聞き書きの類から実話らしい一、二の例を拾ってみる。

＊

明・鄭仲夔の『耳新』巻六に見えるのは次のような話である。

記事の冒頭に「潮・恵に大侠あり」とあるから、地域は広東の潮州か恵州らしい。「大侠」とは暴力団の親分や海賊の頭目みたいなボスのことである。これが時おり富家の子弟を狙ってこれを拐《かどわ》かし去る。「子弟」というから、幼児とは限らず、少年や青年でも狙われたのだろう。

人質を誘拐すると、街路に公然と貼り紙を出して、その家に身代金を要求する。満足するだけの金額を出させて、やっと人質を釈放する。これを「勒贖《ろくしょく》」といった。買い戻しを強要するの意である。

ところで、人質を拉致する際には、その両眼に紙を貼りつけて目隠しをし、数人が人質の両脇をかかえて連行する。しばらく歩いて一所に導く。門を入ると、奥深い邸宅の庭か小路らしいところを曲折してゆく。かなりの距離を引き廻され、やっと目隠しを外されると、そこは巍然たる大邸宅の内部で、正面には主人らしい堂々たる風采の人物が端座しており、従者がその左右を衛っている。人質はこの人物の前に進んで挨拶をさせられる。やがて数々の料理が卓に並べられ、鄭重に接待される。

さて、身代金授受の折衝が終わって、人質が送還される時がくると、初めのように、かの主人らしい人物の前に出て挨拶し、再びこれと宴を共にする。この時も豪勢な料理が出てもてなされる。宴が終わると、人質は前のように目隠しをされ、かの身代金要求の紙を貼り出した場所まで両脇をかかえられて歩き、そこでやっと目隠しを外して放免する。あとは自分で歩いて家に帰るというのである。

これはどうやら海賊や密貿易に従事する悪党の一味らしい。頭目は陸地に本拠を構え、時には富家の子弟を掠取して身代金を奪うという誘拐業も常習的にやっていたのだ。目隠し連行はその本拠までの道筋を知らせないためであろうが、ただ本拠に着いてからの扱いはすこぶる厚いものだったらしいから、この一味は鄭重な「礼」をもって人質を遇したわけで、悪党ながら「大侠」と書かれたのもそのためであろう。山賊や馬賊の頭目などが、よく「大王」とか「英雄」とよばれるのに似ている。

＊

次の例は清の同治十三年（一八七四）刊『湖州府志』巻九十四に『懐陳編』という書を引いた話。湖州というから太湖に面する浙江省西北部で、小児誘拐・身代金要求を専門にしていた湖賊の話である。

太湖を縄張りとする大盗賊で、通称を赤脚張三とよばれる頭目、その船には黄布の幕を張り、五色の旗を立てて湖上を横行し、湖岸一帯はその害を受けないところはなかった。この一味は人家の小児を人質にとって身代金を奪うのが慣用の手口であった。もし富人の子を質にとった場合は、かえってその子を優遇し、華美な衣服を着せ、ご馳走を与える。しかし一方ではその親元に連絡交渉して、銀をもって引き取りに来いと要求する。要求額に満ちれば人質の子を釈放して返す。もし長いこと待っても身代金を出さない場合は、代りに貧家の子を物色して殺害し、これを槍の先に掲げたり、あるいは富家の門前に死体を置いたりして脅《おど》す。これには富家も震えあがり、あらゆる手段をつくして金銀を工面《くめん》し、ついには力つきるに至ることもあると。

人質を船で湖上に運び去り、しかも随時に移動できるのだから、警察側も手の出しようがなかったであろう。これまた人質を優遇して服装や食事を派手にしたところは、かの

「潮・恵の大俠」とよく似ている。ただし、別に貧家の子を殺して人質殺害を予告するのだから一段と始末が悪い。狙われたからには、まさしく処置なしである。

＊

長江や太湖・洞庭湖などには、江賊・湖賊すなわち総じていえば水賊が横行して、客船や貨物船を劫掠したこと、小説などにもよく書かれていることだが、この赤脚《はだし》の張三という頭目は、営利を目的とする小児誘拐が専門であった。この頭目、かりに男ではなくて、美貌にして豪胆な女頭目だったということにしたら、一篇の伝奇的な悪漢《ピカレスク》小説になるかもしれない。

張真人の犯罪

一

明王朝の公式記録である『明実録』洪武元年（一三六八）八月甲戌の条、すなわち『太祖洪武実録』巻三十に次のように記す――

張正常を以って真人となし、その旧称天師の号を去る。上《しよう》、群臣に謂いて曰く、至尊、はただ天のみ、あに師あらんや。此《これ》を以って号となすは褻瀆甚だしと。遂にその正一《しょういつ》教主天師の称を去り、天師の印を改めて真人の印となす。秩は正二品。その僚佐をば、賛教と曰い、掌書と曰う。

太祖洪武帝が正一教主張天師の称号を僭越なりとして斥《しりぞ》け、「天は至上の尊いものであるのに、その上に師があるはずがあろうか」と咎めたということ、実は洪武元年が初めてではなく、すでにそれ以前からのことで、鄱陽湖の戦いに陳友諒を敗って江西を制圧したころ、江西龍虎山の第四十二代正一教主天師張正常が人を遣わして来見し、その後も幾たびか来謁したが、朱元璋すなわち後の太祖が群臣に漏らした批判であって、このこと明・沈徳符『万暦野獲編』補遺や明・田芸蘅『留青日札』巻三あるいは清・兪理初『癸巳存稿』巻十三など明清人の筆記類にしばしば考証されている。

天師とは、至上至高の天に教える師と解するのは、わざとらしい誤解または曲解であって、太祖の真意では、「天子の師」と自称して教権が王権に越えようとする僭上を咎めたので、名分論でもって今後の教団対策の一歩としたものであろう。すでに元代から北方全真教では教主を真人と称している。ひとり江南の正一教のみ昔のままに「天師」などと僭称させてはおけないのだ。

そもそも天師の二字は古く『荘子』徐無鬼篇に見えるが、張陵が天師とよばれたのがこれに基づくかどうかは疑問。むしろ晋・葛洪『枕中書』に「張道陵は三天法師となり、六虚を統御し、数々《しばしば》金闕に侍す。太上の股肱にして、治は廬山に在り」と見える三天法師の略称だったと見る方が史実に近いようだ（清・兪曲園の見解、『茶香室叢鈔』巻十四）。とにかく本来の字義は天帝の師でも天子の師でもなかったらしい天師の称号が、その字面の権威ありげな神秘性によって信徒大衆に熱狂的に受け入れられ尊崇されたこと、わが国の宗教史における門主・門跡《もんぜき》・座主《ざす》・管長などの称号の比ではなかったようだ。

そもそも張天師といっても、代々その称を公式に継承していたわけではなく、元・世祖の至元十三年（一二七六）には張宗演に封して霊応冲和真人という真人号を授けられており、天師の称号はすでに除かれていたのである。それを明初に至って今更のように天師の称を去り真人に改めたというのは、清・趙翼の指摘するとおり、「けだしそのとき朝廷では封じて真人と称したものの、世間ではやはり天師と称していたのであろう。そうだとすれば天師の称は六朝より以来替わらなかったのだ」（『陔余叢考』巻三十四）。

こうして天師の旧称が正一・全真の南北両教とも勅命により真人と改称された後も、特に江南一帯において古来喧伝されてきた張天師の名声は薄れることなく信徒に渇仰されてきた。明・謝肇淛《せつ》によれば、「張真人が龍虎山から出て参観するたびに、沿途の民にして鬼魅に悩まされるもの（一時的な精神病者？）、悉く往きて扶牒（面謁を乞う？）し、至るところ市《いち》をなした。その符籙もまた験あるものと聞く。されば愚民がこれを信奉するのだ」（『五雑俎』巻八、人部四）と。張氏歴代の声望を支えてきたのは西蜀・江南一帯の信徒のこの熱狂的な帰依で、さればこそ陰暦五月端午の五毒符（害虫除けの護符）は、中央に剣を舞わす張天師の像によって天師符として後世にまで絶えることなく行なわれたのだ。

天師が真人と改称されようとも、張氏一家一族の資産は「愚民」たちのこの熱狂的な帰依と渇仰とにあったので、真人号を継承して龍虎山上清宮の主となることこそ、これをめぐる一族の者にとっては単なる声誉だけではなく、眷族一統の浮沈と物資上の利害にもかかわる重大事であった。物資上の利害とは、土地建物などの固定資産を継承するほか、護符を書き与える謝礼その他の名義料などもこれに含まれる。

かくて龍虎山張氏一族の歴史にも、光と影どころか、栄光の裏に一族相剋および暴力犯罪などという汚辱のページさえ挿まれていたことを見遁してはならないのである。

二

明の正統道蔵を補って万暦年代に増補した続道蔵に『漢天師世家』四巻を収める。第一代の天師張(道)陵より叙して第四十九代の張永緒に至る。巻末に万暦三十五年(一六〇七)一月の第五十代真人張国祥の校記を添える。巻首には明初の翰林学士宋濂の序をはじめ五篇の序を冠するが、『天師世家』という書名からも察せられるように、歴代史書の体例に倣って、張氏を徹頭徹尾「世家」すなわち諸侯なみの物々しい扱いで、明太祖の警告などまるで無視したように「天師」を称しているのは、張氏一門の編述に成るかぎり咎めても始まらない。ただし、初代から逐一検討する余裕もないので、ここでは同書巻四の第四十五代天師張懋丞《ぼうじょう》および第四十六代張元吉ならびにその関係記事の問題点について考察を加える。

張懋丞は字は文開、別号は九陽または澹然。明の洪武二十二年（一三八九）に、父の張宇珵《うてぃ》が明太祖に召見せられた際、誠意伯劉基に命じ、その弟の子をもってこれに妻《めあわ》せた。懋丞はこの劉氏から生まれた。のちに正一嗣教となり、その職務によって朝天宮その他で斎醮に従事していたが、正統九年（一四四四）に辞して龍虎山に帰る。時に上奏して曰く
――

臣、両朝の寵恩に沐しながら仰答するに由なし。万一、臣が天賦に限りありて長く陛下の清光に侍する能わざるを恐る。一子ありしも早く禄せず。嫡孫の元吉、髫歳に及ぶと雖も、資稟すこぶる奇なり。願わくは以って臣に代わりて補報せしめん、と。

かくて許されて帰山するや、印と剣とをもって元吉に付して曰く、「われすでに請を朝に得たれば、孺子これを懋《つと》め、永く天眷を承けよ」と遺言し、端坐して化した。寿五十有九と。

この末段の部分、すなわち正一嗣教の継承者を嫡孫の元吉と定めて、すでに帝の諒承允可を得ていたかのごとき口吻の一節、ワザとらしくて頗る怪しい。これを裏返せば、元吉襲封にあたって一族間に紛争のあったことの弁明なのであるが、これについては元吉の条

で触れるはずである。

さても第四十六代天師は問題児の張元吉、字は孟陽、別号は太和。先代張懋丞の孫にあたり、英宗の宣徳十年（一四三五）春正月九日の出生。正統十年（一四四五）の冬には初めて宮中に伺候した。時に年十一歳。正一嗣教沖虚守素紹祖崇法真人の号を授けられて帰った。正統十一年（一四四六）には生父の張留綱に正一嗣教崇玄養素寂静真人の封号を追贈したとあるが、これは死後の追贈に過ぎず、父留綱の生死および事蹟などについては伝えられていない。

張元吉の生きた当時は明王朝も多難な時期で、英宗の北狩と土木堡の変による景泰帝の践祚（一四四九―一四五七）および英宗の重祚（天順元年一四五七―八年一四六四）という国家的大事件が重なる。次いで憲宗が即位して成化元年（一四六五）となる。この間、張元吉は真人として朝天宮その他における斎醮に従事したことはいうまでもない。ついに憲宗の成化四年（一四六八）冬には朝天宮にて金籙醮《きんろくしょう》を建て、終わって辞し帰る（龍虎山に帰るの意）。元吉伝の末尾、右の「辞帰」の語に続けて次のように記す――

出遊して名嶽に歴登し、仙人旧隠の跡を探り、去ること六載にして方《はじ》めて還る。径《ただ》ちに龍虎嵓下《がんか》に抵《いた》りて茅を結び粒（穀類）を却《しりぞ》くること三年。一日、頌《じゅ》を書し畢り、端坐して化す。これを挙ぐるに空衣の如し。本里の播箕湾に葬る。

龍虎山正一教の門跡にして管長閣下にも相当する責任者が前後六年ものあいだ職を棄て飄然として出遊することができたとは信じられないが、「名嶽に歴登し、仙人旧隠の跡を探った」といえば、あるいはそれも可能だったかと思われもする。まして結茅・辟穀《へきこく》、霞を食って活きるのは仙人の常例であり、さらに「屍を挙ぐるに空衣の如し」とは、いわゆる尸解仙《しかいせん》であるから、仙家としては最高の往生解脱《げだつ》というべく、まさしく『列仙伝』、『神仙伝』中の古仙人を連想させる。初代張陵ならば知らず、明代中期の張元吉伝に、この信じがたい異様な舞文弄筆のあるのはなぜか。単なる誇張の文飾か、それとも読者の目を眩ますための故意の曲筆か。そもそも、何を伝え、何を隠そうとした文章なのか。

三

これまで見てきたように『漢天師世家』は龍虎山張天師（真人）の家系を列叙した史伝であるから、いくら真人が朝廷の祭祀に奉仕する公職であるとはいっても、家伝に文飾を施すことは免れず、また他聞を憚るような曲事があれば秘して録せず、録しても何かの文飾を施すはずで、真人張元吉の奇妙な仙化も、これを擬作仙伝の一節とみれば合点できないこともない。しかし事は近世史上の事件に属し、悠遠の上代ではない。雲烟縹緲《うんえんひょうびょう》の神仙譚に終わらせることができようか。

第四十五代張懋丞のことは『明実録』では宣徳三年（一四二八）四月甲子に、「正一嗣教崇修至道葆素演法真人張懋丞および履和養素山宗高士周思得に誥命を賜う」（『宣宗実録』巻四十二）と見えるのを初めとし、次いで宣徳十年（一四三五）十一月癸未に、「正一嗣教真人張懋承《ママ》が来朝し、鈔錠・襲衣・靴韈を賜う」（『正統実録』巻十二）とあり、さらに、英宗の正統七年（一四四二）春正月乙酉に、張懋承《ママ》が奏請した朝天宮の属官任命に関する奏請を却下したこと（『正統実録』巻八十八）だけであるが、次の張元吉に至っては『明実録』所見の記事だけでも十余条の多きを数える。他に学者の考証としては、明・沈徳符『万暦野獲編』補遺巻四「真人張元吉」の条にも論証している。

さきに真人張懋丞が生前すでに後継者として孫の張元吉を嘱望指名していたことを記し、その裏には真人位継承に関する一族間の紛争があったものと推測しておいたが、果たしてその事実があったのだ。

正統十年（一四四五）夏四月（『正統実録』巻一二八）によれば、故正一嗣教真人張懋承《ママ》の嫡孫元吉が襲封するにあたり、その一族の叔祖の懋嘉《ぼうか》というもの、その幼を侮りてこれを奪わんと欲し、その所持する金玉や諸器物を奪い、ならびに奏疏を沮止《そし》して上疏させないようにした。そこで懋承《ママ》の妻が元吉を伴ってひそかに京師に至る。懋嘉もまた共に上京し、真武廟において相競うに至る。かくて道録司の官に告発され、裁判によって懋嘉は杖刑に処せられ、朝天宮にある天師の廟の掃除人夫として発遣された云々とあって、その時の勅命が付録してある。元吉の後年の一種狂悍な性格と闘争心とは、すでにこの幼少年期の真人位継承の争いによって形成されていたのだ。

次いで翌正統十一年（一四四六）五月己丑には、元吉には正式に正一嗣教冲虚守素紹祖崇法真人領道教事の誥命を賜い、その故父張留綱には真人号を、その母高氏には玄君号を追贈している（『正統実録』巻一四二）。継承争いには一応の勝利を収めたのである。

亡父・亡母および亡祖母などに封する誥命追贈について奏請したことは他にも見えるが、そのことは必ずしも奏請のままには勅許されず、保留または却下になった場合もある。それよりも、張氏一族に早くより暗い影がさしていたことは、英宗の正統十二年（一四四七）五月の条に、正一嗣教真人張元吉が奏す――祖母玄君董《とう》氏に徐翰という婿あり、臣（元吉）の幼穉なるを欺《あなど》り、真人府中の貲《し》産を擅《ほしいまま》にせんと欲す。またかつて祖父の葬儀に際し、逼《せま》りて婢妾を姦せしことありと。董氏また状を具して翰の罪を訴える。翰も上京して、董氏が家僕と私通したと誣奏する。かくて勅命により錦衣衛に命じて翰を捕らえてこれを斬に処し、その家産を没収したと（『正統実録』巻一五四）。

いやはや、入り乱れての醜聞と誣告の応酬である。張氏一族の醜い暗闘は、ただに真人の周辺親族に続発したばかりでなく、憲宗の成化五年（一四六九）四月に至り、ついに大真人張元吉その人の犯罪として発覚し、京師に送られて刑部の獄に下され、法司（検察）では凌遅処死（惨殺処刑）の罪に擬せられ、監候処死（死刑の日まで投獄）に命ぜられるという宗教界では前代未聞の怪事件として発覚するに至ったのである。ここには『成化実録』巻六十六に記すところを借りて略叙する。——

元吉は凶暴にして淫を貪り、専ら不法を恣にし、器物を僭用し、擅《ほしいまま》に制書（勅書）を易《か》えて以ってその郷族を威《おど》し、左右その意を承順す。往々にして良家の子女を強奪し、平人の財物を詐取す。その尤も甚だしきは、小忿あれば輒《すなわ》ち指して以って符籙を偽造せりとなし、これを箠《むちう》ちて死に至らしめ、死せざればこれを私獄に下す。

次にその私獄について述べる。

その獄は幽暗にして、諸々の惨酷（拷問用具）を備え、或いはこれを縊死せしめ、或は嚢《すなぶくろ》沙もて面を壅《ふさ》ぎてこれを圧死し、或は縛してこれを深淵に投ず。前後およそ四十余人を殺し、一家三人なるものあるに至る。人々その威を畏れて敢えて控訴するものなし。

これによれば、龍虎山の真人府では古くから暗黙の裡に治外法権が認められ、もし意に背く者があれば宗教裁判に擬してその「私獄」に投じて残酷な拷問にかけ、あるいは処刑したのだ。殺された者四十余人とは、族人平人を併せての被害者の数であろう。一家三人の犠牲者とは、特に重大な違反をした族人だったと思われる。

時に県学生の蔡譲という者、憤怒に堪えず、巡按御史の趙敔《ぎょ》という者が当地に巡察して至った際に、ついに元吉の罪悪をもって条陳（列挙）して訴えたが、趙御史は火中の栗を拾うの愚を避け、これを不問に付して介入を避けた。かくて元吉は一段と忌憚なく悪事をなす。その族人の張留煥ら、自分らも必ず元吉に殺されると覚悟し、よりて上京して具奏することになった。つまり現地での告発と処分とを見限っての越訴であった。

族人の上京越訴を阻止できなかったのは、真人側の致命的なミスであった。公式の訴訟となれば、もはや山上の私法は通用しない。かくて被告の元吉らを京師に護送させ、法司に命じて訊問させたところ、元吉具服す（一切の罪を認めた）。龍虎山上での伝統を主張するかぎり、処刑の事実を否認することはできなかったのであろう。次いで刑部尚書陸瑜《りくゆ》らの上奏により、元吉の犯した罪は凌遅処死に相当し、妻子は流刑に、その党《なかま》には斬か絞かに処すべきものあり。かつその一族は廕封（封爵）を絶ち、その一族を藉族《せきぞく》（戸籍を削る）して徭役につかせ、かつその符籙（天師符の類）の印行を禁じ、府第（屋敷）を毀し、設けられたる役職を廃すべしとの判決であった。

これにより、憲宗もまた元吉の重罪を認めて監候（処刑まで投獄待機）に処し、その妻呉氏は玄君の称号を除き、子の玄慶とともに流刑を免除。ただし後あえて妄りに天師を称し符籙を印行する者あらば重罪に処して容赦しない云々。

しかし判決が下っても即時そのとおり執行されることはないもので、果たして翌成化六年（一四七〇）冬十月になると、凌遅処死判決の張元吉に封し、詔により死罪を免じて杖一百に処し、粛州（甘粛）の衛軍に配流し、家族も共に随住すべしとの沙汰があった。死一等が免ぜられたのである。これに対し、都給事中の毛弘らが上書して張元吉の重罪を再論し、元吉に戮死《りくし》（市人環視の中の死刑）の刑をと請うたが、事はすでに決定済みとの理由で却下された（『成化実録』巻八十四）。ただ同年十二月には張元吉およびその妻呉氏の誥命（辞令書）が焼却の処分を受けた。罪に坐して除名されたのである（同、巻八十六）。

さらに成化八年（一四七二）三月になると、元吉の子の玄慶が襲爵して正一嗣教真人に任命せられた。元吉がすでに死罪を免ぜられたため、その族人の張光範という者と真人位の継承権を争い裁判になったところ、玄慶が序列からいって年長者であるとの理由で承襲することを得たものである（『成化実録』巻一〇二）。

さて、すでに成化六年十月に判決を受けて配流充軍の刑に服していた当の元吉はその後どうなったか。翌成化九年（一四七三）正月に至ると、その子の玄慶が真人に任ぜられると、奏して父の放免を乞い、かつ母老い子は幼なることを理由とした。これは筋書きどおりである。皇帝その奏を認めて元吉の帰郷を裁可したのである。かくて給事中の虞瑶や監察御史の龔晟らが上書して元吉の罪を極論し、伏して望むらくは朝廷の綱紀を重んじ、元吉をして戍所に終わらしめたしと乞うたが、皇帝の回答はただ「元吉のこと、すでに処置し、その終を待つのみ。親類もなお戍辺せしめたり」との回答であった（『成化実録』巻一一二）。

右の給事中や監察御史の上奏文中に「況んや元吉はもと五斗米賊の後、非道の教を奉ずるもの、国に何の功あり、世に何の益ありてこの非常の眷を蒙らんや」と論じ、天師道だの正一教だのといっても、実は古の邪教五斗米賊の末流に過ぎないと論じているのは、いつに変らぬ儒家流の教団批判の論調であった。

さて右の成化九年正月より満二年を経て成化十一年（一四七五）正月に至ると、再び張元吉を釈放して民とし、粛州より戍役を免除して故郷に還らしめた。検察官の主張では釈放は不可とのことであったが、勅旨では親の死を俟って軍役に還らせるとのことであったから、すでに母親が死亡したからには戍役に還らせるべきところ、その子の真人玄慶がまた恩赦を乞うたので、また命じてこれを釈放する云々（『成化実録』巻一三七）。

聖旨としては何とも持って廻ったような言い廻しであるが、釈放の口実として母だの子だのと人倫を持ち出して煙幕を張ったような口吻である。

これよりさらに二年を経て成化十三年（一四七七）十一月丁亥になると、正一嗣教真人張玄慶に対し、正一嗣教保和養素祖守道真人の号を賜わり、また母の呉氏を封じて志順淑静玄君とした。誥命は玄慶の請に従ったものである云々（『成化実録』巻一七二）。元吉逮捕で龍虎山張氏一門は震撼し、あわやお家は断絶かと見えたが、茲に至って元の木阿弥となった。いや、木阿弥どころか、かの威名赫々たる張天師の道統に復したのである。

想えば、かの『張天師世家』に張元吉の末年を叙して、数年ものあいだ名嶽に歴登したの、仙人旧隠の跡を探ったの、龍虎嵒下に結茅却粒し端坐して化したの、これを挙ぐれば空衣の如くであったのと、古仙人の伝めかして太平楽を並べているのは、元吉の犯罪と粛州遠戍の史実を知りながら、却ってこれを煙に巻いた得意の文章であったかも知れない。見るべし、その後の龍虎山正一天師道の繁栄を。次の世宗嘉靖年代の玄教極盛はいうまでもなく、明清の世を終わるまで、いや人民共和国になって放逐されるまで、龍虎山上清宮に繁栄を保った事実を。そして今に至るまで陰暦五月端陽節の天師符に、剣を揮う張天師としてその勇姿を留めていることを……。

四

ここには題して「張真人の犯罪」としたが、それは正一嗣教真人の職位にあった張元吉だからこそ犯し得た犯罪で、一介の匹夫張某ならば、その性いかに狂暴であったとしても、私刑により四十余人も殺し得るとは考えられないことであった。

由来、教団の一教派が年月を経て基礎を固め、多数の信徒を獲得すると、宗教活動は転じて政治活動ともなり、他の軍事・政治の別勢力に拮抗するに至ること、中国史においては後漢の五斗米道（天師道）、日本史においては一向一揆として織豊の勢力と争った例がある。宗教的権威が同時に世俗的・政治的権威から超然たり得たと感じたとき、そこに教団独自の治外法権ともいうべき自治権を獲得するに至る。いや、獲得したかの如く錯覚したまま、破局が到来するまで治外法権の執行を改めようとしない。

例えば、元吉が正式に正一嗣教真人に封ぜられた代宗の景泰五年（一四五四）八月に元吉が奏して、「近年、各処に多く符籙を私出（秘密出版）して民を惑わし財を取るものあり、請うらくは勅して禁約せられんことを」と、これに従う（『英宗実録』巻二四四）。これは天師符などの印刷発行を真人府における独占事業としたい旨を奏請して認可されたもので、今でいう版権宣言であり、元吉の族人弾圧には多くこの件をもって口実としている。また英宗の天順七年（一四六三）正月に、張元吉が龍虎山上清宮で道童三百十七人を度したいと奏請したのに対し、礼部の回答は「不可」であったのを、英宗は一百五十人に限って度してもよいと許可した（『天順実録』巻三四八）。一挙に三百十七人もの多数の道童（道士候補生）を送り出そうとは、教権に傲《おご》った増上慢というよりほかはない。

ひとたび獲得したかに錯覚した治外法権は、昂じては直接に教団私設の法廷をつくり、大真人をもって最高裁判長に充《あ》て、意の如く従わない者は、族人と族外人とを問わず容赦なく私刑に処してしまう。それは裁判長たる張真人ひとりの性格にも由ることであるが、大半は教主と利害を同じくする教団人もしくは一族の者が背後から使嗾《しそう》し強制した結果なのである。

けれども、悪声はやがて教団外に漏れ、ついには駆け込み訴えで京師に越訴する者も現われる。法廷が龍虎山上から京師に移されると、それはもはや治外法権ではなく、明の朝廷公儀の審判なので、王権と教権と、同時に二種の主権を並立させることができないとすれば、天師教団では至高の裁判長たり得た張元吉も、王権所属の裁判官の判決に従い、一挙に落下して凌遅処死を宣告された稀代の殺人犯とならざるを得ない。

記録によれば、元吉ひとりが悪人扱いをされているが、生来かなり強悍な性格の人物であったとしても、その背後にあって尻押しをしていた族人多数をば、免れて罪なしとすべきではなかろう。してみれば、題して「張真人の犯罪」としたものの、実は「張真人の悲劇」（あるいは喜劇）と題すべきであったかも知れない。

京師北京における元吉裁判に際して、元吉を凌遅処死または戮死《りくし》の極刑に処すべしとの声が高かったのを、死一等を減じて甘粛に配流充軍と変わり、やがて恩赦により放免されて故山に帰り、幸に身首を全うして牖下に死するを得たのも、この「張真人の犯罪」が、前述のごとく実は「張真人の悲劇」であったことを、明王室の歴代皇帝が、内官と近臣に迫られて心ならずも玉座を昇降せざるを得なかったわが身に引き比べて、暗に理解し同情し、心ひそかに惻隠の情をもって見守っていたからではなかろうか。

（一九九四年三月、大谷大学『文芸論叢』第四十二号「平野顕照教授退休記念特集」）

僧と世間

僧とは僧伽《そうぎや》 San gha の略で、複数（通説では四人以上）の出家人・修行者が寄り集まって協同生活を営む組織をいったから、小規模な教団の意味であった。後に単独の出家人をも僧とよぶようになったのは、あたかも兵士一名でも「兵隊さん」とよんだようなものである。

出家の集団だから世間の俗人とは生活様式を異にする。人としての最低限度の生活物資つまり衣食住は必要であるが、世間から脱離したからには、世の常の人々が営むと同じ生産や交易の業に従事することは認められないので、どうしても別途の生計を考えなければならぬ。といっても、露を飲み霞を食う深山幽谷の仙人ではないから、出家とはいうものの、やはり俗人世界と不即不離のところに身をおいて生活する第二種の在俗人となることである。つまり世間に依存し寄生して生きるという方法である。僧伽を出入して托鉢行《ぎよう》乞《こつ》をなし、あるいは施主から財物の布施を受けるなど、その初歩的な行為であった。

しかし出家人と在俗人との間に信仰上の信頼関係のある限られた地域内ならば、無言で人の門口に立っただけで、その家の主婦も無言で食べ物を喜捨してくれるかもしれぬが、世がくだって出家人の数がふえ、その素性も怪しいものになってくると、世間としても無条件ではその求めに応じきれなくなる。僧である証拠として、なんぞの対価となるものがなければ、行乞も布施も成り立たなくなる。といっても、世間有用の物資をもって交易するわけでもないから、せいぜい習い憶えた呪語を唱えたり経文を誦したりして相手を信用させ、もって対価に代えることになる。

この僧と世間との対応関係を示す二、三の例を、中国僧伽史の中から任意に取り出してみる。檀家の多い恵まれた寺の和尚さんたちにとっては、あるいは渋い顔をするような例であるかもしれないが……。

一　呪願

わたしは若年のころに「支那仏教唱導文学の生成」という一論考を発表した。これは中国仏教通俗文学史の発生を考察したものであるが、その冒頭に「行乞・神異・呪願」の一項を立て、これを「唱導文学の播種期」と見なした。その節に書き漏らした資料を補って再説する。

行乞とは僧人が頭陀《ずだ》（行脚）して民家の門に立ち、食を乞うことで、いわゆる乞食行である。仏教東伝の初期には、相当な高僧でも、みずから鉢を持って家々に食を乞うたこと、梁・慧皎の『高僧伝』にも幾人もの例をあげている。

ところが仏教の外護者によって寺院が建てられ、僧もこれに定住して訳経事業などに専従できるようになると、みずからの沿門行乞のことは卑賤の所行とみなされ、代わって賤民乞丐の徒がこれをまねて、いわゆる放浪遊行の乞食芸能を産み出した。その口実もまた教化と祝福とにあり、少なくともその外形においては僧人の頭陀行乞と、ほとんど同じであった。中国の俗語で、乞食のことを花子《ホアツ》という。その語源は化子《ホアツ》であり、さらに遡ると教化子・叫化子・抄化子で、すべて言語詞章をもって人を教化《きょうげ》・唱導・祝福する者の意である。行乞を介して聖と俗、僧と賤民とは同類になった。

言語をもって他を祝福祈願することを古くは呪願といった。宋・賛寧『僧史略』巻中によれば、西域地方では上座（小乗仏教の部派）の僧が施主の請に赴くと、「二足常安、四足亦安、一切時中皆吉祥」等のことを呪願して檀越の心を悦ばせたとある。二足は人、四足は牛馬などの家畜であろう。檀家の法事や施食に招かれると、こんな吉祥の呪語をもって一家の平安を祝福したのである。

普通に呪願というのは、食事の直前に唱える祈りの文句で、斎粥呪願とも称し、首座の僧がこれを唱えることになっていた。わが無著道忠の『禅林象器箋』諷唱門によると、その粥時呪願の文句は「粥有十利、饒益行人、果報無辺、究竟常楽」（粥に十利あり、行人を饒益す、果報無辺にして、究竟常楽なり）と粥の徳をたたえる。斎時呪願では「三徳六味、施仏及僧、法界有情、普同供養」（三徳六味、仏および僧に施せば、法界の有情も、普《あまね》くともに供養せん）と斎会の施食をたたえるのである。

しかし呪願は単に食を施された場合とは限らなかった。すべて僧が在家の施主に招かれて祈願呪福する機会は人事の諸方面にわたっていた。

東晋の仏陀跋陀羅と法顕との共訳『摩訶僧祇律』巻三十四「明威儀法之一」（大正蔵一四二五）によると、もし亡人のために福を施す者は、かくのごとき吉祥の歎をなすべからずとて示したのは、「賢善已無常、今是吉祥日、種種設餚饍、供養良福田」（賢善すでに無常、今これ吉祥の日なり、種々に餚饍を設け、良福田に供養せん）——つまり、死者供養の席に、こんなお世辞めいた語は場違いだから、いけないというのである。それではどう唱えればよいか。「まさに是《かく》の如き呪願をなすべし」とてあげた文句は、「一切衆生類、有命皆帰死、随彼善悪行、自受其果報、行悪入地獄、為善者生天、若能修行道、漏尽得泥洹」

（一切衆生の類、命あるものみな死に帰し、彼の善悪の行に随いて、自らその果報を受く。悪を行ないしものは地獄に入り、善を為せし者は天に生ず、若《も》しよく道を修行せば、漏尽して泥洹《ねはん》を得ん）と、幸便に死後の善悪業報と仏道修行を説けというのである。

死者の場合に限らず、以下この調子で、「子を生んで福を設ける者」「新舎に入りて供を設くる者」「估客（貿易商人）が行《たび》せんと欲して福を設くる者」「婦《つま》を取りて施す者」「出家人が布施する者」など、それぞれの場合に唱えるべき呪願文を規定している。つまり追善・誕生・新築・旅行・婚礼をはじめ、同じ出家人から布施を受けた場合に至るまで、それぞれに適応する文言をもって呪願をせよというのである。

僧が世間人と接触する機会は、仏教東漸史の初期においては、こんなに多方面に及んでいて、ひとり葬式と盆供養の法事だけではなかった。そして、それぞれの場面で、僧は呪願という原初的な法施行をもって施主に報いた。これは同時に勧化唱導のわざであり、仏教弘通の一端だったのである。

二　談経

北宋時代の首都汴梁《べんりよう》（河南省開封）や南宋の臨安（浙江省杭州）など、繁華な大都市には、市中の各処に「瓦子《がし》」とよばれる盛り場が設けられ、そこには演劇や講釈や見世物など各種の技芸が繁昌していたことは『東京夢華録』や『夢粱録』や『武林旧事』など掌故の書に詳しい。

この中で、講釈のことは当時の用語では説話とか説書とか平話とかよんだ。その題材によって、三国鼎立の動乱史を語る「説三分」、五代史の興亡を読む「説五代史」、合戦の修羅場を得意とする「説鉄騎児」、裁判犯罪物の「説公案」などがあった。仏教関係では「説経」があり、「仏書を演説するを謂う」と注する。ほかに「説諢経」「説参請」などもあったという。

ところで、この中の「説経」に限って、別に「談経」と書かれることもある。もし「説」と「談」とが共に「語る」「講釈する」という同義語であったならば、他の場合も「談三分」「談五代史」「談公案」と称してもよいはずであるのにその用例は見かけない。「説経」に限っての別称であったらしいのは、そもそも偶然か、それとも然るべき理由があったのか。このこと、早くからひそかに疑問としてきたが、まだ明解が出せないでいる。

疑問の第二点は、これらの「説……」の講釈を読み物化したと思われる刊行物には、たとえば「説三分」には『新刊金相平話三国志』があり、「説五代史」には『新編五代史平話』がある。そのほか「説公案」にも各種の公案物を敷衍した旧話本や説唱詞話本が現存している。ひとり「説経」「談経」に至っては、これぞこの種の仏書演説の見本であろうと推測される資料が遺されていないのは不審である。はたして仏教故事を平談俗語をもって語る講釈の一類だったのであろうか。

仏母大金曜孔雀明王、略して孔雀明王とよばれ、一羽の孔雀の背に趺坐する一頭四臂の天部を本尊とする密教系の経典に唐・不空三蔵訳『仏母大孔雀明王経』三巻がある。不空訳に先後して梁・僧伽婆羅訳『仏説孔雀王呪経』二巻や、唐・義浄三蔵訳『仏説大孔雀王呪経』三巻、秦・鳩摩羅什訳『大金色孔雀王呪経』一巻などがあるが、普通に『孔雀経』とか『孔雀明王経』として流布するのは不空訳のものである。

中国では『法華経』をはじめ、『涅槃経』『金剛経』などはしきりに読誦されたが、密教系のものは短い密呪・心呪のほかは読誦されることは稀であった。ところが、どうしたわけか、宋代以来、右の『孔雀経』を専門に読誦して施主の要請に応ずる僧または半僧半俗の行者があった。

宋・洪邁『夷堅志』支癸巻六「野和尚」の条によると、湖北襄陽の南関寺の宝枢《ほうすう》という僧、俗姓は野《や》氏。もと泰州の人であったが、南関寺に駐錫したのが二十歳の時で、「能く孔雀経を談誦し」、声音清亮、人家では多く邀請し、衣鉢を富有したので、俗の野和尚とよばれたと。これ以下、南宋孝宗の淳熙元年（一一七四）、ふとしたことから一優伶が連れた少女と昵懇になり、ついに還俗し、これを妻として三子を産む。十余年にして妻が病死すると、また旧度牒を用いて剃髪し、三子も継いで僧となり、南漳の双池寺に移居し、「孔雀経を弾ずること初の如し」。光宗の紹熙五年（一一九四）にはまだ在世していたと。「弾」は「談」と同音だから、誤って「弾」の字を用いたにしても、少なくとも「説孔雀経」ではなかったことの証左になる。

また同書支乙巻八「陳二妻」の条にも、浙江金華県孝順鎮の農民陳二なる者、その妻が懐妊したので、太平寺の僧に請うて『孔雀明王経』一部を誦し、願を懸けた。やがて男の児が生まれたが、久しく願ほどきをしなかったためか、妻が病んで盲目になった。夢に一僧が現われて、我に千銭を出せば眼病を治してやろうという。夫が約を守って焚香し、やっと一千文を償うと、翌年の春には妻の眼もあいたという。

さらに同書支景巻二「孔雀逐癘鬼」の条では、浙江撫州宜黄の鄒《すうち》智明《めい》なる金持ちが病気になる。「能く孔雀明王経を誦する」という臨江寺の住持を招いて加持させる。室内に仏像を舗設して床前で誦経する。智明が見ると、仏像を掛けたところに一羽の孔雀があり、尾でもって癘鬼《れいき》を逐う。そこで紙銭を買って祈禱すると、奇形異状の諸鬼十数が去っていった。智明これより持病の頭痛が平愈したと。「仏像を舗設する」とは、神仏の画像の掛軸を展《ひろ》げて壁に懸けることだから、孔雀明王の画像を前にして誦経したのである。

これらはただ『孔雀経』を談ずることを得意とする僧があって病気を治したというだけ

の誦経功徳譚かもしれない。しかしこの「談孔雀経」は功徳が喧伝されて、後の明清時代には杭州地方では一種の仏教的年中行事にもなっていた。明・田汝成『西湖遊覧志余』巻二十にいう、「二月十五日は花朝節である。この日、宋時には撲蝶の戯（蝴蝶を捕らえる遊びか）があったが、今は挙行しない。寺院では涅槃会を啓《ひら》き、孔雀経を談じ、拈香するものこぞりて至るは、なおその遺俗である」と。

右の「談孔雀経」なる法儀、ただ僧が仏前で誦経するだけなら他奇もないが、多くの参詣者を集めたのは、ただの読経ではなく、もっと音曲的な要素を具えたものだったからではないか。明の嘉靖三十年代（一五五一―一五六〇）に出た『孔雀尊経科儀』という壇儀書を見ると、その法儀の進行に民間流行の歌曲「掛金索」「寄生草」「清江引」「浪淘沙」「金字経」「採茶歌」の六調が採用されているから、ただの伝統的な仏前の法事とは趣が違っていたことがわかる。

この風は次の清代になると拡大俗化されて、一段と演芸的なものとなる。清・范祖述『杭俗遺風』（同治二年序）声色類の「談孔雀経」によれば、「僧家に経一種あり、名づけて孔雀経という。各調の戯曲を編み列ねて、崑腔・乱弾・徽調・灘簧《タンホアン》および九調十三腔の如きもの均しくみな斉備している。和尚八人をもって生・旦・浄・丑の各章に分け、吹弾歌唱すること、そっくり唱戯家（芝居の唱優）と同じである。素事（精進の法事）あれば、はじめてこれを用いる」と。扮装や演技科目までは伴わなかったらしいが、各調の詞曲を編成し、しかも八人の僧がそれぞれ役柄を分けて唱ったといえば、尋常の仏典読誦の法儀とも思われず、すでに仏事に名を借りた通俗演芸つまり参詣客寄せのアトラクションになっていたのである。

明清時代の異常に俗化された「談孔雀経」から推原して、宋代の談孔雀経もそれだったとは言えないにしても、当初からして後世の演芸化を導くような音曲を主とする萌芽は伏在したのではないか。

すると、宋代の説経が特に談経ともよばれながら、その話本らしいものもあまり伝存しない理由は、仏教の一故事を演説するだけでなく、もっぱら既存の某経典を鳴り物入りで朗誦し、その声調音曲の妙が欣《よろこ》ばれたからではあるまいか。「談」を「弾」と宛てたのも、案外に楽器弾奏の記憶からして、思わず誤ったのかもしれない。これは宋代以来の談孔雀経から得た一ヒントである。宋代演芸史の解明には程遠いが、少なくとも僧と世間とが、こういう形で接する場合もあったという一事例にはなるだろう。

三　火宅

中国には古来さまざまな民間の大小宗教結社があり、時には不軌を謀ったという嫌疑によって「妖民」として罪せられることも多かった。中には白蓮教だの無為教だのと称する教団に発展することもあったが、そこまで大きくならない泡沫のような小教団なら各地に散在した。本邦の念仏講集団や修験道の信者のような小グループである。宋代の白衣社もその一団であった。

『夷堅志』三志壬巻六「蔣二白衣社」の条。鄱陽《はよう》の若者で、やや慧性あるもの、好んで相結んで誦経持懺し、僧家の事業をなす。率ね十人で一社とする。人家に吉凶福願あれば、ともに往きて道場を建て、斎戒して梵唄し（仏教音楽を奏し）、鐃《にょう》を鳴らし鼓を撃つ。初夜に始まり四更にして散ずる。一切が僧の儀のごとく、おのおの精誠を務め、また捐匄《えんかつ》施与の費（無用の入費）なし。……一邦の内、実に繁く徒あり。多くは皁衫《そうさん》を着け、乃ち名づけて白衣会となす云々。

文面にすれば、なんら無頼の徒輩ではなく、相互扶助の善意から発した信仰集団だったらしい。皁衫とは黒色の上着であるのに、白衣会とは名称が矛盾する。あるいはマニ教系の白衣会からつけた会名だったかもしれないが、とにかく白衣会と称する民間信仰集団のことは、宋・鄭克『折獄亀鑑』巻八「李応言」の条にも、太康県で民数十人を捕らえたが、それは浮屠《ふと》（仏教）の法を事とし、相聚まりて祈禳するもので、白衣会と名づけていたとある。宋・耐得翁『都城紀勝』三教外地の条にも、杭州の諸大禅刹のほか、また僧尼廨院・庵舎・白衣社会・道場奉仏処所など、あげて紀《しる》すべからずとある。これらは俗人にして通常の職業に従事しながら、小人数の講社を結んで僧道の業務を代行するものであった。辺陬の地になると、仏寺も乏しく、正規の僧も乏しいので、俗人にして剃髪して僧形をしながら、実際生活では妻を持ち子を養い肉食をする半俗僧もあった。特に嶺南地方にはこれが多くて、火宅僧、火居僧または師郎とよび、その妻を梵嫂とよんだ。それら唐宋以来の地方の異風については文献も多く、一部は清・趙翼『陔余叢考』巻四十二「妻肉僧」にも列挙せられている。わが中近世の真宗系の妻帯僧を想わせる。火宅とは生老病死の憂患を燃える家屋に見立てた譬喩であるが、ここでは色食の欲のまま俗世間に住む煩悩具足の僧の意か。道教でも非出家の擬似道士を火居道士とよんだ。火はあるいは夥（なかま）の連想があったかもしれない。グループのことを伙伴《ホウパン》・夥伴《ホウパン》ともいうからである。

たとえば光緒の広東では、『光緒四会県志』編一風俗の条にいう、「道士はない。もし祈禳に事あるときは火居道士をもってこれにさせる。地方官も禱雨祈晴などにはまた火居道士を役に充《あ》てる。故に城郷の間には道館が甚だ多く、俗にこれを男巫先生公といい、あるいは喃魔ともいう。その意は南無の訛である。しかし習俗相沿って甚解を求めず、道士諷経のこともまた『喃一輌魔』という。道士中かならず一人を道紀司道会に充てる。各道館および女巫はみなその管轄に帰する」と。つまり正式の道士ならざる巫に近い在俗の擬似道士だったようである。

このほかまた応付（赴）僧の称もあった。明治二十五年刊の安東不二雄著『支那漫遊実記』にいう、「僧は一般に妻帯肉食は厳禁なり、唯り応付僧とて妻帯にあらざるも、肉食の僧にて、市中に居住し、在家の依頼を受けて、法会・回向等を執行する者あり。応付僧とは古き名称なるが、如何なる意義にて名づけしものにや、考ふるに由なし」と。

按ずるに、『通俗編』巻二十「釈道応付僧」の条に『禅宗記』を引いて、「禅僧は褐を衣《き》る。講僧は紅を衣る、瑜珈僧は葱白を衣る。瑜珈僧とは今の応赴僧なり」とある。瑜珈《ゆが》僧とはヨーガすなわち密教系の加持行者の意味から出た名称らしいが、居住の寺は持たず随意に市井に住んで肉食もしたから火宅僧の一種である。在家の要請に応じて気軽に法事に出張したから応赴（付）の称が起こったのではあるまいか。家政婦みたいな呼び出し出張の簡便な法事屋だったのである。

*

呪願僧・談経僧・火宅僧の三類だけをあげたが、僧といっても一宗一派を開いた名僧や、玄奘三蔵のような学僧、つまり歴代の『高僧伝』に載るような高徳碩学ではなかった。しかし世俗との接触交流が日常的であったという点では、むしろこれらの無名の庸僧や半俗僧のほうが上だったのではあるまいか。ただし、これは仏教史というものを、教理史か社会史か文化史か、どういう視点で把握するかということに帰着する。史的評価は、その視点の如何によって決まるのである。

変革と宗教結社

一　政治と宗教

「革命の根本問題は政権問題である。上部構造のそれぞれの領域たるイデオロギー・宗教・芸術・法律・政権も、その最も中心となるものは政権である。政権をもてば一切をもち、政権を失えば一切を失う」。――これは文化大革命の始まったころ、一九六六年六月一日付『人民日報』の社論「すべての化物《ばけもの》を一掃せよ」（横掃一切半鬼蛇神）の一節で、まさしく権力は正義なりの思想である。文化大革命と呼称するから、学術・文芸などの文化界だけの整風運動かと思っているうちに、事態はもっぱら主流と反主流との主導権争奪を中心として全国的に拡大した。

政権が一切であることは、今次の文化大革命に限ったことではない。中国共産党四十年の歴史を通じて、すべての闘争は、まるで打出《うちで》の小槌のように万能の力を発揮する「政権」を奪取し掌握し行使することであった。思想も宗教も芸術も、それ自体では問題とならず、つねに政権という小槌に触れると摩擦をおこし火花を発し、あるものは粉砕された。当面の課題とする解放前後の宗教問題も、単なる教理史や教団史としての仏教史・道教史・キリスト教史ではなく、政権との接触・衝突・抵抗・変貌の過程である。宗教としての伝統ではなく、ある時期の政治との関連における比重が問題である。

宗教としてはむしろ低級で、歴史的にも仏教や道教などの既成宗教のかげに隠れてきたものでありながら、共産党政権との関連では、一時期には激烈な摩擦をおこしたものに、民間の宗教結社、いわゆる「会」・「道」・「門」があった。これは教理の面では仏教または道教から出ているものであるが、体系的な教理をもつ組織的な教団としては固定せず、きわめて流動的に自生自滅した無数の新興宗教である。非公認であるから多くは特殊な秘密組織をもって各地に潜伏し、時には「官逼民反」を口実とする反権力闘争の集団となって蜂起した。歴代の為政者にとっては仏道両教のように御しやすいものではなく、その取り締まりに手を焼き、しばしば苦汁を嘗めさせられたものである。果たしてこれが中共政権との関係においても敵対行動をとった。問題は非合法の「邪教」という宗教的性格にあったのではなく、階級闘争・対国民党闘争および解放後の反革命鎮圧運動の重大なる障害になったという点にある。

キリスト教もまた宗教問題というよりも対外問題として高度の政治性をもつ。キリスト教は最も新しく中国に入ってきた「外来宗教」であるが、宗教としての自力で入ってきたのではなく、近代ヨーロッパ列強の国力武力を背景に、経済的・文化的進出の触手として中国布教がおこなわれたから、列強の帝国主義侵略からの解放と自立とを悲願とする革命史においては、キリスト教問題の占める比重は大きい。

回教はこれとは性質を異にする。キリスト教のように民族を超えた普遍性をもつ世界宗教ではなく、言語・風俗・習慣を共にする一民族に密着するものであるから、中国でも過去には漢民族とのあいだに衝突と紛争が繰り返されたが、共産党政権になってからは、主として国内の「少数民族問題」として処理せられ、ほぼ解決を得ている現在では、キリスト教ほどに尖鋭な対立関係は見られない。

仏教も本来は外来宗教であったが、その歴史があまりにも悠久で、もはや完全に中国人の体質にまで滲みこんだ土着の宗教となっており、信者の層も最も厚い。ただ中国インテリ層の伝統的な対仏教観によって叩かれつづけ、長い歴史のあいだに無力化して、時の政権に正面から対抗するということもなく、共産党政権との関係においても、ほとんど一方的に処理せられた。正面からの宗教問題としてではなく、側面から土地改革による寺産没収および僧侶の生産への復帰という手段によって、教団の経済的基礎は掘り返されてしまった。道教もまた同様である。

ただ仏教は東南アジアの諸民族および海外華僑との因縁もあるので、解放後はその点に相当の利用価値が認められているようだ。これに反して、道教は中国発生の宗教とはいっても、信徒数も少なく、ことに迷信との結合が仏教以上に濃いと見られること、および対外的な配慮も必要がないなどの事情から、道教に対する風当たりはやや強いのではなかろうか。

これらの諸宗教の基層には広汎な領域をもつ「民間信仰」がある。山野湖海の神々、禽獣木石の精霊、各種の生活儀礼から民間医術にまで普遍する断片的・素材的な無数の「俗信」である。上は宗教結社や仏教・道教とも交錯し、庶民の心意・風俗・習慣に融けこんで、暗にこれを規制する力をもつ。それが現実生活とのあいだにズレが生じ、生活の利害に抵触するようになると「迷信」とよばれる。唯物論との衝突により、封建落後の遺毒と見なされている。ただそれは対象が民衆の生活や心意であるため、権力による処理は主として迷信をもって生活の資としてきた下級職業宗教家（巫女・術師・祈禱師の類）の排除と改造とにおかれ、一般民衆に対しては、もっぱら社会経済機構の変革による意識の変革と、気長い科学教育の効果に待つという態度である。

二　解放前の宗教結社――会・道・門について――

会・道・門などとよばれる民間宗教結社の問題はきわめて特異である。前述したとおり、伝統的・統一的な宗教ではないから、時期と地域とを異にして大小さまざまな結社が生まれ育ちそして消えていった。個々の結社を取り出してみた場合は、浅薄な教義や低級な呪術に頼るだけの他愛もないものにすぎないが、ただそうした隠花植物のような前近代的な宗教が繁茂し、共産党政権との対決においても侮りがたい抵抗力となった点からみて、「他愛もない」だけでは済まされないことがわかる。それは社会矛盾の地表にはびこる根強い毒草ともいうべきものだったからである。

民国十八年（一九二九）六月に出版された『革命と宗教』と題する小冊子がある。国民党員によって書かれたものらしく、革命思想から見て濃厚な宗教思想の存在を許すべきではないとする宗教排撃の論説や資料を集めたものである。前半にはキリスト教の侵略性を批判し、後半には「民風叢話」と題して、その当時に存在した各地の宗教的秘密結社の例をあげている。

たとえば河南の紅槍会をはじめ、四川の神兵、安徽・湖北などの大刀会、山東の無極会、江蘇の小刀会の暴動、それに唐聖人の吃屎《きつし》教という奇妙な新興宗教や同善社の秘密組織を紹介する。そのほか、開封に真命天子が出現したとか、四川峨眉山に朱復明と称する皇帝が出たとか、山東でも帰一道（一心堂とも浄地会ともいう）と称する結社で天子出現のデマを飛ばしたとか、さらに迷信に属するものでは、広州市に観音菩薩が示現したの、浙江湖州の青蛙将軍だの、杭州の朱天大君だのと、すべて結社・暴動・謡言・迷信に関する報道と解説とである。

宗教結社が蠢動し、真命天子だの朱復明だのと、まるで明末清初に逆戻りしたような時代錯誤のデマが飛び、各種の迷信的な事件が頻発するのは、たいてい社会の混乱期・過渡期で、まさしく人心動揺の兆である。民国十七・八年といえば、北伐戦が一段落して南京に国民政府が成立したとはいえ、一方では国共関係は分裂して中共の南昌蜂起があり、日本の山東出兵によって国民革命軍との衝突（済南事変）も起こるという南北ともに物情騒然たる時期であった。上記の小冊子にあげられたのは、そういう動乱の時勢に刺戟されて、たまたま新聞種になるような目立つものが現われただけで、これで宗教結社の類型が悉くそろったというわけではない。表面には現われなくても、このほかに宗教信仰を本筋として何者かによって創唱せられた小教団も各地にいくつもあったわけだ。

これらは普通には結社名に「教」や「道」の字をつけて、教義宣揚を目的とするまじめな修養団体・信仰集団であることを標榜するのだが、信者から徴収する入会金や奉納金が潤沢になるにつれて、教首はそれで生活できる職業的宗教家となる。布教方法の新奇巧妙なものになると、かなりの速度で教勢が拡大し、一村落の小さなグループから、一県一省もしくは数省にわたって支部や分会をおく大教団に膨脹することもある。しかし間もなく内部の権力争いから分裂を起こし、地方の幹部がそれぞれの地域で新教名を名のって独立する。離合集散と盛衰興亡の激しいのが常で、教名は異なっても実際の教義・組織・布教方法など大同小異であるのはそのためだ。これが宗教結社の典型で、宗教的色彩の最も濃い一類である。

なお、これらの多くは「堂」と称する集会所をもち、「壇」と称する神壇を設け、「扶箕《フウチィ》（扶乩）」とよぶ神おろしの方法で関帝や観音などの神仏の託宣を仰ぐとともに、一方では慈善団体として貧民救済・病気治療などの社会福祉事業をも経営する。慈善団体は名称の上では「善会」とよばれ、「教」や「道」と区別されるが、実際は宗教結社の事業の一部である場合が多い。

紅槍会のように「会」を称するものは、むかしは「会党」「会匪」と総称せられた。紅槍会のほか、黄槍会・緑槍会・白槍会・黒槍会・天門会・妙道会・大刀会・小刀会など。その会名が武器に因むのを見てもわかるとおり、刀槍・拳法などの武術によって糾合された集団で、刀や槍の柄につけた総《ふさ》の色で分けたものである。

その組織も、たとえば紅槍会では最高指揮者が大師兄で、その左右に二師兄・三師兄がある。大師兄の下に団長・営長・連長・排長（または班長）という順で上下の階級があり、まったく当時の軍隊組織に擬しているところが宗教団体とは趣を異にする。ただ通常の軍隊と違うのは、権力が無生老母だの黄蓮聖母だのとよばれる最高の神から出ることで、事があれば大師兄が焼香祈請して神の啓示を仰ぐ。啓示を大師兄が会衆に伝達する。実際には大師兄の意志から出た命令であっても、それが神の権威を負うかぎり絶対で、まさしく神権的軍事組織である。この濃厚な神秘性が宗教結社ともその一点で繋がる。つまり信仰の力が強靭な紐帯となって会衆をひとつに引き緊めるのである。宗教結社とは別の類型に属するようだが、実際には教・道・会・門は複合して存在し、ただその内部において主として信仰・修養・慈善事業などに携わるものを「文会」とし、武芸のほうを「武会」として分ける。日中戦時代に河北・山東で一貫道と並んで大きな勢力をもっていた先天道などもこの行き方をとっていたようで、まさしく義和団の複製版であった。

宗教結社の軍事組織は、農村の自然発生的な自衛組織がその原型であった。地方農村が各種の軍隊や匪賊によって蹂躪され、あるいは天災によって混乱が起こっても、純農民だけでは防衛力を持たない。それに代わり、それを補うのがこの種の集団による組織力である。というのは、この集団には土着農民以外の遊民・無頼・博徒・武芸者の類が混入して、適当な指導者の下に次第に半職業的な「兵力」を形成する。劣弱な装備をカバーするには、符呪の力によって敵の刀槍砲火にも絶対に死なないという信念がある。教徒だけは神の守護によって、どんな危難にも生き残るという確信である。

ひとたび兵力として組織化されると、素朴な自衛自治の程度を超えて、政治的にも順逆両方に振れ動く地方勢力となる。地方に延びてくる政権や軍隊に抵抗して土匪として討伐される場合もあれば、またそれらの政権や内部の野心家に利用され買収されて、その兵力の一部として改編される場合もある。軍閥時代にはそれは常見のことであった。国民党時代には改組されて「民団」になったこともある。

元来これらの集団が多少とも政治目的らしいものを掲げていたのは清朝滅亡までで、「反清復明」という種族主義《ナショナリズム》に立脚していた。その種族主義が、たまたま排外主義に転用されたのが義和団の場合である。孫文らの辛亥革命には、この「反清復明」が「滅満興漢」に改められて、かなりの歴史的役割を果たしたことはよく知られている。しかし民国以後には滅満の目標が消え去り、政治的には無性格に近いものになった。時おり真命天子だの朱復明だのという時代錯誤のデマが飛ぶのは、失われた「復明」の亡霊が白日に顔を出すのである。その無性格が、権力と利害によって操縦されると、時に応じて「抗日救国」になったり「反共救国」になったりする。先天道でも「宣揚道義」のほかに、やはり「反共救国」をスローガンに掲げていた。

三　宗教結社に対する中国共産党の政策――一貫道を中心として――

抗日戦・解放戦ならびに解放後の反革命鎮圧の各段階を通じて、中国共産党の革命推進に大きな抵抗を示した宗教結社としては、決まって一貫道の名があげられる。あたかも宗教結社としてはこれだけしかなかったような印象さえ与えているが、その他にも先天道をはじめ九宮道・聖賢道・中央道・天道・後天九宮道・紅福道など無数の教団が全国各省にわたって潜在していた。ただ一貫道がその中でも最大の勢力をもち反共的色彩が強かったから、反動的宗教結社の代表として宣伝され、集中砲火を浴びることになったものらしい。一貫道という教名は、『論語』の「吾道一以貫之」(わが道は一もってこれを貫く)から取ったもので、天地万物を貫通する絶対の真理という意味のほかに、三教一理の意味をも兼ねている。一貫の語は古く同善社でも引用され、「一」を道の意味に解説していたというから、使用の先後はわからないにしても、とにかく一貫道独自の用語ではない。一貫道では儒仏道の三教にキリストからマホメットまで引き入れて五教帰一を説いたようで、まことにゴッタ煮のような雑然たる混成宗教であった。老子の道を祖とし、それに儒仏の道統系譜を並べていって、第十五代の祖師を王覚一とする。

所伝によれば、王覚一は山東青州の人で、西乾堂姚《よう》鶴天の弟子として東震堂の祖師となり、多くの著書を遺したとある。この王覚一の名は、正規の史料では『清実録』徳宗巻一六二の光緒九年(一八八三)四月の条にも見える。山東の教匪で、漢口に赴いて徒党を集め反乱を企てているという簡単な記事である。また『新増刑案滙覧』巻三の光緒十年の条にやや詳しく出ていて、教首王覚一はまだ逮捕されないが、その徒党として張懐松、陳本立など数名が検挙されたことが見える。

この王覚一を一貫道史上の重要な祖師とし、その著と称する経典を多く伝承しているところから考えると、一貫道は山東に発祥した教団であって、乾とか震とかいう字は八卦教の分派を示す字号だから、おそらく清代に各地で暴動を起こした八卦教の一派震卦教を源流とし、義和団を経過してきたものと推定される。第十六代が劉清虚、第十七代が路中一。この路中一が光緒年間に一貫道と改称したともいうが疑わしい。第十八代が張天然で、民国十九年(一九三〇)に道統を継ぎ教首になったと伝える。一貫道が発展して河北・山東から長江流域一帯にまで教勢を拡大したのはこの張天然以降、特に一九三六年の日中関係緊迫のころであるから、中国共産党にとって悪名高い一貫道は、実質的にはこの張天然より始まったといってもよい。

一貫道の教義や組織を詳しく述べる余裕もなく、また述べてもあまり意味はないが、注目すべきは、やはり古来の弥勒白蓮教を継承して「三期末劫」ということを唱えることである。世界は末劫の世に入り、やがて「劫」すなわち終末の世の大難が到来するというのである。この教説は空疎なようでも、眼前の社会事象に翻訳して示されると、不安な信徒には強い現実感を帯び、大きな恐怖となって迫る。民国以来の相つぐ軍閥戦争と土匪の横行、天災の頻発と農村の破壊疲弊、さらに日本軍の来寇、その後に共産軍の進攻とそれに伴う社会経済機構の未曽有の大変革――それらはすべて扶箕の神語によって啓示される末劫の到来を想わせたから、教徒は「劫」を救ってくれる神仏の出現を希求せざるを得ない。政治的に無性格とはいえ、もともと信仰を第一義とし、思想的にも保守・国粋・封建の傾向が強くて、社会変革を「劫」として受けとめる教徒からみれば、神と宗教とを否定し、地方の既成秩序を根柢から覆すものと宣伝された中国共産党の主義や政策は、まったく異質であったから、地方防衛は旧体制維持の努力となり、それが反共的活動となって現われたのも不思議ではない。

共産軍が国民党軍を撃破して、ある地域に進出すると、党と政府からは工作隊が派遣されて土地改革の準備にとりかかる。地主側は事前に策動し、農民を威圧したり買収したりして対抗する。その際に地主らの密命を受けて暗躍し無頼の徒を使って破壊工作をするのは、これら宗教結社の教首・幹部である。だが、これらは反革命分子として、そのつど逮捕処刑され、末端の農民教徒を結社から切り離す工作が続けられた。それは共産軍の総反攻が進展するにつれて効果を収めていったのである。しかし完全に掃蕩できたわけではなく、蔣政権が遠く台湾に遁れた後も、大陸各地には国府軍の残存部隊が散在して、武器を隠匿し、旧地主・資本家・宗教結社員などと気脈を通じあって、秘密組織による破壊活動に従事していたのである。

ところが人民共和国成立後まもない一九五〇年六月に勃発した朝鮮戦争と、同年十月の人民志願軍の戦争介入という新事態によって、農村に潜んでいた反共分子の活動は一段と激化することになった。なにしろ抗戦八年、内戦四年の長期にわたる混乱によって疲弊しきった民力がまだ回復されないうちに、またもや新たなる戦争に突入したのであるから、民心は動揺し、戦争による財政負担の増大に不平の声も出るようになると、この国内不安を利用しようとする分子の反共ゲリラ活動が再び表面化したのである。政府は一九四九年制定の『政治協商会議共同綱領』第七条の方針に基づき、一九五〇年七月には早くも反革命活動鎮圧に関する指示を出して、これらの分子の取り締まりを強化したが、不充分と見て翌五一年二月にはさらに詳細な『中華人民共和国反革命懲治条例』を公布した。朝鮮戦争下の国内態勢を固める一種の治安維持法であった。

この条例に示された反革命分子とは、国府軍の特務・漢奸《スパイ》（通諜者）・悪地主・土匪・光棍《ごろつき》および反動的宗教関係者、あるいは違法活動をする地主・資本家その他である。反共ゲリラの本命は国民党の放った潜入スパイと見られており、これについて政府があらゆる宣伝機関を総動員して国民に警告したことは、わが戦時中の防諜思想の宣伝と同じであった。ただ、これらの反革命分子の一類に宗教結社のあげられている点が他国に見られない特徴で、その勢力がいかに根強いものであったか、また政府がいかに宗教結社の反動勢力を警戒していたかがわかる。その当面の攻撃目標が一貫道で、一九五一年四月には『一貫道是什麼東西』（一貫道とは如何なるものか）と題するパンフレットなども出版され、結社の組織や手口や罪状を暴露し、その撲滅を呼びかけている。

条例の施行を機として宗教結社の教首・幹部も各地で摘発処分され、鎮圧運動はかなりの効果を収めたのであるが、一方また弾圧強化の反作用として結社側の抵抗も一段と強まり、積極的に各地の会・道・門を連合して暴動を起こした例も少なくない。土地改革は一九五二年には基本的には終了したとされているが、それ以後にも反抗は形を変えて続いた。ことに一九五五年ころの新聞には、いくつかの関係記事と論説が載っており、その暗躍の執拗さを伝えている。

たとえば五五年七月七日付の『人民日報』に載った「堅決打擊反動会道門在農村中的破

壊活動」（農村における反動会道門の破壊活動を徹底的にやっつけよ）と題する記事によれば、一九五四年ころから、陝西・湖北・湖南・広東・広西の各省では、いずれも反動的な会・道・門の破壊活動が現われた。貴州省でも、一貫道・帰根道・天道などの会・道・門の破壊活動は、六県十五区三十五郷にあまねく及んでいる。河北省でも五五年には一貫道・大仏道・聖賢道・先天道などの活動が、三十県市百四十村落に発生した。これらの会・道・門の教首は、大部分は国府軍の将校や特務および地主階級分子と反動富農分子である。河北で発覚した一貫道の一事件も、将校・特務を中核とし、それに職業的反動教首を幹部として組織したものであった。かれらの行動は隠密で、親戚友人を訪ねるとか行商とかの方法で相互に連絡する。入教すると機密を厳守するよう教育される。洞穴や密室を造って拠点とし、あるいは店舗を構えてカモフラージュするものもある。政府の食糧統制政策が実施されると、かれらは各種のデマを飛ばして人心を動揺させ、農民の不安を挑発した。信徒を集めて余剰食糧を政府に売らないよう指示すると同時に、食糧の隠匿を命じた地方も少なくない。互助組運動や農村生産合作社運動にさえ、これらの会・道・門が潜入し、いろいろな手段で内部から破壊を企て、中には互助組の名義で一貫道の集会を開いていたところもあったという。

この種の報道が果たしてどの程度まで事実であったか、どこまでが会・道・門の行動であったか、今となってはその実相はわからない。農産物の強制買い上げや、配給制度の不備による食糧不足など農民の生活問題からきた不満でも、国策推行のためには容赦はできず、これを会・道・門の暗躍に結びつけて口実とし、反革命として高圧的に威嚇した場合があったかもしれない。とにかく政府の各種の社会政策との関連や、その躍進と後退、あるいは近年の天災と食糧飢饉などに伴って、会・道・門の活動も一進一退しながら漸次に衰弱していったことは、一九五九年に共和国成立十周年を記念して書かれた羅瑞卿の報告からも推測できる。

かくて大陸から締め出された一貫道などの結社は台湾にも亡命し（一部は韓国にも流入）、台湾でも禁圧の対象とされている。民国五十二年（一九六三）五月十日付の『中央日報』に「査禁一貫道等邪教」と題する社説が見える。それによると、最近一貫道などの組織が宗教の名をかりて非合法活動に従事し、社会秩序をみだしている。一貫道は邪教で、迷信を利用して人心を惑わし、きびしい誓約によって信徒を拘束し、各地郷村で秘密に壇を設け、衆を集めて金銭を捲きあげている。甚だしきはデマを飛ばして反動的な主張を伝播するので、共匪（中共）に利用されるおそれもある、というのである。共匪に利用される云々の語の真意は明らかでないが、とにかく大陸でも台湾でも同様に敵に利用されるとして警戒されるのだ。一貫道と反共、一貫道と国民党との結びつきが宣伝されてきたが、反共を国是とする台湾政府にも認容されないとすれば、一貫道の政治的色彩は、それぞれの現実の事態に反応した副次的・表層的なもので、本質はやはり異端の民間教門にすぎなかったのであろうか。

四　キリスト教・仏教・道教に対する中国共産党の政策

文化大革命に紅衛兵が動員されるようになった初期に、数名の外人尼僧が国外に放逐され、中の一老尼はまもなく死亡したという事件があって、人々の注目を引いた。だがこの種の事件はこれまでにも無数にあった。これを宗教迫害として受け取り、その不当を鳴らすのは、それを純粋に「信教の自由」への侵害と見るからである。

しかし中国におけるキリスト教は、すでに蔣介石政権の時代からも、帝国主義の武力経済侵略の保護色にすぎないという見方が強かった。ただ蔣政権時代には米英との密接な利害関係から手がつけられなかったのである。ところが中共は解放戦のころから蔣政権の背後に米帝国主義があると指摘し、蔣政権崩壊後には米国を正面の敵と見るようになったから、在華キリスト教問題は米帝国主義との対決における国内での戦いの第一線になった。土地改革の時期には教会の土地も所有権が停止せられて経済面からの打撃は大きかったが、これは他の寺観としても同様で、特に教会だけに対する処置ではなかった。しかし朝鮮戦争の勃発により、米中関係は極度に緊張したから、それに伴って起こされた抗米援朝・反革命鎮圧のあらしの中で、キリスト教は二つの面で大きな打撃を被った。

第一は、特にカトリック（天主教）の一派では信徒に反共宣伝をし、教会を本拠として米国や国民党のためにスパイを働き、人民政府の顚覆を図る反革命組織だという政府側の宣伝である。宣伝ばかりでなく、実際にも破壊活動・諜報活動をしたという口実で、国外追放・監禁などの処分を受けた外人神父は非常な数にのぼった。

第二には、五〇年十二月に米国が在米中国資産の凍結という措置をとると、中共政府もただちに在華米国文化宗教関係の諸機関を接収したことである。これは米国のみならず他の諸外国系のものにも及んだ。これまで本国からの送金に依存することの多かった教会その他の事業も、資金ルートを絶たれては布教活動も困難となり、本国に引き揚げるか、残った者はいやでも顔を政府のほうに向けてその政策に協力しなければならなくなったのである。

これよりさき、すでに一九二〇年代から、プロテスタント（基督教）の進歩分子を中心として本色教会運動なるものが推進されていた。外国の紐つきの教会ではなく、政治面でも経済面でも外国から離れて中国本位の教会に脱皮独立しようという運動で、これを「三自運動」（自治・自養・自伝）とよんだ。一九四九年十月の人民政治協商会議に参加した七名の宗教関係代表は、仏教の二名を除いて、他の五名は長老呉耀宗《ごようそう》などすべてプロテスタントであった。ついで五〇年五月に教会代表団が北京で政府要人と会談したとき、周恩来は教会と帝国主義との関係を完全に絶つべきことを強調した。代表団は後に新中国における教会の任務や活動についての宣言文を起草し、五〇年七月六日付で発表した。「中国基督教の教会および団体は、徹底的に共同綱領を擁護し、政府の指導下に帝国主義・封建主義および官僚資本主義に反対し、独立・民主・平和的な統一された富強なる新中国を建設するために闘う」ことを総任務として、その方針や具体的活動を示したものである。

この宣言は全国教徒の署名運動を通じて全面的な運動として展開した。従来の三自運動の継承の上に、反帝・反米と新政府の施策への協力が強調されているから、それはまさしく政府のキリスト教政策の基本方針であったと見てよい。それが抗米援朝の段階に入って一段と強化され、特にカトリックへの風当たりがひどくなったことは前述のとおりである。

こうした激動期の取り締まりは別として、政府は一面に教会に対して地租・家屋税の減免というような措置をとり、ある程度の保護は加えた。しかし一方また多くの教会は土地改革終了後も機関団体に占拠借用されたまま返してもらえず、地方幹部の恣意によって宗教活動がいろいろな面で妨害されているとか、出版物による宗教批判が一方的に宗教抹殺を説くとかの偏向があり、それら有形無形の圧迫が、信徒の大きな不満となっていたことは、一九五七年の「鳴放運動」の際に呉耀宗長老が公表した「宗教政策貫徹の若干の問題について」(関于貫徹宗教政策的一些問題)という文章で強く訴えているのを見てもわかる。地方末端に至ると、必ずしも中央の方針どおりには動かなかったのである。

仏教・道教の場合には、キリスト教のような国際緊張はなかったが、教会とは比較にならぬほどの全国多数の寺廟が、すでに国民党時代の「廟産興学運動」によって、学校・地方公所(役所)などの公的機関もしくは一般民居として転用されていた上に、共産党政権の時代に入ると、例の土地改革によって所属の土地資産が没収せられ、同時に仏像神像の類も迷信の遺物として多くは撤去もしくは破壊された。僧道尼姑は余儀なく還俗して転業するか、または留まっても従来の徒食の生活を棄て、他の寺廟と組んで合作社・人民公社をつくり耕作に従事するという半農半僧になった。道教も、たとえば正一教天師道の本山として知られた江西龍虎山も省政府によって封鎖され、「天師」張氏は台湾に遁れた。

土地改革後、一九五三年五月には中国仏教協会が結成され、漢・蒙・蔵・ウイグルなどの各民族を含む仏教徒代表が集まって、仏教全国組織の第一歩を踏み出した。遅れて道教も五八年四月に道教協会を結成し、全国から九十二名の道士代表が発会式に参加した。仏道両教ともに、その結成の趣旨は、国家の新体制に即応し政府の指導の下に社会主義建設と世界平和擁護の運動に協力するというものである。政府としては、すでに暫定憲法ともいうべき『協商会議共同綱領』に人民の信仰の自由権を認めているのであるから、こうした教団の積極的な協力態勢を拒む理由はない。仏道両教ともに長い伝統と文化史上の実績とをもち、現実にも人民の血肉となっている宗教である。たとえ共産党の文化政策の根柢が唯物論・無神論であろうとも、それをただちに政策面に強行することは、かえって人民の反感を買い統一の障害となることを知っているからである。そこで土地改革によって経営困難に陥ったような寺観に対しては応分の財政的援助を与えるほか、由緒ある大寺院などは国費によって修復するなどの保護政策も取られている。ただしそれは一部であり、特定の宗教の保護というよりも、むしろ文化財の保護という意味があることは注意しなければならない。一九六四年六・七月に玄奘法師逝世一千三百年を記念し、十ヶ国の仏教代表団が参加して盛大な集会や法要を営んだことも、仏教の顕彰というより、やはりこの文化交流史上の偉人を顕彰するという意味が濃い。

キリスト教に対してはその国際性に制約を加え、中国への収縮を促進する一方で、仏教に対してはその逆を志向している点は注意を要する。仏教協会の構成が蒙・蔵などの少数民族の仏教徒をも包含すること、また玄奘記念法要に東南アジア諸民族の仏教代表をも多数に招いていることなど、仏教を通じて仏教圏内の国際交流を図り友好と団結とを促進しようという政治的意図があるものと推測される。つまり対仏教政策は国内の教団だけが目標ではなく、外交政策や少数民族政策との抱き合わせなのである。回教保護もまたこの線に沿っている。これらに較べて道教がやや冷遇されているのは、国外にはほとんど道教徒がいないからである。

五　宗教政策の基本方針と諸宗教の変質

以上を要約すると、中国共産党の宗教政策の基本方針は次のようになるであろう。

(1)　思想的にはマルクス・レーニン主義に立脚し、宗教批判・迷信打破は存分にやらせるが、実際の施策としては、独善的・武断的・公式主義的に宗教を異端視することは避けるという現実主義である。それは毛沢東もいうように、有神論者に対して無理にマルキシズムの世界観を受け入れさせることはできないからである。

(2)　しかし宗教も社会経済の基礎の上に立つ上部構造だから、基礎が変革されれば、やがては消滅する。だから宗教の経済的基盤を掘り崩し、職業的宗教家も生産に従事させ、社会主義建設に参加させればよいとする、いわゆる穏歩漸進主義である。

(3)　帝国主義勢力からの絶縁には強い態度で臨み、中国的宗教への新生を援助する。宗教の性格によっては外交政策や少数民族政策と一致させる。

(4)　国家と党への忠誠、諸政策への協力、その枠内での信教の自由。

(5)　反動的宗教結社は宗教以外の問題として厳重に処分する。

およそ以上のような方針によって改造が進められた新中国の諸宗教は、今や変貌と同時に大きく変質しつつある。有形無形の制約の下では、外に向かって拡がるには限界があり、信仰は勢い個人的・内面的なものに向かわざるを得ないであろう。それは質的には宗教の純化であり、外から与えられた宗教改革の機会であるが、改革より新生に至る速度と、唯物史観で育った新世代の生長による宗教喪失の速度と、さてどちらが速いであろうか。人民公社が世紀の実験であるといわれているように、新中国の宗教も、また一つの実験であるかもしれない。

あとがき——「史談」夜話——

堀　誠

『中国史談集』——この書名にも冠される「史談」とは、いかなるものか。国語辞典の類に当たってみると、およそ「歴史についての話」あるいは「歴史にまつわる話」との二通りの説明がなされるようである。ただ、そこにいう「歴史」に関しては、実際上、歴史そのもの、あるいは史上人物や出来事にスポットを当てるものもあれば、ある事象に対して史的なトレースを試みるものもある。まさに「史談」の意味範疇は柔軟にして豊かな包容力をあわせもつ。辞書には、「史話」を同義としてあげるものも少なくない。

この「史談」の語で思い起こされるのは、本書の著者、澤田瑞穂先生が担当された中国文学関係科目の講読風景である。テキストに出現した「哭」の字から、「哭礼」や「哭嫁」の習俗に言及なさり、さらに「なく」ことに話題を転じられると、「ほれ、柳田さんにあったろ」と前置きして挙名されたのが「涕泣史談」の論考であった。

この柳田國男の論考は、日本の「最近五十年百年の社会生活に於て、非常に激変した一事項であり、又我々の関心をもたずには居られない一現象」として泣くことをとらえ、人間が泣くということの歴史を一例に借りて、国史教育に関する一意見を陳べんことを意図した。その間、日本という一国の生活を考える「日本民俗学」ないしは「一国民俗学」のありよう、あるいはそうした方法で世界の諸民族の生活を考える時が来るかもしれないとの、柳田の考えも述べられる。澤田先生はこうした観点にも触れると同時に、その方面に関する自らの学問的な姿勢として、中国の文献を対象とした文献民俗学といったものを標榜されたことを熱っぽく話された。

これすなわち、今から四半世紀近くも昔の一コマである。この大学院生時代の映像がくっきりと記憶の印画紙に焼きついているのは、その時に受けた学問的なインパクトに由来する。と同時に、耳には「涕泣史談」のもつ簡要明快な響きが宿ることになった。以来、「史談」という行為にえも言われぬ魅力を感じつづけてきた。

思うに、そうした「史談」の「史談」たる所以はなにか。先に示した「史話」もこの「史談」も、品詞的には名詞に属するのであろうが、「史話」の「話」がはなしとしての名詞的な意味が強いのに対して、「史談」の「談」には動詞的な意味合いが強く残り、いかにも談じて解き明かすような風韻をもつ。「談ずる」という行為は、口舌によるにしろ筆端によるにしろ方途を選ばない。「史談」には、その真摯にして生動的《ビビド》ないとなみが生起するように感じられるが、いかがであろうか。

開巻に配された「南宋真贋列伝—三人の天一坊と二人のアナスタシア皇女—」は、一九八九年五月に開催された二松学舎大学人文学会第五十九回大会における同題の講演を活字に起こしたものである。また「彫青史談」は、一九七九年四月開催の早稲田大学第一文学部新入生歓迎会における講演「魯智深は何故花和尚と呼ばれたか」に基づいて加筆されたものである。自ら談ぜられたという意味でも、本書にふさわしい篇々といえる。

これをはじめとして、本書の内容《メニュー》は多彩である。「南宋真贋列伝」の副題にいう我が国の天一坊はいうにおよばず、「殺生禁断」には犬公方綱吉のすがたを見る。歴史は繰りかえすのか、うり二つともいうべき歴史的事件に驚嘆の声を挙げざるを得ない。加えて、倭寇を題材とした「にせ倭寇」や「翠翹」。一衣帯水の海をへだてた彼此の歴史が、思わず連環融和して身近にせまる。

中国史の中で、政治的にも甚大な害毒を流した宦官の存在は忘れられない。「太監劉瑾」や「魏忠賢生祠遺聞」にその代表格の人物像が浮かびあがる。阿諛弁佞と機をみて敏なる行動力。歴史が多面的に活写される一方、「後庭花史談」に皇帝への奉仕者としての別の姿もほのみえる。

いわゆる文身の図録的な趣向さえうかがえる「彫青史談」に加えて、中国の刑罰や筆禍にわたる話題。王女のつれあい「駙馬」の沿革や「養痩馬《ヤンショウマア》」の習俗を洗いだす所論。「後庭花史談」に男色を取りあげ、「南宋真贋列伝」では中国の奇習といわれる纏足にも触れる。そして道教の張真人や仏教の僧侶、あるいは宗教結社に向けられた視線。新中国における宗教結社の問題は、当今の社会にも連なるテーマ性をもとう。諸篇はそれぞれに先生の先行する論著、たとえば『仏教と中国文学』『中国の民間信仰』『地獄変』『鬼趣談義』『芭蕉扇』等々の論考とも連関することはいうまでもない。ぜひともこれらの論著にも読書の手を伸ばされたい。

諸篇には博捜された資料とそれを構築する絶妙な筆舌が息づいている。資料の収集と整理。当世日本は、まさにコンピュータ全盛の時代である。その技術的な進歩と普及は二十一世紀を間近にひかえて加速度的に急展開し、インターネットをツールとした情報の収集は誰もが日常茶飯事に行ない得るものとなった。いわゆる「情報」は万人の口にする合い言葉のごとくで、コンピュータ万能の甘美な響きに酔いしれているのが二十世紀末の現状か。「二十四史」や「全唐詩」といった大部の基本文献の文字検索も完備して、瞬時に用例データを手に入れることも可能となった。

技術的革新は日進月歩で、隔世の感がある。ただ、かりに先生のもっとお若い時代にこうした文明の利器が出現していたとしても、ある一面においては、先生にとって有用であるよりは無用の長物に等しい存在であったかもしれない。なぜなら、先生は自らの眼で読み、かつ渉猟された資料を自らの手で抄写するのを旨となさるからである。抄写した資料は二ツ穴をあけて、綴じ紐仕立ての自製のファイルに集積なさる。その方式等々については一家言おありで、すでに「わが中国怪異研究の歩み」（『幻想文学』第四十四号、一九九五年六月刊）に自ら語っておられるから、ここでは贅言しない。また、もう一つの利器である複写機《コピー》についても同様のことがいえる。資料の採集にあっては、おおむねコピーに頼ることはなく、もっぱら抄写によられたことはいうまでもない。事実として、講義の合間を利用して抄写されるお姿を拝見したことが幾度となくある。そこに先生の間口の広く奥行きのある学問の源泉がひそんでいる。先生の学問については、稲畑耕一郎「野の学問」（『鬼趣談義』中公文庫版「解説」）、拙文「小説瑣話」（『宋明清小説叢考』研文選書版）にも紹介があることを加えておく。

現在、風陵道人、澤田瑞穂先生の蔵書は早稲田大学に寄贈せられ、その号に因んで「風陵文庫」の名を以て蔵されている。いわゆる宝巻をはじめとする民間資料の宝庫といって過言ではない。一九九九年四月、待望の『風陵文庫目録』（「早稲田大学図書館文庫目録」第十七輯）も印行せられ、ここに本書『中国史談集』を上梓できることは大慶の至りである。

本書が実現したのは、文庫受け入れ当時に図書館長を務められた奥島孝康早稲田大学総長の慫慂を機縁とする。これを承けて、文学部の稲畑耕一郎教授は、澤田先生の原稿の完成を待って編集の万端を整え、これを堀が引き継ぐにいたった。両先生のご尽力に深甚なる敬意を表すとともに、たえずご理解ご協力いただいたことに心から深謝したい。

本書の目次配列は先生ご自身の手になる。所収の論考は、「南宋真贋列伝」「太監劉瑾」「後庭花史談」「張真人の犯罪」を除けば、すべて篋底に蔵されていた未発表の作と新たに書き下ろされた作とから成る。また「僧と世間」には旧稿への部分的な補説も含まれる（「呪願」の項）。本書が先行する論著書の落穂を拾いあつめたものでないことはいうまでもない。書くことを一つの楽しみにされる先生のエネルギーが各篇の行間から伝わってくる。既発表の論考のみ、各篇末尾に発表年月ならびに掲載誌名を記載した。

本書が成るに当たって、校正には濱田寛君（早稲田大学教育学部助手）、巻末の「書名索引」の作成には伊奈高宏君（同学部生）という、先生からみて孫弟子の世代に当たる人々の献身的な助力を得たことを特に記したい。また、早稲田大学出版部には、最後の最後まで細心のご配慮をいただいた。ここに心より厚くお礼申し上げる。

二〇〇〇年五月二十三日、澤田瑞穂先生にはめでたく米寿を迎えられる。時あたかもミレニアムのその日に先んじて本書の刊行に漕ぎつけたことを何よりも嬉しく思う。

先生は愛犬カンタ君との散策とほどよい晩酌とを無二の楽しみとなさる。読者諸賢がまた本書を酒肴として美酒に酔われんことを祈念して已まない。

一九九九年十二月

（早稲田なる眺めよき研究室にて）

「澤田先生」史談──「解説」にかえて

堀　誠

澤田瑞穂著『中国史談集』はミレニアムの二〇〇〇年四月に早稲田大学出版部から上梓され、多くの読者をその史談の世界にいざなってきた。十七年の歳月を経て「ちくま学芸文庫」に加えられることは大慶至極である。より幅広い層の方々に親しんでもらうことができよう。

旧版上梓翌月の五月二十三日、著者がめでたく米寿を迎えられたことは「あとがき──「史談」夜話」(本文庫版にも再録)に紹介したが、著者はいかなる生い立ちにあるのか。著された論著書は、『中国の文学』を振りだしに、『宝巻の研究』『地獄変─中国の冥界説』『校注破邪詳弁─中国民間宗教結社研究資料』『仏教と中国文学』『鬼趣談義』『中国動物譚』『宋明清小説叢考』『中国の泰山』『中国の民間信仰』『金牛の鎖─中国財宝譚』『中国の呪法』『芭蕉扇―中国歳時風物記』『笑林閑話』『閒花零拾―中国詩詞随筆』『中国の庶民文芸―歌謡・説唱・演劇』『中国の伝承と説話』『中国史談集』(訳書・詩文集等は除く)と多岐広範なジャンルに及んで八面六臂であるから、その人となりや学問的な生い立ちにまつわるさまざまな情報を得たいとの思いにかられている向きも少なくないであろう。

近年は定年退職にあわせて賀寿を祝う記念論文集の企画数も減っているが、そうした論集には往々にして、研究者自身が自らベールをぬぐ訳でもなかろうが、自らの歩みを回憶自述する一文の付されることも少なくない。幸い本書の著者にもそうした文章が残る。まさに自ら語るに如かず。「澤田瑞穂教授還暦記念特集」と題する『天理大学学報』第八十五輯(昭和四十八年三月)所載の「枕簟自語――自訂著作目録跋――」の冒頭の一節である。

琪樹の西風　枕簟《ちんてん》の秋
楚雲湘水　同遊を憶ふ
浩歌一曲　明鏡を掩ふ
昨日の少年　今《きよう》は白頭
――許渾「秋思」

これまでは他人事と思い過してきたのが、自分もまたアレヨというちに還暦という年齢の峠を越えてしまった。首《こうべ》を回《めぐ》らして往日を想うに、歳月飛梭、まさしく唐の詩人が嘆じた「昨日少年今白頭」の感慨である。

唐の許渾の七絶起句にいう「枕簟」の語をタイトルにとる。「枕」はまくら、「簟」はたかむしろ（竹席）。「枕簟」は、夏秋に涼をとる寝具。秋の時節への移ろいに、思わず我が身の老いを思う。結句には「昨日」と「今」の時間ならびに「少年」と「白頭」の容態を対比して詠う。まさに機《はた》の梭《ひ》を飛ばすように歳月が瞬時に過ぎ去った「還暦」の感慨を、詩篇を借りて明かすとともに、文章は昨夏、ご母堂ともども家族そろって故郷高知に長期的に帰省して海釣りに明け暮れたことから、往昔を回憶し自己を談じる。

郷里――高知県幡多郡白田川村伊田《いだ》。現在では町名変更で幡多郡大方町（平成十八年に佐賀町と合併し黒潮町となる）伊田という海に臨んだ半農半漁の村である。生れたのが明治四十五年五月二十三日、それから二カ月後には大正と改元されたから、わたしはきわどいすべり込みの明治人である。しかしこれでも確実に明治・大正・昭和の三代を閲《けみ》しているのだから、かりそめにも大正生れなどとは言ってもらいたくない。三代はおろか「平成」にいたる四代を閲されたが、この高知の海辺の村で小学校三年まで過ごして大阪に移住。市岡中学校から國學院大學高等師範部に進学した経緯と学問的な好環境を記しては、当時の錚々たる教授陣の名が列星のごとくに挙げられ、その一人である折口信夫への私淑と自らの大志も語られる。

殊に折口先生による民俗学・古代研究が鬱然として興っていた。ただ一葉のメモ用紙を手にした先生の幽奥深沈たるユニークな日本文学発生史の講義を聴くもの、多くは魅せられてほうとなった。講義とはいいながら、なんとなく鬼気せまるものがあった。その鬼気にかぶれたか、わたしもひそかに民俗学的方法を中国文学の研究に導入するか、もしくは中国民俗学の新しい一科を樹立してやろうなどという野心を懐いたものである。

さらに「たまたま大学の講堂で、折口先生により、武蔵の車人形とよばれる説経節人形芝居の一座が招かれ、その演出による刈萱だったか照手姫だったかを観て大いに感動した」著者は、「説経浄瑠璃の幽暗陰惨で中世的・夢幻的なムードが何ともこたえられない魅力で、わたしが後に中国の仏教唱導文学や、中国の説経節正本ともいうべき宝巻文学に強い興味を持つようになったのも、車人形の印象と関連があるような気がする。」と学究の源泉に関わる感懐も述べておられる。

不況のドン底にあった昭和九年（一九三四）に卒業。同十一年九月から専門学校等の講師を務め、同十五年二月には勇躍して在北京日本大使館嘱託として渡燕。一日の公務が終わると、書攤《しょたん》を一巡し、茶館で茶を喫しながら買ったばかりの本を繙くのが日課であった。

休日には城内城外の寺廟古蹟を巡り、東安市場や瑠璃廠の古書店に足を運んだという。当時の蒐集の成果である李伯元主編の『繡像小説』や宝巻類は、今日的にも重要な文献資料となっている。

この北京時代の昭和十六年（一九四一）八月には、「折口先生」が来燕する。その滞在をめぐる「喜鵲の歌」（『芭蕉扇』所収、一九八四年五月、平河出版社刊）には、日本大使館の門を出て、楊柳の木陰を歩いて案内した折の記憶の光景を描出する。頭上の茂みでギャーギャーと喧《かまびす》しく鳴き噪《さわ》ぐ数羽の鳥を見あげて、「あれは何という鳥ですか」と訊かれて、深く考えもせず、「あれは朝鮮ガラスとか高麗ガラスとかよばれる鳥です」と答えると、それ以上には訊かれなかった。

この脳裏の一コマ一コマから一つの思いが去来する。

あとから考えると、先生はあの時に楊柳の樹間を飛びながら鳴き噪ぐ喜鵲に興を惹かれて歌一首を案じておられたのだ。（略）もし喜鵲という詩的な鳥名さえ知れば詩歌の題材にもなる。それなのに、わたしは、軽率にも朝鮮ガラスなどという俗な名称を口にして先生の歌興をそぎ、せっかくの北京詠草一首をフイにしてしまった。当然「あれは喜鵲とよんで、朝早くこの鳥が鳴くと云々」と答えるべきであった。それならば先生の歌集中に喜鵲の歌が遺されていたはず。わたしは今も自分の迂闊さが悔まれてならない。この間抜けの阿呆ガラス！

この一事のみならず、常設小屋の勝友軒という影戯《インシイ》（影絵芝居）に案内すると、しばらく芸人の操りの技芸を観察して「これで影絵芝居というものの大体がわかりました」と話されたことも書きとめる。また中国の民間信仰の一端を紹介すべく東嶽廟を訪ね、古書店に立ち寄っては『東観漢紀』を入手されたこと等々を記すと、「東交民巷のあの喜鵲の鳴き声も、歌に詠むには、いささか雅致を欠くもので、わたしが仮に朝鮮ガラスではなく喜鵲ですと答えたとしても、果して先生の一首に登場する光栄を獲たかどうかは疑問である。あの白黒の羽の色と、食用蛙のような濁った鳴声では……。」とも再説している。「折口先生」に対する終生の深い思い出であったといってよいが、その一年後の昭和十七年（一九四二）八月に帰国。太平洋戦争の戦局が深刻化する中にあって、同十九年五月には東亜交通公社華北支社附属伝習所の主任講師として再渡航。北海公園の北側、什刹海《シイチャハイ》の西岸の風光明媚、詩趣横溢の生活環境にあったが、同二十年八月の敗戦を迎え、翌年三月にやっと帰国して郷里土佐にたどりつく。その後、埼玉県の中学校を皮切りに高校で教鞭を執り、同三十二年春に天理大学に着任、還暦をもって同四十八年三月に定年退職。一年おいて同四十九年四月に早稲田大学着任、在職九年にして古稀をもって同五十八年三月に定年退職。折しもその年次は早稲田大学創立百周年に当たり、大学の「百周年記念」と

「澤田瑞穂博士古稀記念」を掲げる早稲田大学中国文学会『中国文学研究』第八期（昭和五十七年十二月）には「澤田瑞穂博士著作繫年目録」を、同会『集報』第八輯（昭和五十八年三月）には「つばくろ文――戯訳燕子箋伝奇序齣并小引――」を収載することを付記する。

喜寿、傘寿と年を重ねられ、米寿となるミレニアムの四月に刊行されたのが『中国史談集』に他ならない。辟穀《へきこく》長生の仙人さながらの「澤田先生」であられたが、二年後の二〇〇二年一月二十八日、期せずして仙籍に入られ、かくて『中国史談集』は強健な筆力を誇られた先生の最後の著書となったのであった。

私家版の詩文集『憶燕集』（昭和四十七年十一月）・詩集『晩花集』（昭和五十八年三月）には詩文を愛好する先生の日常がまたうかがえる。

霜晨

桑も槐もしとどなる
霜の落葉を掃きよせて
焚きいづるより立つけぶり
喜鵲《きじやく》は朝を啼き噪《さわ》ぐ

これすなわち「喜鵲の歌」の末尾に、「わたしは、あの不雅で不運な朝鮮ガラスのために、先生に代り、せめて喜鵲の歌一首を詠じてやりたい」と掲げられた一詩に他ならない。これこそ『憶燕集』所載の「憶燕詩鈔」の一詩であったことを記して、著者に関する史談の結びとする。

書名索引

さ

た

な

は

ま

言葉をおぼえるしくみ　今井むつみ　針生悦子

認知心理学最新の研究を通し、こどもが言葉や概念を覚えていく仕組みを徹底的に解明。さらにその仕組みを応用した外国語学習法を提案する。

ハマータウンの野郎ども　ポール・ウィリス　熊沢誠／山田潤訳

イギリス中等学校〝就職組〟の闊達でしたたかな反抗ぶりに根底的な批判を読みとり、教育の社会秩序再生産機能を徹底分析する。（乾彰夫）

新編 教室をいきいきと①　大村はま

教室でのことばづかいから作文学習・テストまで。創造的で新鮮な授業の地平を切り開いた著者が、とっておきの工夫と指導を語る実践的な教育書。

新編 教えるということ　大村はま

ユニークで実践的な指導で定評のある著者が、教師の仕事のあれこれや魅力のある教室作りについて、きびしくかつ暖かく説く、若い教師必読の一冊。

日本の教師に伝えたいこと　大村はま

子どもたちを動かす迫力と、人を育てる本当の工夫に満ちた授業とは。実り多い学習のために、すべての教育者に贈る実践の書。（苅谷剛彦）

大村はま 優劣のかなたに　苅谷夏子

現場の国語教師として生涯を全うした、はま先生。遺されたことばの中から60を選りすぐり、先生の人となり、思想、仕事に迫る、珠玉のことば集。

増補 教育の世紀　苅谷剛彦

教育機会の平等という理念の追求は、いかにして学校を競争と選抜の場に変えたのか。現代の大衆教育社会のルーツを20世紀初頭のアメリカの経験に探る。

古文の読解　小西甚一

碩学の愛情が溢れる、伝説の参考書。魅力的な読み物でもあり、古典を味わうための最適なガイドになる一冊。（武藤康史）

古文研究法　小西甚一

受験生のバイブル、最強のベストセラー参考書がついに！　碩学が該博な知識を背景に全力で書き下ろした、教養と愛情あふれる名著。（土屋博映）

謎解き『ハムレット』　河合祥一郎

優柔不断で脆弱な哲学青年——近年定着したこのハムレット像を気鋭の英文学者が根底から覆し、闇に包まれた謎の数々に新たな光のもと迫った名著。

日本とアジア　竹内好

西欧化だけが日本の近代化の道だったのか。魯迅を敬愛する思想家が、日本の近代化、中国観・アジア観を鋭く問い直した評論集。（加藤祐三）

文学と悪　ジョルジュ・バタイユ　山本功訳

文学にとって至高のものとは、悪の極限を掘りあてることではないのか。サド、プルースト、カフカなど八人の作家を巡る論考。（吉本隆明）

来るべき書物　モーリス・ブランショ　粟津則雄訳

プルースト、アルトー、マラルメ、クローデル、ボルヘス、ブロッホらを対象に、20世紀フランスを代表する批評家が、その作品の精神に迫る。

ドストエーフスキー覚書　森有正

深い洞察によって導かれた、ドストエーフスキーを読むための最高の手引き。主要作品を通して絶望と死、自由、愛、善を考察する。（山城むつみ）

西洋文学事典　桑原武夫監修　黒田憲治／多田道太郎編

この一冊で西洋文学の大きな山を通読できる！20世紀の主要な作品とあらすじ、作者の情報や社会的トピックスをコンパクトに網羅。（沼野充義）

貞観政要　呉兢　守屋洋訳

大唐帝国の礎を築いた太宗が名臣たちと交わした政治問答集。編纂されて以来、帝王学の古典として屹立する。本書では、七十篇を精選・訳出。

シェイクスピア・カーニヴァル　ヤン・コット　高山宏訳

既存の研究に画期をもたらしたコットが、バフチーンのカーニヴァル理論を援用しシェイクスピア作品に流れる「歴史のメカニズム」を大胆に読み解く。

シュメール神話集成　杉勇　尾崎亨訳

「洪水伝説」「イナンナの冥界下り」など世界最古の神話・文学十六篇を収録。ほかでは読むことのできない貴重な原典資料。豊富な訳注・解説付き。

エジプト神話集成　杉勇／屋形禎亮 訳

不死・永生を希求した古代エジプト人の遺した、ピラミッド壁面の銘文ほか、神への讃歌、予言、人生訓など重要文書約三十篇を収録。

宋名臣言行録　朱熹 編／梅原郁 編訳

北宋時代、総勢九十六名に及ぶ名臣たちの言動を大儒・朱熹が編纂。唐代の『貞観政要』と並ぶ帝王学の書であり、処世の範例集として今も示唆に富む。

十八史略　曾先之／今西凱夫 訳／三上英司 編

『史記』『漢書』『三国志』等、中国の十八の歴史書をまとめた『十八史略』から、故事成語、人物にまつわる名場面を各時代よりセレクト。（三上英司）

アミオ訳 孫子〔漢文・和訳完全対照版〕　守屋淳 監訳・注解／臼井真紀 訳

最強の兵法書『孫子』。この書を十八世紀ヨーロッパに紹介したアミオによる伝説の訳業がついに邦訳。その独創的解釈の全貌がいま蘇る。（伊藤大輔）

プルタルコス英雄伝（全3巻）　プルタルコス／村川堅太郎 編

デルフォイの最高神官、故国の栄光を懐かしみつつローマの平和を享受した〝最後のギリシア人〟プルタルコスが生き生きと描く英雄たちの姿。

和訳 聊斎志異　蒲松齢／柴田天馬 訳

中国清代の怪異短編小説集。仙人、幽霊、妖狐たちが繰り広げるおかしくも艶やかな話の数々。日本の文豪たちにも大きな影響を与えた一書。（南條竹則）

ギルガメシュ叙事詩　矢島文夫 訳

ニネベ出土の粘土書板に初期楔形文字で記された英雄ギルガメシュの波乱万丈の物語。「イシュタルの冥界下り」を併録。最古の文学の初の邦訳。

北欧の神話　山室静

キリスト教流入以前のヨーロッパ世界を鮮やかに語り伝える北欧神話。神々と巨人たちとが織りなす壮大な物語をやさしく説き明かす最良のガイド。

漢文の話　吉川幸次郎

日本人の教養に深く根ざす漢文を歴史的に説き起こし、その由来、美しさ、読む心得や特徴を平明に解説する。贅沢で最良の入門書。（興膳宏）

「論語」の話 吉川幸次郎

人間の可能性を信じ、前進するのを使命であると考えた孔子。その思想と人生を「論語」から読み解く中国文学の碩学による最高の入門書。

老子 福永光司訳

己の眼で見ているこの世界は虚像に過ぎない。自我を超えた「無為自然の道」を説く、東洋思想が生んだ画期的な一書を名訳で読む。（興膳宏）

荘子 内篇 福永光司／興膳宏訳

人間の醜さ、愚かさ、苦しさから鮮やかに決別する、古代中国が生んだ解脱の哲学三篇。中でも「内篇」は荘子の思想を最もよく伝える篇とされる。

荘子 外篇 福永光司／興膳宏訳

内篇で繰り広げられた荘子の思想を、説話・寓話のかたちでわかりやすく伝える外篇。独立した短篇集として読んでも面白い、文学性に富んだ十五篇。

荘子 雑篇 福永光司／興膳宏訳

荘子の思想をゆかいで痛快な言葉でつづった「雑篇」。日本でも古くから親しまれてきた「漁父篇」や「盗跖篇」など、娯楽度の高い長篇作品が収録されている。

墨子 森三樹三郎訳

諸子百家の時代、儒家に比肩する勢力となった学団・墨家。全人を公平に愛し侵攻戦争を認めない独特な思想を読みやすさ抜群の名訳で読む。（湯浅邦弘）

孫臏兵法 金谷治訳・注

『史記』『漢書』に記載されながら、二千年にわたって姿を隠していた幻の兵書の全訳。戦国時代を反映した、人間の生死を賭けた知恵と行動の原理。

「科学者の社会的責任」についての覚え書 唐木順三

核兵器・原子力発電という「絶対悪」を生み出した科学技術への無批判な信奉を、思想家の立場からきびしく問う、著者絶筆の警世の書。（島薗進）

古典との対話 串田孫一

やっぱり古典はすばらしい。デカルトも鴨長明もみんな友達。少年のころから読み続け、今もなお、何度も味わう。碩学が語る珠玉のエッセイ、読書論。

書国探検記　種村季弘
エンサイクロペディストによる痛快無比の書物・読書論。作家から思想家までの書物ワールドを自在に飛び回り、その迷宮の謎を解き明かす。（松田哲夫）

朝鮮民族を読み解く　古田博司
彼らに共通する思考行動様式とは何か。なぜ日本人はそれに違和感を覚えるのか。体験から説き明かす朝鮮文化理解のための入門書。（木村幹）

アレクサンドリア　E・M・フォースター　中野康司訳
二三〇〇年の歴史を持つ古都アレクサンドリア。この町に魅せられた作家による、地中海世界の楽しい歴史入門書。（前田耕作）

天上大風　堀田善衞　紅野謙介編
現代日本を代表する文学者が前世紀最後の十二年間を凝視し、自らの人生と言葉をめぐる経験と思索を注ぎ込んだ同時代評より、全七一篇を精選。

シャボテン幻想　龍膽寺雄
多肉植物への偏愛が横溢した愛好家垂涎のバイブル。異端作家が説く「荒涼の美学」は、日常に疲れた現代人をいまだ惹きつけてやまない。（田中美穂）

真珠湾収容所の捕虜たち　オーテス・ケーリ
流暢な日本語を駆使する著者の「人間主義」は、「戦陣訓」の日本兵をどう変えたか。戦前・戦後の日本および日本人の、もうひとつの真実。（前澤猛）

虜人日記　小松真一
一人の軍属が豊富な絵とともに克明に記したジャングルでの逃亡生活と収容所での捕虜体験。戦争の真実、人間の本性とは何なのか。（山本七平）

八月の砲声（上）　バーバラ・W・タックマン　山室まりや訳
一九一四年、ある暗殺が欧州に戦火を呼びこむ。情報の混乱、指導者たちの誤算と過信は予期せぬ世界大戦を惹起した。'63年ピュリッツァー賞受賞の名著。

八月の砲声（下）　バーバラ・W・タックマン　山室まりや訳
なぜ世界は戦争の泥沼に沈んだのか。政治と外交と軍事で何がどう決定され、また決定されなかったのかを克明に描く異色の戦争ノンフィクション。

この作品は二〇〇〇年四月、早稲田大学出版部より刊行された。

ちくま学芸文庫

中国史談集《ちゅうごくしだんしゅう》

二〇一七年九月十日　第一刷発行

著者　澤田瑞穂（さわだ・みずほ）
発行者　山野浩一
発行所　株式会社　筑摩書房
東京都台東区蔵前二―五―三　〒一一一―八七五五
振替〇〇一六〇―八―四一二三
装幀者　安野光雅
印刷所　星野精版印刷株式会社
製本所　株式会社積信堂

乱丁・落丁本の場合は、左記宛にご送付下さい。
送料小社負担でお取り替えいたします。
ご注文・お問い合わせも左記へお願いします。
筑摩書房サービスセンター
埼玉県さいたま市北区櫛引町二―六〇四　〒三三一―八五〇七
電話番号　〇四八―六五一―〇〇五三

ISBN978-4-480-09817-7 C0122